中國學術思想 研究輯刊

二三編

林慶彰 主編

第 **6** 冊

從「默觀」看東西文化交流與對話
——十字若望與莊子的對談

聶雅婷 著

花木蘭文化出版社

國家圖書館出版品預行編目資料

從「默觀」看東西文化交流與對話——十字若望與莊子的對談／
聶雅婷 著 — 初版 — 新北市：花木蘭文化出版社，2016〔民
105〕
目 2+240 面；19×26 公分
（中國學術思想研究輯刊 二三編：第 6 冊）
ISBN 978-986-404-557-0（精裝）
1. 文化交流 2. 東西方關係
030.8   105002142

ISBN-978-986-404-557-0

9 789864 045570

中國學術思想研究輯刊
二三編　第六冊　　　　　　ISBN：978-986-404-557-0

從「默觀」看東西文化交流與對話
──十字若望與莊子的對談

作　　者　聶雅婷
主　　編　林慶彰
總 編 輯　杜潔祥
副總編輯　楊嘉樂
編　　輯　許郁翎
出　　版　花木蘭文化出版社
社　　長　高小娟
聯絡地址　235 新北市中和區中安街七二號十三樓
　　　　　電話：02-2923-1455／傳真：02-2923-1452
網　　址　http://www.huamulan.tw 信箱 hml810518@gmail.com
印　　刷　普羅文化出版廣告事業
封面設計　劉開工作室
初　　版　2016 年 3 月
全書字數　221234 字
定　　價　二三編 24 冊（精裝）新台幣 46,000 元

從「默觀」看東西文化交流與對話
——十字若望與莊子的對談

聶雅婷 著

作者簡介

聶雅婷，教學十餘年，目前任教於長榮大學應用哲學系，擅長於神祕主義比較、東西文化比較、宗教哲學比較、當代文學與哲學的對談、老莊哲學、女性主義及美學等。長久以來沉浸於當代思潮與中國哲學及宗教對談的研究，已在研討會發表論文多篇。畢業於輔大哲學所博士班，受過完整士林哲學教育，先後任職於關渡基督書院、真理大學通識及台文系、大葉大學等校。碩士論文《莊子默觀思想研究》，專書為 2012 年出版《生命體驗的詮釋與東西文化之會通》。

提　要

　　本文是從「默觀」來看東西文化交流與對話，分別藉由莊子與十字若望來進行兩者的「默觀」對談。文中分別簡介密契主義的意義及分類，指出「默觀」結合面向，非一般認知。另外也指出，史坦斯、蔡納及關永中對於密契主義的分類。接著分別由中國神祕主義傳統及西方神祕主義傳統來彼此說明差異。

　　在莊子與十字若望的神秘知識體系 莊子的部分我將從其「內七篇」切入次來探討其「默觀」的境界；而十字若望部分我將從其最主要的四本著作──《攀登加爾默羅山》、《心靈的黑夜》、《靈魂之歌》及《愛的熾焰》──來探討其神秘知識之體系，同時比較東西方神秘知識體系之異同，試圖找出一些共通的觀念，作為陳述「默觀」作為融通與對話的依據。

　　緊接著，我們將開始讓莊子與十字若望進行對話。第一次對話的主題是讓兩人表達對「默觀」意義之理解，以便能真正找到「跨文化」描述「默觀」的可能。在此筆者看到無論是莊子或十字若望，其使用來描述個別境界的語詞，都是屬於「象徵」的文字，因此我們針對「默想」與「默觀」之間與「象徵」關係做清楚的對話，先釐清兩者的意義，並說明詮釋的限度與問題避免混淆。

　　第二次對話的主題是對「默觀歷程」之各自表述。我們先讓莊子從其內七篇中提出相關文字並作解釋；再讓十字若望表達其發展出的「靈修」方式，筆者以為兩者均是針對無自我位格的「神聖默觀位格者」在修養或靈修過程中，針對其狀態做實況描寫。因此特別針對「神聖位格者」所展現的位格典範作探討與分析。

　　第三次對話的主題則是針對「默觀」境界的最高層次──「與神聖結合」進行各自表述，也就是將莊子「與道合一」與十字若望「靈性訂婚、神婚與榮福婚禮」境界的比較，展現出「神－我」之間、「我－自我」之間，「內在主體際性」之深刻交流與合一。

　　在討論完「默觀」之後，我將處理東西方原型思維，分析雙方之利弊，提出身心靈整合的「默觀」足以補足東西方文化交流的不足，盼能回到「默觀」身體詮釋與奧祕，進行詮釋對話 以建立全人精神向度深刻對話。在這層面同時會牽涉到「宗教對話」在「靈修」層面的困難。當然，我也盼望在陳述中能開展出一個新的視野，能真正有效地從「非語言」之「默觀」來尋得東、西方會通之途徑。

目

次

第一章 緒 論

第一節 研究動機與目的

生命的過程是有如存有的狀態必須去蔽顯眞，成爲眞實存有狀態。這就好比莊子所言是成爲「眞人」，眞人就是實際體道中人，眞正參與道的創化奧祕；而十字若望要人靈魂有愛火燒灼，也突顯人與神會晤的神聖合一的婚姻。

這些都在召喚人們回到存有本眞，最純粹的生命呈現，這樣所成全的生命才是眞正有意義的生命，不是物化，隨物遷移，也不是浮晃於存有遺忘裏。如沈清松教授所言：「由於存有的被遺忘，就把存有當是現成之物的『理念』（ideas），一切變化中之存有者皆順此一理念典範，如此便走上表象思維之路」〔註 1〕。

我們必須擺脫表象思維，努入進入言而無言的默觀，正如《林中路》所揭示的寓意一樣，奧祕，人的本性能力是無法理解的，只有藉著人超性存在體驗，才能達到更深刻結合，能與之對話、溝通及作更內在的結合，以達到更深刻的交流與共融。這種超感覺的超性存有體驗，乃是人終極關懷所在，它與人的生命息息相關。

哲學必須關懷終極問題，如保羅・田立克所言，對終極的關懷本身引領，如此一來，可以化除所謂道與神的差異處，因爲無論是道與神，都是論及終極存有實體，也指引人向著存有開放。

〔註 1〕見《現代哲學論衡》，台北：黎明文化事業，1985，頁 245。

現代哲學認為存有之真的追求乃是被存有之理所遮蔽，於是乎乃著手於去除遮蔽；倘若存有之理是遮蔽物，則所有哲學問題關鍵乃是消除或懸擱，也就是括上遮蔽物。換言之，哲學需要有深刻的穿透力，洞穿各種假象，穿透歷史的層次，穿過文化隔膜，返回存在的最原初最根本意涵所在，以反思獨特表現人對自身存在性質、生存意義、生活價值，和對人展望、理想境界的追求相關於存在奧祕的人的學問、理論及學說。

體現這樣的終極目標乃是以形上方式對人問題的表達，而隨著人對自身性質的理解角度不同，於是就有了不同的理論風格。不過無論理論風格多麼不同，都不阻攔著人同此心，心同此理，人對終極精神向度的嚮往。

然而基於「人同此心，心同此理」的感受，相信人在生命底蘊是可以溝通交談的，這交談不在言語認知的層次，而在於「默觀」裏。所謂的「默」也就是不在思維層次去言談多少，相反地，是透過去看或者去聽，去體會發生了什麼？當人們與存有脈動接觸時，都是一種最原初的和諧，無區別不分的經驗，這種經驗指向一種混沌，無所謂主觀或客觀明顯差別。

近代以來的西方哲學被稱經歷了一場認識論的轉向（epistemological turn），卡西勒的「擴大認識論」〔註2〕，就是要把傳統認識論將之排除在外不予研究的領域都作為認識論的對象而包含在哲學之中，而這正是過去西方認識論的侷限：將所謂非理性的東西都當成不可理解、荒謬的東西拋了出去，實際上，非理性東西也是具有一個可理解意義。

所以「理性之外」或「先於理性的東西」（pre-reason）可以說是人文哲學的核心問題。人文哲學的首要問題，是首先為哲學本身奠定一個新的本體論的基礎。當代歐陸哲學可以說是不斷深化這個「存而不論」進程，要人具體保握住那「先於」邏輯、意識、反思、我思、自我、主體的東西，如海德格所說的「先行結構」（Vor-structur）〔註3〕，沙特所談的「先於反思的我思」（Cogito

〔註2〕如卡西勒的《語言與神話》便是將哲學工作引入語言神話的思維中，因為卡西勒的抱負是將科學哲學和人文哲學納入自己的所謂「符號形式哲學」。所謂的「符號活動」是非常重要的人類活動只能被規定為「先驗活動」，人的意識結構中有一種的「自然的符號系統」亦即先驗的符號構造能力。而「作為一個整體的人類精神生活，除了在科學概念體系內著作用並表述自身這種理智綜合形式以外，還存在於其它一些形式之中。」，這些其它形式就是語言、神話以及與之密切相關的宗教、藝術等等。見卡西勒（Ernst Cassirer）著，羅興漢譯，《符號、神話、文化》，台北：結構群，1990，頁69。

〔註3〕見海德格著，王慶節等譯，《存在與時間》，台北：桂冠，1989.12。

pr,r,flexif）〔註4〕，又如梅洛龐蒂認爲「反思」是重新發現「先於反思的東西」〔註5〕。

從古典以來，柏拉圖、笛卡爾、康德、黑格爾、尼采、海德格的關懷點，都在在使我們感受到哲學存在目的——乃在終極問題關懷上。哲學必須關懷終極問題，如保羅・田立克所言，對終極的關懷本身引領，如此一來，可以化除所謂道與神的差異處。因爲無論是道與神，都是論及終極存有實體，也指引人向著存有開放。

「默觀」是走向關懷終極關懷的路，要人直指那不可知、不可名的根源，比較、對話、與詮釋之後，說明人內在超越的精神向度——是關懷那終極的存有自有自身。而這存有自身展現或不展現，都不礙於有位格覺醒的人與之相遇。不管基督教的密契或道家的密契，都揭示了一條指向道或上帝的明路，這明路源自於潘尼卡所說對宇宙信心的發出〔註6〕，也是本論文爲文目的，希望透過深層對話詮釋，來揭開神祕的面紗，以致於剔祕。讓存有自身開顯說話，消失在無言之中。

透過「默觀」素樸的研究，我們希望能找出人終極關懷所在，察考存在原有經驗是什麼，去體察出：人開始時是什麼？在主體性的意義上，屬於人自身的東西是什麼？人可以相信些什麼，能運思些什麼？人在面對環境時對其自身所遭遇而又參與其中的生活指望些什麼？人走向投射於何處？人又要如何超越自身？超越自身所接納的對象又爲何？人生命終止於何處？此種種便是哲學所探究人類生命問題的主要課題（赫爾曼・施密茨，1997，頁IX）。

換句話說，從「默觀」整體地去探索生命，可以避免把人當作對象物、割裂的研究傾向；而且透過「默觀」的探索，不僅只是知道現實上的「人是什麼」、「人能知道什麼」而已；更可以體驗到生命當中做爲「應當是什麼」，「可以期望什麼」。

首先，從「Mysticism」來看，這詞源於希臘字「musterion」。究其希臘字原義是來自希臘的神祕宗教中對神祕主義者描述。「神祕主義者」希臘文爲 hoi

---

〔註4〕見沙特著，陳宣良等譯，《存在與虛無》，台北：貓頭鷹，2000.2。導論第三節。

〔註5〕見梅洛龐蒂，姜志輝譯，《知覺現象學》（倫敦 1962 年版），北京：商務印書館，2001，頁 241。

〔註6〕見本文第六章第三節所言潘尼卡宇宙信心。

mystai 或 hoi mystikoi，指一個祕密宗教〔註7〕成員入會，被傳授關於神聖事物的神祕知識時，他應當閉口不語，避免外傳，甚至他的眼睛也是閉著的。〔註8〕

希臘文「myo」是動詞，指「閉上雙眼」。此乃是對通過感官，從現象世界獲得眞理、智慧感到失望。但不放棄對眞理的追求，它強調閉上易被蠱惑肉眼，而張開清澈的心靈之眼，由靜觀來達致眞理，換句話說，也就是通過從外在世界返回內心，在靜觀、沈思或者迷狂的心理狀態中，與神或者某種最高原則結合或者消融在它之中。有的學者則指出神祕這字出自於希臘文的「mustikos」，意指「關於神祕事物的」。〔註9〕這個字在古代中世紀時的基督教作家著作中轉變成「mysticus」，意爲所說的事物超出人所能理解的神聖。〔註10〕

所以從密契主義的字義分析來看，最重要的概念爲「默觀」，因爲「默觀」意謂著人不能透過普通語言的詮釋來理解，通常表現在閉口不語，去語言，在沉默當中，去看與存有、道、神的對話，在互相交流溝通，呈現一種覺醒，而這觀看的工夫，不是指外在而言，通常表現一種洞察，一種黑暗突然見到光明的覺醒。

「默觀」就是一種洞察，是種黑暗乍見光明的覺醒，在語言沉默中，去看「位格際性」的交流與溝通，有如夢中覺醒般。

中文「靜觀」或「默觀」（contemplation）一詞是譯自拉丁文 contemplatio 一字。而拉丁文 contemplatio 是對希臘文 theoria 一字的移譯。早自柏拉圖的哲學思想中，「默觀」的概念和實踐已經清楚可見。後來基督教在希臘的社會文化不斷和希臘的哲學思想對話，諸如教父如亞歷山大的革利免（Clement of Alexandria）、俄利根及尼撒的貴哥利等均吸納新柏拉圖主義的思想。於是本來純粹是哲學意味的「theoria」一字，在教父們的筆下轉化成爲一種出自愛而體

〔註 7〕古代希臘伊流西斯的神祕教派（Eleusinian Mysteries），向新入會者宣達教義的舉動，及其儀式等等。後代就引申爲某些宗教內，傳播一些特別、深切奧祕的傳授，尤其不是公開宣揚的教義。

〔註 8〕參張奉箴，〈神祕經驗與天主教〉，《輔仁大學神學論集》，第九十三期，民國83 年 10 月，頁 429～456。

〔註 9〕可參見羅伯·法森著，陳建洪譯，〈何謂神祕體驗：歷史與解釋〉，收錄於《歐洲哲學與宗教講演錄》頁 126～158，北京：北京大學出版社，2000 年〈5 月第一次印刷；高天恩，〈追索西洋文明裡的神祕主義〉，《當代》，第三十六期，頁 18～38 台北：當代雜誌社，民國 78 年 4 月 1 日出版。

〔註10〕李秋零，〈中世紀神祕主義難題與出路——兼論尼古拉·庫薩對神祕主義的改造〉，《基督教文化評論》，第六期，頁 101～129，貴州人民出版社，1997 年 4 月第一次印刷。

驗得到的知識，並非純粹是人理性思維的結果。而這種知識的對象是三位一體的神，不再是不能命名、抽象或非位格化的真、善和美。教父們強調，人能「默觀」那超越的神是因爲神成爲肉身，在基督裡把神與人中間的鴻溝廢除。

　　拉丁教會後來則用「contemplatio」一字來描寫人對神的「默觀」。拉丁文的 contemplatio 在一般的用法上，是指人對神的專注和相交。

　　就西方而言，「默觀」是超越而內在可以獲得真正對神體驗的知識，所以它是實踐出來的，也是深深在愛中融合爲一，成爲位格際性的徹底交流。在東方，並沒有專門研究「默觀」主題，但在此番東西文化二者對照比較之下，中國哲學，特別是莊子內蘊外顯哲學裏頭所談工夫修養「心齋」、「坐忘」、「朝徹」、「見獨」，確實是「默觀」體證道在吾人自身真正知識，透過實踐操作，使物我一齊，天地大仁大愛融合爲一，這樣的道本身，也隱含著位格際性的交流，使人、物、自然、天地、神明在此相照爲一。

　　「默觀」是體驗的神祕智慧經驗，它是透過無自我位格所達到位格際性的交流，所以此「默觀」〔註11〕神祕經驗往往是一種對神臨在的深摯體驗或是與神直接契合的感受。幾乎所有高尚派別及宗教都指望一個最終境域，個人最終與這最後目標合爲一。〔註12〕關永中教授指出：「各類型的神祕主義，卻有著一個共同的旨趣，那就是渴望與一『絕對境界』合而爲一。」〔註13〕神祕主義核心義在「冥合」，神祕主義無論在那種類型，都說明著博愛無私，與一超越本體在愛中冥合，爲一個大我而甘心消失小我。雖說神祕主義有很多類型、方法、理論、修行，但神祕主義有一個共同旨趣：它渴望與一絕對境界結合〔註14〕。「絕對者」，不同宗派有不同解釋：上帝、真如、法界、阿拉等。無論如何，神祕主義等於與「絕對者」冥合的一門學問。所以說：神祕家是等於達到與「絕對者」冥合的個體。

　　「神聖默觀位格者」是徹底將知識範疇轉化成爲內在而超越的神聖智慧者，他能將「能知」與「所知」結合爲一深刻體驗，神祕合一經驗其涉及了

〔註11〕張奉箴，〈神祕經驗與天主教〉，頁 431。

〔註12〕關永中，〈神祕主義及其四大型態〉，頁 40。

〔註13〕這個特點在基督宗教密契主義中清楚地被發現：現世生活中的靈魂努力朝向與神結合的生活前進。自柏羅丁（談到人最終回到太一中與，與太一結合）以來基督宗教密契主義家都提供方法幫助信徒朝向與唯一的絕對本體結合的目標前進。

〔註14〕Geoffrey Parrinder,Mysticism in the World's Religions（London: Sheldon Press. 1976）p.13.

超越經驗範圍，隱藏或超越智力與感官無法察覺的事物。〔註15〕所以密契主義缺乏嚴謹的學術定義與理論〔註16〕，我們僅能由結合的經驗出發來探討。也正因為如此「默觀」也為我們勾勒出藍圖，也就是密契主義的核心概念所扣緊的「默觀」，也是屬於知識論的一環，因為他代表能知與所知結合的境界，有如馬里旦所言「視域融合」。這融合是代表神祕家能夠與最原初存在本源，進行溝通了解，以致達到對話，而與絕對者冥合的經驗。這裏也引領著我們經歷一種無形和諧，有如莊子所言的「天鈞」。不管在傳統當中，對這終極關懷有何不同見解詮釋，我們都能在差異當中，找出一個「他者之域」〔註17〕，而這「他者之域」的重要性，逼迫我們不得不看它，乃是因為人在深觀當中，或隱或顯發現在人根源深處有著內在超越的結合趨力，這結合趨力就是回應「他者之域」形上呼喚。那種極欲臨在與神契合的體驗，彷彿是回到母親懷抱中，安然自在。

在人與聖結合的剎那，彷彿是由黑夜看到光明，這裏的光明，指向道或神向我們顯明，真理朝向我們展露自身，所以人在真理中，自由而開展，猶如鳥展翅高升，魚雀高躍般，所以祕而不宣的的境界，透過靈修或成道歷程的「默觀」，向神聖默觀者宣示自身。

西方康德所稱哥白尼的革命已在哲學上開花結果，而神學上的哥白尼革命已然在現今世紀展開。這是個多元時代，傳統封閉典範必須被超越，對話交流成了現代互融的可能性，〔註18〕對話的確開啟了不同文化傳統的交流認

〔註15〕談德義著，歐馨雲譯，〈神祕性、神祕主義、神祕化〉，《當代》第四十一期，頁90～98，台北：當代雜誌社，民國78年9月1出版，頁92。

〔註16〕高天恩，〈追索西洋文明裡的神祕主義〉，頁18～20。

〔註17〕見論文中第七章問題延伸與探討中，你、我和他關係。

〔註18〕這是希克所言從排外論與包容論過渡到多元論的典範轉移（paradigm shift），這是神學上的哥白尼革命從基督中心轉向上帝中心過去的基督教獨一性，不再堅持基督教對其它宗教的「絕對性」（absoluteness）、「限定性」（definitiveness）、「判準性」（normativity）、「優越性」（superiority），而象徵這種典範轉移的是指越過神學的魯賓康河（Theological Rubicon），多元主義神學建構了三座橋幫助神學家過河：（1）歷史——文化橋（The Historical-Cultural Bridge）：認為宗教與知識的歷史文化都有其相對性。(2)神學——神祕橋（The Theological-Mystical Bridge），就是奧祕（Mystery）。（3）道德——實踐橋（The Ethical-Practical Bridge），也就是正義，所以神學應關注受苦人民，宗教神學必須是「解放的」透過行動來提昇社會正義。見 J. Hick & Knitter（eds）,*The Myth of Christian Uniqueness: The Myth of a Pluralistic Theology of Religions* ed. Gavin D'Costa（Mary knoll：Orbia, 1990）。

知，在共享對話交流當中，仍有許多超概念、範疇，無法言喻的層面存在。換言之，不可以用「字面意義」（literally）去閱讀或對話，而應回到密契「默觀」去看。

密契的對話式的對話才能指出人神聖面向，進而開顯真理，這是人對存有之源的深層回應，回應那從生命本源的形上呼喚。

「默觀」會遇也是現今文化必然的實然現象，所以對話必須密契「默觀」來過橋，透過對奧祕了解與體現來共享交流。

而誰了解與體現這樣的奧祕呢？那只有靈修者或為道者真正深入那奧祕核心的人，才能真正托引出其真實面向。

我們透過東西方聖哲所勾勒出的藍圖，至少能肯定大聲說出，確實有這理想生命藍圖，這理想生命藍圖有著不同的象徵符號描號，有不同理解詮釋；當我們透過不同理解詮釋時，這理想生命藍圖不斷發出呼聲召喚我們進入這理想的國度，召喚進入的邀請代表著我們必須去「深深體驗這種奧祕經驗」。

不管我們如何詮釋文本，文本畢竟是死的，所謂的「道學」、「神學」必須由死重生，我們必須深深體驗這「默觀」經驗本身。筆者認為，如果能夠透過經典痕跡的交流與對話，則能異中求同，找出在差異理解之下的張力，重新回到經典中再創造，在生命脈絡當中，共創參與超越自身以達到那理想之境。

歸結到最後就是人如何體驗這種「默觀」密契經驗，人如何詮釋這「默觀」密契經驗，以及「默觀」密契經驗對人而言，具備有什麼意義？過去哲學家回應的方式是迴避說不清楚，講不明白的所在，以致於給予大家仍是無限空白，而今單刀直入抓取所有的終極關懷的核心，那就是體現奧祕的本源——就是「默觀」，將這奧祕本源經驗說出，讓大家明明白白「活的神學」、「活的道學」是什麼？這其實有點強人所難，因為所有努力目前為止都是霧裏看花，包括最基本的質疑是——我們既非真人，又何以有真知？面對這些指控，的確有其存在的面向，但若連文本言語踪跡的探索都不能，那就不可能成就任何研究工作了。

第二節　文獻回顧

一、十字若望的重要著作

　　聖十字若望之著作以下列四部書最爲重要：《攀登嘉爾默羅山》（Ascent of Mt. Carmel）、《心靈的黑夜》（The Dark of the Night）〔註 19〕、《靈魂之歌》（The Spiritual Canticle）及《愛的熾焰》（The Living Flame of Love）。此四部書都已有中文翻譯。最早是由黃雪松所翻譯的《心靈的黑夜》，於民國 69 年由臺中光啓出版社出版。

　　黃雪松的譯本是根據 E. A. Peers 的英文譯本中譯，其譯文十分流暢。後來趙雅博將十字若望之四本著作，以及其詩歌集一一翻譯出來，包括《登上嘉爾默羅山》、《心靈之歌》、《愛情的烈燄》、《黑暗之夜》、《金言、建言、書信、詩歌》四本書，於民國 88 年由台中耀漢小兄弟會出版；〔註 20〕後來台灣加爾默羅隱修會〔註 21〕也託聖母聖衣隱修會的劉里安修女翻譯了《愛的活燄》、《靈歌》兩本書，分別於 2000 年六月以及 2001 年四月由台北上智出版社出版。前兩本書是介紹人靈被淨化的過程，第三本是以聖經雅歌中的婚姻比喻來介紹愛情被淨化的過程，第四本則是介紹人靈由訂婚、神婚到達和天主的結合。

〔註 19〕《心靈的黑夜》也有翻譯爲《黑暗之夜》，英文譯本有 "The Dark of the Night" 或 "Dark Night of the Soul" 等。

〔註 20〕趙雅博神父的譯本直接從西班牙文翻譯，其中有一篇長 12 頁的年譜，以及一篇 17 頁的導論，對於了解十字若望的初步生平與思想頗有幫助。

〔註 21〕嘉爾默羅會早年被稱爲嘉爾默羅山聖母的修會，俗稱爲聖母聖衣會，因發源於巴勒斯坦北部的嘉爾默羅山而得名。這是一座俯視地中海的小山，因紀念以利亞先知而受到尊敬。十字軍東征以後，聖地重新向基督徒開放，十二世紀下葉，一些朝聖者和十字軍定居在嘉爾默羅山上度隱修生活。從 1229 年起，因爲回教徒的逼迫，一些嘉爾默羅會士回到歐洲他們所來自的國家建立修會。不久之後，修會就在歐洲散播開來了，但也面臨到被迫解散的威脅。十四世紀時，加爾默羅會士顯露出不能貫徹默觀會規的情形。到十六世紀，聖女大德蘭與聖十字若望致力改革修會，因著他們的內在改革，建立了回歸初始會規的赤足嘉爾默羅會，成爲這個修會的會母和會父。一般修會的會祖都是男性，連許多女修會的會祖也是男性。但是，嘉爾默羅男修會也以聖女大德蘭爲會母，這是很特別的。嘉爾默羅會在台北的深坑、新竹的芎林各有一座修女的隱修院，十七年前男修會也來到台灣，在新竹成立會院，並在神父們輔導下成立，成員包括平信徒、不發大願的修道人。以前分別稱爲第二會、第一會和第三會。聖衣會的第三會成員可以在發終身許諾願一年後自動請求宣發聖願，但只發貞潔（按婚姻、獨身、鰥寡的情況，保持不同身份的貞潔）與服從願，不發神貧願，以保留其在俗的特色。見〈靈修的饗宴〉，天主教《教友生活》週刊（網路版），2461 期，2002.10.16。網址：http://www.catholic.org.tw/cathlife/2002/2461/01.htm。

　　《攀登加爾默羅山》與《心靈的黑夜》是針對靈修的人所應該主動參與，以及需慎重注意的事項一種指導性的說明。十字若望對於靈修境界的敘述與著作，並非爲初學者來設，而是給那些已經對基督有基本信從的信徒，提供更進一步的「神秘心路」功課的指引，「這兩部書，實際上只是一部教導我們的完整著作」，十字若望在《愛的熾焰》書中曾經指出，可以統一這兩部書爲「攀登加爾默羅山的黑暗之夜」一部。〔註22〕

　　《攀登加爾默羅山》的第一卷，討論如何約束任性無節制的慾望，因爲這些慾望和對天主的成全之愛相反。這過程通常也稱之爲主動的感官黑夜（淨化），教導人養成習慣，爲愛基督與肖似基督，善用感官功能，只愛天主與光榮天主。第二卷與第三卷，討論信德之路，特別是指主動的靈魂黑夜（淨化）。靈魂必須經過信德的黑夜，方能到達與天主結合之境，並剷除與天主相對立的種種，以依從天主、基督之律與祂的教會。在尋求淨化靈魂的功能時，必須也要在祈禱中避開特別的知識，方能完全領受全面的、在信德中以愛情注視天主、屬於天主的愛情知識，這就是默觀的要義。

　　《心靈的黑夜》第一卷則描寫天主如何淨化我們自己無法革除的惡習，也稱爲被動的感官黑夜（淨化）。第二卷描寫天主如何拔除我們惡習的根，是被動的靈魂黑夜（淨化）。經過這些主動與被動的淨化過程，靈魂才能達到與上主結合之境，在各方面順服天主的旨意。在這樣的結合中，靈魂經常將其功能、喜好、運作、情感都委順於天主，以至於它的活動都肖似天主。這種結合稱爲「肖似的結合」（the union of likeness）。在這樣神化的過程中，人性逐漸轉化（transform）爲神性。

　　《心靈的黑夜》裡頭告訴我們，靈修者要棄絕自己、死於自己，達到活於上主之愛的生活，使得靈魂從自我與世物之中脫穎而出，這有賴被動的淨化默觀（靜觀），是淨化的默觀來平息一切情慾波浪，所以是「通過漫漫的長夜」。唯獨經過淨化、分辨，才能體會「隱在黑暗裡，心宅內一片安寧」。靈修黑夜的現象，可能是暗澹、無力、感情乾燥等，這是上主解放我們的時間，應該交託而穩步向前，「越前進，也越進入黑暗，越不知何去何從」，而這正是上主在親自引領。

〔註22〕見趙博雅譯，《愛的熾焰》，頁 24；另同趙雅博譯，《攀登加爾默羅山》，導言一，頁 11。

　　十字若望融貫了聖多瑪斯的思想，他指出多瑪斯的神學，涉及了「神秘神學」（mystical theology）的「秘密智慧（secret wisdom）」課題，秘密智慧是指以黑暗爲靈修途徑的默觀，具有一種秘密的智慧、一種神秘神學的功能，黑暗的默觀不違反理性卻超越理性的作用；〔註23〕《心靈的黑夜》十九～廿章講神性的愛情神秘的十階梯，就是根據多瑪斯與伯納德（St. Bernard）的神學整合而得的靈修新徑。〔註24〕

　　這兩本書它們共同要表達的，乃是靈修的人應該由他的內在性來指導自己的五官，當人們轉向更崇高尊貴的事時，靈魂才能發揮其真正的效果，靈魂的本質在於用其全力來愛上主。爲了使得人心可以承受更高的事物，人應該安息在「純粹的無」之上，在此狀態之下，人才擁有最大的可能性，才能攀登到山頂，安息在空無之上；也唯有在內心斬斷一切、了無牽掛，這樣上主的大能才可彰顯在我們身上。此時所表現的，幾乎是一種知識上的無知、光明形成的黑夜、精神上貧窮的人。

　　《心靈的烈焰》由詩篇（靈魂與基督之間愛情的對話）及其註解所組成。詩節洋溢著天主與聖者靈魂對話的無限奧秘知識，詳述基督之愛的歷史及其發展，也標示出靈性生命不同程度與不同階段的情況。整體而言，詩篇寫出生命中聖愛的四個幅度：（1）靈魂熱切渴望至愛者；（2）初次遇見祂；（3）與祂完全結合；（4）在光榮中與祂完全結合的渴望。註解的部份主要包括：對於詩節的大要摘錄、對每一詩句的詳細說明以及對於學理思想的大量說明。

　　《愛之活焰》也是附有註解的詩篇，是已臻轉化之境的靈魂對於高度成全之愛的頌歌。這種在天主內的轉化狀態，是在人世間所能達到的最崇高境界，相當於在《心靈的烈焰》中的「神婚」（spiritual marriage）狀態，與在《攀

〔註23〕 關永中指出，基督宗教的神秘主義是以十字若望的作品爲其頂峰，而十字若望因深受多瑪斯學派思想薰陶，是以能用知識論的說明來描述各種的神秘經驗。詳見其所撰〈神秘經驗知識及其三大型態〉，刊於《台大哲學論評》十七期（1994.1），頁33。

〔註24〕 第一階：靈魂在靜觀中，沈入否定自己的境界；第二階：經過靜觀的淨化，靈魂唯一關懷是他的愛人；第三階：對上主的愛，使得自己願意犧牲一切；第四階：爲愛人受苦，靈魂卻不疲憊；第五階：有一種神聖的不耐煩；第六階：靈魂輕輕跑向上主，上主也用自己的感觸在接觸他；第七階：上主所賞賜的恩典，使得靈魂能夠大膽行事，但一方面又是謙遜的；第八階：靈魂受神愛所棲息，與神愛結合；第九階：靈魂與上主結合，聖神以溫柔、喜樂之愛充滿靈魂；第十階：靈魂與上主完全同化。

登嘉爾默羅山》和《心靈的黑夜》中「神聖的結合」（the divine union）——
一種因愛的肖似而慣常與天主結合。《愛之活焰》的四節詩所指涉的是人世的
虛幻、在轉化之境中進一步經驗到的緊密主動的結合〈與慣常的結合不同〉。
其註解如同《心靈的烈焰》的註解，做了詩節的大要摘錄、每一詩句的詳細
說明與學理上的說明。

　　對於十字若望的靈修基本觀念，歐邁安（Aumann）神父指出：「聖約翰
的基本神學是：上主是一切，而受造物是虛無。因此，為了達到聖化，達到
與上主完全共融的境界，人必須對身體及靈魂所有的力量和官能，進行深入
而劇烈的淨化。」〔註25〕

二、莊子重要著作

　　莊子著作中，《漢書‧藝文志》說有五十二篇，如今所留傳下來的僅存三
十三篇，共計內篇七、外篇十五、雜篇十一；內篇七篇是莊子全書的總綱領。
內容都以寓言方式，闡述修持要點，勉勵世人要絕聖棄智，修內不炫外，才
能虛靜心靈，固守本眞。總之，莊子拓展眾生的內在世界，強調「天地與我
並生，萬物與我為一」的民胞物與胸襟，要我們達到物我兩忘，才能如鯤一
般，一化而為大鵬，逍遙自在，進入齊物的天地裏，與道合一。就「莊學」
本身而言，《內篇》中的莊學，一般被視為是莊子本人的思想，至於《外篇》
及《雜篇》，則是莊子學派或籠統謂之道家學派的集體著作，因此《外篇》及
《雜篇》中既有老子，也有列子思想的材料混雜，當然更有莊子思想建構。
綜述如下：

　　（一）內篇：〈逍遙遊〉、〈齊物論〉、〈養生主〉、〈人間世〉、〈德充
　　　　　符〉、〈大宗師〉、〈應帝王〉七篇，茲概述如下：

〈逍遙遊〉

　　說明得道的境界，以「鯤化為鵬」寓言，刻劃出理想生命藍圖，要人以
最高智慧為訴求，不止息於小知境界，以永恒生命長存為最後關懷，要人積
功累德，以達死而不亡謂之壽的境界，達到「至人無己，神人無功，聖人無
名」修持的最高境界，即修養到無對待，即忘我、忘功、忘名的工夫，精神
內斂，不為物役，心靈才能逍遙，解脫自在。其中又指出遙遠的姑射山，居

─────────────

〔註25〕J. Aumann，O. P.，宋蘭友譯，《天主教靈修學史》（Christian Spirituality in the
　　　　Catholie Tradition），香港：生命意義出版社，1991，頁272。

住著一位神人，肌膚如冰雪一般潔白，如處子一般的柔婉，不食人間煙火，乘雲馭龍，遨遊四海，此等人當如同莊子所說的大瓠瓜，著似無用，卻妙用無窮，又像樗樹般不受斤斧劈伐，以達逍遙遊之境界。總之，此篇說明得道境界，能脫束縛，功參造化，以達到逍遙無礙的最高境界。

〈齊物論〉

主張人與萬物同等齊觀，萬物與我為一的宇宙觀及認識論。首先要除去妄我見，才能聽到天籟自然的聲音，此等工夫修養是使形體如同槁木，心靈猶如死灰般的渾然無我境界。反省當時百家爭鳴，論爭相害，失之偏頗，不如樞始得環中，切中生命藍圖核心規劃，不致迷而不知返，其實在修養最後，道通為一，自然不為自己的成見去爭辯，就接近道了，天地與我並生，而萬物與我為一。人們要以無我、忘我、大我的修持，才能達到天地和我並存，萬物與我合為一體的境界，如此契合大道，與物俱化，蝴蝶亦莊周，莊周亦蝴蝶。總之此篇說明與天地和我並存，萬物與我合一體的修持要領，讓我們進入與天地萬物齊一的世界裏。

〈養生主〉

形體有盡而精神無窮，此篇指出：「吾生也有涯，而知也無涯，以有涯隨無涯，殆已矣！為善近無名，為惡無近刑，緣督以為經，可以保身、可以全生、可以養親、可以盡年。」其中說明養生之道，乃在順乎自然，珍惜三寶精氣神，恬淡寡慾，依循中道而行。在「庖丁解牛」寓言中，庖丁為梁惠王解牛，文惠君讚歎庖丁技術的巧妙，庖丁回答他用神性來解牛，依循天理的軌跡，合乎音樂的節拍，故能在短時間，將龐雜錯亂的筋肉，豁然分解。同樣說修養的工夫「技」是重要的，但道超越了技，成為技之所依，養生的要點在此。又借野雞生活在野外，比關在籠子裏飼養，更健康活潑，說明順乎自然，遵崇天命，是為養生的妙道，最後一段則強調善養生者，不要被世情的喜怒哀樂所束縛，要有無情之情的體認，順乎自然造化之妙。此篇說明形體之外，精神的重要性，要人養護精神，闡明養生的基本原則，使我們達到內心澄澈，守其真宰，使身心適。

〈人間世〉

說到如何處世有道，明哲保身，以達安心立命，乘物遊心。其中首段故事說到顏回要到衛國向國君諫言得失，向孔子辭行之問答詞，孔子指出，古

來的至人，必先修好自己的道，然後才能自立立人，強施仁義，詭辯得勝，都是以火救火，以水救水不智之舉；顏回提出諫衛君的方法有三，（一）以天為徒，（二）與人為徒，（三）與古為徒〔註26〕以上之言，孔子認為不太好。孔子提出處世的良方是「心齋」與「坐忘」，莊子援引孔子的話再說明處世的原則：天命與義理，是應世的方法，凡事順其自然，培養心中中和之氣，便可達到道的極點。〈人間世〉後段，引例無用的大櫟樹，以及支離疏的醜陋，但都能避禍趨福，終其天年，說明保全天真，精神內斂，才能達到無用之用的益處。總之，此篇說明處世良方，精闢的解說立身處世，修行方法及應對之道。

〈德充符〉

全篇，以六個寓言的故事，說明培養內在德性的重要。第一個寓言中，常季便請問孔子，為何王駘缺少一條腿殘廢的人，與夫子的學生不相上下？孔子回答：王駘形體偏殘，但是內德充實，聽任自然的變遷，把天地萬物看做一致，以德澤感化他人，讓我們瞭解充實內德符應於外的方法，以及頓悟品德的高超，內德的重要。第二段寓言中，說明申徒嘉是個受刑罰斷一隻腳的人，他和鄭國宰相子產同是伯昏老師的弟子，雖然申徒嘉遭遇差而飽受子產的譏笑，但他安心順命，重視德業的修持。第三個寓言故事說明內德的重要，魯國有個斷了一腿的人別號無趾，他重德輕身，視名利如桎梏，視死如歸，勤修道德，何況我們肢體齊全，行動方便的人呢？第四個寓言，以魯哀公問孔子，衛國有個人名叫哀駘它，他面貌奇醜，無權勢、利祿、口才、智慮，但是很多人都喜歡親近他，這是什麼緣故？孔子答以「才全而德不形」，來說明至人的修持境界。第五故事則說有一個拐腳、駝背、無唇的人，去遊說衛靈公，衛靈公很喜歡他，看到肢體完整的人，反而覺得他們缺了什麼，有個人頸子生腫瘤，去見齊桓公，齊桓公高興，看到形體完整的人，反覺得他們的頸子太細小，莊子認為，一個人只要德性完備，外表的缺陷就會被忘掉。最後一段提出道德修養的重點，是不用巧智、雕琢、人為的粉飾造作，所謂形全不如德全，德全不如德不形，到了德不形就是至人，這是德充符的精義所在。總之，此篇說明德者得也，即得天之道，得自然之道，充者充實，符者符合天意，也就是德充於中，符應於外的實際表現。

〔註26〕其中說明效法天的精神來應世人，以天道變化謙卦六爻皆吉為原則，並且能合於大眾心理，順乎時化潮流。

〈大宗師〉

是宗大道為師。蓋宇宙萬物皆源於道，若能以道為體、為師，不為名利所惑，看破生死、與自然相合，沒有拘束，修到真人的境界，必能與道合一，與天地萬物同宗。此篇首先說明「天人合一」觀念，人與宇宙是一體、認同、融合的自然關係，這便是真人，所謂真人是虛懷任物、睡時無夢、醒時隨遇而安，氣息深沈，把生死看做往來的常事，舉動合乎自然，威嚴而無傲慢之氣，與天人混同一理，視生死如一，與道合一，不求功名富貴，心空無夢，誠於中形於外，入水不濡，入火不熱，提昇至與萬物合一的境界。對生死看法，莊子認為，死和生，都有天命所註定，像晝夜般的自然循環，聖人不再喜生惡死，此篇指出道為何，更進一步說明進德修道及修持歷程方法。後段，以子祀、子輿、子犁、子來四個人談論天道，以無為者、以生為脊，以死為尻，生死存亡之一體的樂觀態度，來對生死觀的體認，又以子桑戶三人相交為友的寓言，談論超脫世俗之外的人的修養，最後莊子借孔子回答子貢的話：「相忘以生，無所終窮」、「忘其肝膽，遺其耳目」、「魚相忘乎江湖，人相忘乎道術。」來說明「忘」順乎自然，合於大道。總之，此篇說明，宗道為師，提出天與人、自然與人的宇宙觀，指明與道合一的真人境界以及為道及修道的歷程工夫。

〈應帝王〉

大意言應世之術，首先是齧缺去問王倪修己度人之道，又借寓言人物蒲衣子說出，修道得道者要德性純真，不受物累。其次指出聖人治理天下的法則，大意是聖人是先正自己的性命，也就是所謂盡己之性，以盡人之性，再盡物之性，而後才能感化他人。第三段說明治理天下的方法，在天根與無名氏的問答中，得知為政之道，要使為政者心地淡泊恬靜，順物性之自然，則天下太平也。第四段，以陽子居請示老子談明王治理天下的要道，莊子引述老子的話認為，明王治理天下，功成不自居。第五段引例列子借用神巫季咸替壺子看相的故事，說明虛與藏的真理，強調修道者不可著於術流動靜，以及有道之士，不受五行、命運所拘束，立於不測之地，遊於有無之間，方能沖破逆境，邁向光明。最後，以「渾沌七竅」寓言，說明保全元真渾沌，使本性不致毀損，才能永生不滅。

（二）莊子外篇：〈駢拇篇〉、〈馬蹄篇〉、〈胠篋篇〉、〈在宥篇〉、〈天
地篇〉、〈天道篇〉、〈天運篇〉、〈刻意篇〉、〈繕性篇〉、〈秋水
篇〉、〈至樂篇〉、〈達生篇〉、〈山木篇〉、〈田子方篇〉、〈知北
遊篇〉：共十五篇，茲概述如下：

〈駢拇篇〉

指出駢拇是人多生的足趾，啓示修持正道當法自然，不可違悖中道。

〈馬蹄篇〉

馬的蹄可以踐踏霜雪，毛可以抵禦風寒，牠吃草喝水，翹起足來跳來跳
去，何等自在，一旦有了「伯樂」的造作，就受到傷害，說明無爲自化，清
靜自正的道理。

〈胠篋篇〉

爲了防止小偷劫財，在衣櫃子加鎖，但是大盜將櫃子背走，正是給大盜
集財的方法，由此故事說明去名相、絕聖棄智、返璞歸眞、清靜無爲，不如
守中，大盜乃止。

〈在宥篇〉

在宥即自在寬宥的意思，其修持要點是：處事合乎自然，放棄執著與巧
智，無爲、無己，如此精神自然開闊，合於自然。

〈天地篇〉

談天地的化育本於自然的規律，人也要棄除心機巧智，保持眞樸。

〈天道篇〉

談自然運行不息的規律。

〈天運篇〉

即天地日月星辰自然的運轉，是誰在主持、維繫、推動、佈雲雨、使風
吹動呢？這是天有六極五常的原則，再談到至仁無親、心境的變化、禮義法
度、采眞之遊。

〈刻意篇〉

刻意即砥礪心志的意思，寫世人的五種人格形態，談到聖人澹然、養神、
貴精的德象。

〈繕性篇〉

透過內心的恬靜，涵養生命的智慧，即是繕性，主張世人不可用心機巧智處世，否則會喪失本性，不能自拔。

〈秋水篇〉

即秋天的雨水，由海的大與天地的無窮盡，舒展思想的視野，使人的心胸開闊，討論價值判斷的無窮相對性。

〈至樂篇〉

強調由內心透出的喜悅，才是眞正的快樂，並討論生死的問題。

〈達生篇〉

主旨強調修道要合乎自然，順應本性，不爲外物所累。

〈山木篇〉

山木即山中之木，因木不材而能終其天年，引例人間患難多，並提出避禍免患之道。

〈田子方篇〉

借由田子方及魏文侯的對話，主旨談天下萬物皆虛幻，唯有道才是眞實不虛，唯有修道，才是眞人。

〈知北遊篇〉

即知道向北方遊歷，主旨談修道要順應自然，虛寂寧靜，只有凝神專一、心無雜念，能成大器，順應自然的變化，才能達到外化而內不化的境界。

（三）莊子雜篇：計有十一篇，茲概述如下

〈庚桑楚〉

是老子的學生，獨得老子的道術、道法，他提出養生之道，保養靈臺清淨的方法，列舉擾亂人心的二十四種因素，唯有無心，才能符合天之道。

〈徐无鬼〉

借徐无鬼，與女商、衛武王武侯的對話，譏刺充滿嗜慾、假仁義的害處，又剖析人生痛苦的原因源於造作、役於物、囿於欲，唯有泊然無心，悟本知一才能明道。

〈則陽篇〉

乃彭則陽遊歷到楚國對話的內容，說明聖人的修持及處世之道。

〈外物篇〉

指外在的事物沒有一定的準則，應看事務的發展而定；小才不能成就大道、修道不可得魚忘荃。

〈寓言篇〉

本章乃莊子自述本書使用的文體，寄託寓意的言論，佔十分之九，借重先哲時賢的言論佔十分之七，借用別人的言語佔十分之七，並言不執生死，忘其形骸，隨天機自然的變化，才能無對待，不執著。

〈讓王篇〉

說明支州支父推辭王位，讓與別人，放棄榮華富貴，重視修道養生，安貧樂道的要義。

〈盜跖篇〉

說明世界上做壞事的壞人，不會承認自己做壞事，且能言善道，以掩飾自己的過錯，值得我們警惕。

〈說劍篇〉

談論趙國的文王喜歡劍術，，國勢因而衰微，莊子善為劍，由太子悝引見趙王，論以道為劍，才能順服天下的妙理。

〈漁父篇〉

本篇是莊子借孔子與漁父的對話，說明回歸自然，保持本真的修道要訣。

〈列禦寇篇〉

修道的人，不可炫耀智慧，內外舉止要淳素自然，提出九種賢與不肖的分辨方法，最後段說明要重視內修，德性不外露，才能返樸歸真，不受外物所累。

〈天下篇〉

它提出修道的最高境界是這樣的：不離開道宗主的，就叫「天人」，不離開道的精微的稱為「神人」，不離開道的真實的，就稱為「至人」，用天做宗主，用德做基本，用道做門徑，能預見變化多端，不可以推測，就稱為「聖人」，用正義理事物，用禮文節制行動，用音樂調和性情，極溫和的將恩澤施給百姓，這就稱為「君子」，使後學者有規矩可循。

三、相關學術論文

　　基督宗教的靈修學一直不是顯學。一直到近幾年「泰澤團體」〔註27〕風潮開始風行，同時天主教梅頓神父（Thomas Merton, 1915～68）〔註28〕與盧雲神父（Henri J. M. Nouwen, 1932～96）〔註29〕的著作重新被翻譯後，引發基督教一陣靈修熱潮。

　　同時天主教靈修傳統的幾位大師，如：伯納德、艾克哈特、大德蘭、......等靈修學說著作再度被重視。台南神學院講師劉錦昌牧師所撰寫的〈十字若望的靈修與「空無」觀〉〔註30〕一文，劉牧師認為「空無的理論」（doctrine of the void）是十字若望的靈修與神祕思想之核心，該文相當詳盡地介紹了十字若望

〔註27〕泰澤團體（Taizé）是在法國成立的一個跨國際的修會團體。1940年開始，一個叫羅哲的人在泰澤接待逃避戰亂的難民，同時進行獨自靈修祈禱。1944年，有幾位弟兄加入他的行列；他們開始共同的生活，並在泰澤延續下去。1945年，來自該地區的一位年輕人創辦了一個組織，照顧因戰爭而失去父母的孤兒。他建議兄弟們在泰澤接待部份孤兒，1949年復活節，首批弟兄承諾終生獨身，在物質和精神上互相分享，以及度更純樸的生活。今天，泰澤團體由超過一百位兄弟組成，包括來自二十五個國家的天主教及不同基督教教派的兄弟。弟兄們靠工作來維持生計。他們不接受任何饋贈或捐獻，就連他們自己，也不繼承私人遺產，卻透過團體分施給窮人。有關泰澤的相關資料，可見其網站：http://www.taize.fr/zh_article1109.html。

〔註28〕梅頓（Thomas Merton, 1915～68）是法國人，熙篤會士（Cisterisian）。其絕大部分的時間都在隱修院內，甚至更隱蔽的樹林裏渡過。一九六八年參加亞洲基督徒修道院院長會議時過世於在他所住旅館的房內。梅頓整個靈修生命的主是題默觀或靜觀（Contemplation），他講默觀、默觀祈禱，他更是一位默觀批判家（Contemplative Critic）。著有《尋找天主》、《沈思》、《靜觀、靜觀》（The Climate of Monastic Prayer）、《沙漠的智慧》、《默觀的新種子》等書。

〔註29〕盧雲（Henri J. M. Nouwen, 1932～1996）荷蘭人，1957被按立為天主教神父。1966開始先後在聖母大學、荷蘭烏德勒支教區的公教神學學院、耶魯大學神學院、哈佛大學神學院教授臨床心理學、人格理論及牧養心理學、教牧學與靈修學等。其著作層面廣泛且數量眾多。1985年至1986年在法國特魯斯里的方舟團體照顧弱智人士；1986年至1996年在加拿大多倫多方舟團體的黎明之家擔任牧靈神父，照顧家中的弱智人士和職員，一九九六年因心臟病卒於荷蘭。著有《和平路上》、《安息日誌：秋之旅》、《熾熱的心：感恩祭的生活默想》、《你能飲這杯嗎》、《心靈麵包》、《負傷的治療者》、《愛中契合》、《羅馬城的小丑戲》等書。

〔註30〕發表於台南神學院期刊，《神學與教會》，22卷1期，1996.10。

的靈修旨趣，以及他的「默觀」（contemplation）與「空無理論」。對十字若望而言，「空無」與「黑暗」常常是通用的，他認爲「在所有事物上剝削自己的興味，就像生活在黑暗與空無」〔註31〕，而這種剝削對於靈魂來說是一種黑夜。

劉牧師研究了十字若望的四本主要著作後，認爲在十字若望的作品中，「空無」（void）、「無」（emptiness）、「黑暗」三名詞經常交替使用，藉由信、望、愛三種神學美德，讓理智、意志、記憶三種精神功能在「空虛」、在「黑暗」中，完成「理智在信仰的黑暗中，記憶進入希望的虛空裡頭，意志埋葬在一切情愛的缺乏中」而走向上主——亦即對一切不是屬於上主的事物之棄絕。換句話說，空無是一種靈修方法，從上主而來的能力；若從基督信仰的立場，基本上認爲「空無」、「無」並非只是修煉而來的工夫，空無既是靜觀的境界，也是靜觀的方法，唯獨空無才能產生靜觀之「愛的知識」；靜觀的被動與無區分特性，更襯托出空無的能力來自上主。靈修生活的目標是一種愛的結合，基督徒透過信、望、愛（傳統所說的「神學德性」），靈魂得以與神相似或說是與神相等，此乃愛的結合，是中國哲學所言天人合一境界，是一種相似或相等的結合（筆者按：人因此獲得「朋友」與「子」的身分）。〔註32〕神學的德性（信德、望德、愛德）的中介價值來自於與基督的連結，藉著基督神人的結合，使得人可以與上主合一，所有與愛的結合不謀之合一切均要給予否定、捨去，在「靜觀」（contemplation）、凝視上主的愛當中，達到人性最高境界。

已故的甘易逢教授早在 1982 年元月 23 日爲紀念亞味拉的聖德蘭逝世四百週年，在馬尼拉的聖多瑪斯大學以「亞味拉聖德蘭與東方的神秘經驗」爲題發表演說，後由陳寬薇譯爲中文。甘神父從東方經驗中，發現其中有不少特色可以與大德蘭的神秘經驗相呼應，包括「亞洲人的易感性 v.s.德蘭的女性易感性」、「返回中心」、「對中心之理解」、「知本」以及「內心的光明經驗」。

他以比較學的進路，拿東方宗教思想（佛教、道教、儒教、印度教以及其他宗教）與大德蘭的主要著作《七寶樓臺》作分析比較。印度和中國的東方神秘者，都循內心之途發展，到人性的中心點，尋求生命之源，物性之本。大德蘭與多數東方大師，在這樣的內心透視上，是非常相近的。〔註33〕他認

〔註31〕見趙雅博譯，《登上嘉默羅山》，頁 14。
〔註32〕Kavanaugh，《西班牙十六世紀；加默及其環繞的運動》，參 L.Dupre,D. Saliers 編，《基督徒靈修：宗教改革以後與現代》（三），Londen：SCM，1990， p.82。
〔註33〕甘神父舉「回返中心」爲例，按照道家的冥想之路，返回中心可以說就是回到生命本始，即根本氣息，它由「道」而生。亞味拉的德蘭，同樣感受到聖三的

為藉由比較東方大師的神秘經驗，如佛家禪宗對本性的悟察，或道家的與「常道」相合，確實可以看出他們的深度，並且藉以看出德蘭神秘經驗的特有品質，但是真正的深度還是肇基於「有信仰與否」。不相信位格性的神的人，和相信位格性的神的人，在神秘經驗的層次上，非基督徒深入的，是他的本性，他的自己，卻未能進入絕對者的中心；在基督徒來說，整個神秘經驗的過程至神婚達到最深處。天主將靜觀者帶入自己內，與自己的本質相結合。這種情形只有靜觀者相信一位格性的天主，才能實現。為什麼基督徒的神秘經驗者，比不信位格性天主的神秘經驗者，走得更深更遠呢？答案始終不會變：愛，天主是愛。基督徒是在愛中與主相合。

中文哲學界中，真正對「十字若望」、「神秘主義」與「莊子神秘知識」有深入研究的，首推台大哲學系教授關永中。關老師撰寫許多相關的學術論文，如〈神秘主義及其四大型態〉〔註34〕（1989）、〈神秘知識論及其三大型態〉〔註35〕（1994）、〈當代士林哲學所提供的一套神秘經驗知識論──與馬雷夏懇談〉〔註36〕（1998）。在〈與馬雷夏懇談〉一文中，關老師介紹馬雷夏以「智的動力」作為核心概念、來貫串普通經驗與神秘經驗兩個認知領域。其普通經驗知識論說：「智的動力」指望著存有視域；其神秘經驗知識論接著說：此動力所渴的求的目標、可在神秘經驗中獲得某程度的滿全。

站在知識論立場言，神秘經驗有其消極面與積極面：其消極面在乎認知功能在普通運作上之被壓伏；其積極面則在於「智的直覺」之被釋放與呈現。「智的直覺」乃理智本有的潛能、藉適當機緣而顯露，讓人當下「明心見性」地得見存有的「實相朗現」。「智的直覺」可因個人修維的深淺、與所處靈修派別之差異、而有不同程度的效果。然而，「智的直覺」的最圓滿的把握，應該就是「智的動力」所指望的無限圓滿境界──那絕對的靈之真截臨在。

生命，通傳於她，其強度遠勝過道家的。這生命的本始，最後歸向愛。這份愛的經驗，真正是基督徒神秘經驗的特徵；又，中國哲人夢寐以求的「天人合一」，在佛家和道家的靜觀者身上，卻是不能實現的。因為他們的經驗中短缺了愛。

〔註34〕關永中，〈神秘主義及其四大型態〉，《當代》36 期，台北，1989.4，頁 39～48。

〔註35〕關永中，〈神秘知識論及其三大型態〉，《臺大哲學論評》17 期，台北，1994.1，頁 31～55。

〔註36〕關永中，〈當代士林哲學所提供的一套神秘經驗知識論──與馬雷夏懇談〉，《哲學論集》31 期，台北，1998.6，頁 91～128。

在〈神秘經驗知識及其三大型態〉一文中，關老師認爲知識論可以分成：普通經驗知識論、神秘經驗知識論，而神秘經驗並不意味指出神、通天眼等奇異的事項，奇異現象並非神秘主義的核心，甚至神秘家們都不信任這些奇異經驗。對於「理智神視」有更詳細的解說，理智神視又分三種：1）把握世上有形事物的理智神視——理智以超越方式直接把握現世的有形事物；2）把握天界有形事物的理智神視——理智直接把握靈界中有形界的事物，如新約中「新天新地」的神視；3）把握無形事物的理智神視——理智直接把握上主本質的直接呈現，如上主對摩西的顯現。十字若望對於神視並不鼓勵，卻鼓勵靈修者修習「靜觀」（contemplation）爲靈修的主要功課。〔註37〕

除此之外，加爾默羅會士 David J. Centner 曾發表過《聖十字若望與私人啓示》一文。〔註38〕該文從十字若望對於所謂私人啓示的態度來說明何以嘉默羅修會對於一些超自然經驗事件採取保守態度。一般都以爲十字若望強調與神合一的超絕神秘經驗，他指導了許多對天主擁有崇高經驗的人，理所當然的，他應該會很重視「神見」、「神視」、「預言」等特殊的恩寵；事實上，他的態度完全相反。〔註39〕

十字若望認爲，無論所領受的是什麼，乃根據領受者的模式而領受。他指出，我們愈是透明（或者說，消除了罪惡和錯亂偏情的痕跡），則愈少經驗到某些似是而非的神見，經驗到如此的神見和神論，實際上乃根源於靈魂的不成全，並非是德行的標記。因此，十字若望的基本原則是對之不加理睬，並且要更親近基督，更忠心於透過聖職人員爲中介的教會訓導。當然有的時候，私人的啓示也可能清楚地說天主願意傳達某些事給教會，在這種情形下，這個啓示可說就是聖經上所謂的「預言」。〔註40〕

〔註37〕 關永中，〈神秘知識論及其三大型態〉，頁33～38。
〔註38〕 摘自 Carmelite Digest Vol. 15 No.3 Summer，2000。摘自天主教《教友生活》週刊（網路版），2413 期，2001.7.1。網址：http://www.catholic.org.tw/cathlife/2002/2413/13.htm。
〔註39〕 在聖十字若望的生命中，有一件事對我們很有啓發性。當會士們聚集在里斯本（Lisbon）召開會議時，有許多人希望一起去拜訪一位聞名的神見者（Visionary），聖十字若望卻寧可到海邊去祈禱，在那莊嚴澎湃的海岸頌揚天主的光榮。後來正如他所預言的，這個神見者被証實是個騙子。
〔註40〕 新約中的預言有兩個目的：首先，預言提醒我們在信心方面的疏忽，或責備我們遠離天主的旨意；預言的第二個目的，是幫助教會在某一特定的時刻明白天主顯示的旨意。然而第二種預言的作用絕不能在福音的基本訊息上添加什麼，並且必須得到教會欽定的批准，以之作爲人性的憑証。

其實，若仔細尋找，還是可以發現許多關於十字若望的文章，如 K. Kavanaugh & O. Rodriguez 編譯，《聖十字若望選集》（The Collected Works of St.John of the Cross），華盛頓，聖衣會研究所出版，1979 鄒保祿神父所撰〈聖十字若望對教會的貢獻〉一文，刊於輔仁大學《神學論集》89 期（1991，10 月），不過針對論文所需，只摘取以上數篇做介紹。

第三節　研究方法

作任何的研究是不能沒有方法的。在本篇的研究方法上，筆者是傾向於採取「詮釋對話」之觀點來處理本篇主題。更精確地來說，筆者亟盼能採取一種「自我詮釋與剝除」的思考方式來思考並處理本文所欲研究的主題。

一、現象學方法

「現象」一字是由希臘文 phainomenon 而來，意謂著「顯示在經驗事物中者」。而現象學（phenomenology）是一門對現象（phenomenon）進行探究的哲學，胡塞爾 Edmund Husserl（1859～1938）以爲現象學就是一個方法概念（Klaue held，1986：轉引自張汝倫，1997，P9）〔註41〕

眾所周知，現象學是爲了發現現象的固有本質而從事的一種理論研究，是有系統地研究意識內容的一道程序。「現象」是我們所意識的東西，呈現給意識的任何事物都是哲學所當研究的領域。

產生現象之物有其本質，而現象是本質的顯露，以意識的內容爲出發點，不論該內容爲何物，都可當成研究的資料。現象學有助把哲學探索自思辨玄想的預設中解放出來，現象學的目標則在於使我們可以處於沒有預設的位置去描述各種現象——各種向我們「如其所如」地呈現的現象。

胡塞爾〔註42〕認爲哲學當以尋求徹底確定性爲最終職志，而尋找一個通盤澄清的出發點變成了整個現象學事業的首要目標。胡塞爾提出了其關注點：事物本身是眞正的起點。哲學家必須不斷擴大和加深我們直接體驗的現象範圍，藉以返回最原始的起點。「現象」一詞的意義是「呈現於意識中的事物」。因此現象學所呼籲的，乃是由對外在存有的關注，轉移至對意識的深度反思。

〔註41〕張汝倫（1997）〈現象學方法的多重含意〉，哲學雜誌，20，91～115。
〔註42〕Pivcevic，廖仁義譯（1997）。《胡賽爾與現象學》（Husserl And Phenomenology）。台北：桂冠。

　　胡塞爾他主張：現象是意向行爲的對象，而所有的意識都是具有意向性的，更直截的講，意識本身即是意向，因此意識是一切現象的本源和母體。「回歸事物本身」於是變成了「讓客體的本質自然呈顯於意識現象的直觀逼視中」。客體並不具任何意義（客體並不等於「眞實」），除非有意識直接朝向它，在胡塞爾看來，知識論的先決條件，是把客體的現象（也就是客體呈顯出來的），原原本本地保留在主體的認知官能中。

　　現象的意義不是顯示自己的表象，而是顯示本身存在的本質。「現象就是本質」，胡塞爾一語，找到了主體與客體的銜接處，透露了「主客合一」的可能性。

（一）何謂現象學方法

　　現象學既然聲稱是個「沒有預設」的哲學（此亦是其做爲嚴密學問的最大保障），自然必須有一種「方法」以排除所有的預存理念，回到未賦予屬性前的經驗，並把握住清澄意識下的純粹自我。現象學方法的重點有三，論述如下：

1、放入括弧（存而不論）

　　胡塞爾建立先驗現象學，首先把先驗主體性的結構建立出來，爲達到此目標，他用了存而不論的方法，也就是放入括弧的方法。簡單來說，就是層層不斷回歸，剝落對主體認知的障礙，對主體存而不論，回溯到客體與主體接觸之際即 Ego Cogito Cogitatum（我思想被思想之物），以純粹主體重返之後，再以純理性、再以本質直觀方式，追溯其中的結構及規律，來引導其他一切科學的進展。

　　事物本身，連同形式與內容已足夠呈現在意識內了。那就是本質，必須用直觀去把握，不能從傳統或偉大系統以及過去經驗去把握本質，而是要返回最原始起點。

　　事實上，只有精神才是在自身（en soi）並爲自身（pour soi），也因此，先驗現象學的工作即是整個工作的起點。眞正開始是回歸主體，以主體的立場去認識客體，使客體呈顯於的我的意識結構，構成眞正客觀的認識。

　　存而不論是有兩層意義，一是消極地閣置，二是積極地回歸事物本身。存而不論有三個要緊步驟，一是哲學的存而不論（reduction philosophique），把一切先前哲學系統及判斷成見皆擱置，而放焦點於事物本身。二是現象學的存而不論（reduction phenomenologique）把存在擱置，亦即擱置對內在外在

世界的實在性的信念，而提呈精神於純粹現象之前。三是本質的存而不論（reduction eidetique），把非必然的事實擱置，而專於必然的本質（eidos）。

　　總而言之，胡氏認爲哲學超越事實的理想，而事實只能產生事實，不能產生本質，只有本質才有眞正絕對必然性，其他各種事實都是本質的例釋（Vereinzelungen, instancing），事實的科學不能提供本質科學基礎，唯有在反省直觀中才能獲得本質把握，對心靈界的認識也是在本質直觀才獲致，如知覺（perception）、回憶（recollection）、判斷（judgment）、想像（imagination）、意志（will）等本質，而對象只有呈現意識的直觀行爲中時才成爲可理解的（intelligible）。

　　我們可以說胡塞爾的現象學就是本質哲學，用存而不論方式，把一切有前題、可懷疑的、成見的雜質去除，回歸到原有的主體性（subjectivity），並追溯源至主體與客體相會起點。存而不論可以直接把握任何意識與件，獲致存在於認知內容中的意義（sinn sense）。

2、現象描述

　　現象學的存而不論法是一種消極的濾過辦法，把不具備「絕無可疑性」的研究材料，排除在現象學的研究範圍之外，用這個辦法獲得了「絕對眞確」之後，胡塞爾採用了現象學的第二個方法：現象學的描述法。這是一種積極的方法，要盡其所能對所研究的對象進行忠實的描述。〔註43〕一方面，這是對現象不加不減地描繪；另一方面，描述法實質上導引研究對象如其在經驗中直接呈現的變化、不穩、曖昧、樣態豐富的形象般全盤向研究者展露出來。這樣的方法，實際上就是要我們具備開放性、收納性高的認知能力，使我們能平視並接納一切與我們不相干、不重要的、非實證性的、邊陲性的經驗與現象，讓事物能夠如實地展現出來。

3、本質直觀

　　本質直觀是觀察者察知一個情境的實質或一種現象的實際本質的能力，現象的這種實際本質既不同於這種現象曾經是的東西，也不同於它可能曾經是的東西，或應當是的東西。

　　因此，本質直觀意指一種主觀性的形式，它意謂著，在獲得了客觀而沒有失眞的材料的前提下，在整體上對於一種情境的實質作直觀性的把握。本質直

〔註43〕《胡塞爾》，頁56。

觀涉及的是主體對於現象的認識能力，現象學的目的就是要去掌握現象的本質與意義，也因此，本質關涉到直觀，而意義則牽連到解釋。當然，本質直觀也形成了一個方法論上的難題，因為，直觀本身具有強烈的主觀性，而現象學在存而不論法上要求的是去除主觀的價值判斷，即出現了難以相容的問題。

胡塞爾認為哲學當以尋求徹底確定性為最終職志，而尋找一個通盤澄清的出發點變成了整個現象學事業的首要目標。胡塞爾提出了其關注點：事物本身是真正的起點。

（二）在本論文之應用

現象學的目標在於使我們可以處於「沒有預設」的位置去描述各種現象——各種向我們「如其所如」地呈現的現象。現象學既然聲稱是個「沒有預設」的哲學，自然必須有一種「方法」以排除所有的預存理念，回到未賦予屬性前的經驗，並把握住清澄意識下的純粹自我。因此，本文意欲從胡塞爾的超驗現象學裡擷取方法步驟，以作為借鏡或參考。

胡塞爾認為要對某一件事物作出較忠實而全面的理解就必須回到事物本身：由該事物最簡單、最明確、最原始面貌開始，把該事物已存有的理解先行懸置（即不先考慮這些理解），然後透過直觀來了解該事物。

如果要理解十字若望與莊子所描述的「默觀」，就不能以一般人對於周遭事物的理解來理解，必須回到跟兩者的作者為同一狀態才能進行理解。

所謂同一狀態，即與兩者的作者在理解上有著共同的基礎。而這種基礎須要透過懸置，分兩個階段而獲得：第一階段是回到事物本身，懸置「本原」本身以外的所有預設。即懸置除了「本原」的內涵定義以外的所有理解，包括自然態度、現實生活的體驗、科學的假設、以致存在信念等等。唯有經過這一階段了解後，「本原」才能達到毫無預設的領域，才能進行第二階段。第二階段是直觀事物。所謂「直觀」是懸置一般的思考方式，透過人類的共同感性認知來進行理解。人類的共同感性認知是人類最基本而共的認知能力。

如上述例子，雖然每個人對事物理解分歧，學化學的人跟某些古希臘哲學家和學營養學的人對於水的理解不同，但是，他們對於水的溫度、流動、顏色等有著共同的感性認知。透過這種共同的感性認知使人類對同一事物進行理解上達致互相交流。

經過這兩個階段的懸置，基本上可以得到十字若望與莊子在「觀」的理解上的共同基礎。但是要完全理解兩者所描述的「默觀」或「觀照」仍然是

不足夠的，因為兩者都沒有直接描述「觀」。為了理解兩者所描述的境界，就須要透過「直觀」的方式從兩者所描述的情境中尋找其共同的屬性。

總括來說，以現象學的懸置來分析十字若望與莊子所描述的「觀」的意義，在於提供一個無任何預設的領域和一種共同的理解方式，來探討兩者所描述的境界。

二、詮釋學方法

詮釋學是具有歷史性，整體性，循環性特徵的理解與解釋之方法學，解釋對於文本是不可或缺的，它能從文本中找出隱藏在文字後面的意義。

它是一種動態循環的歷程，來回穿梭於文字與理解之間的一種現象。理解不僅是把握一種文字結構的意義，不僅要有設身處地的精神，而且要超越它，通過移情的心理學方法，創造性地還原作者所要表達的東西。

理解並不存在一個界限，不強求在任何地方須達到統一，除非對話雙方贊同，擺脫一切教條束縛將思維意識的生產與再生產置於中心位置。理解是一個永遠開放的歷史過程，不斷有新的因素投入其中，參與著新的意義之形成。海德格認為，對文本的理解，永遠是決定於前理解的先把握活動，而詮釋循環並不是被消除掉，反而是得到真正的實現。在詮釋學方法中，我意欲採取高達美（Hans Gadamer）的「領悟（Verstehen）理論」。〔註44〕

（一）高達美的詮釋學方法

高達美繼承胡賽爾現象學、海德格形上學而發展出當代的詮釋學，特別是其「領悟理論」。「Verstehen」對海德格來說，帶有體會的意思；而高達美的領悟理論便是從他的老師海德格那裡接受過來的。

對高達美的詮釋學來說，自我（Dasein）的領悟是最基本的東西，對任何事件的領悟都要回歸到自我。高達美的自我並不是自我關閉的，它是開放的，它向外在世界開放。

自我面對世界開放，而所開放的「世界」其實就是一種「境界」或「視域」（Horizont）。「境界」並不是一成不變的，它隨時間在變化，因此自我的領悟也隨時間在變化。高達美認為不應把領悟設想為某種主觀性的行

〔註44〕嚴平譯，Richard E.Palmer（帕瑪）原著（1992），《詮釋學》，頁 189～226。台北：桂冠。此註解說明高達美對現代美學和歷史意識的批判，本人轉而成為本論文的領悟方法。

爲，領悟就是使個人置於傳統之內，在此傳統之中過去與現在不斷地相互融合。

因此領悟是在時間中不斷的過程中產生的，高達美認爲只有詮釋學的自我，在時間不斷流衍的領悟才是眞實的，而且領悟永遠伴隨著自我的偏見。

高達美認爲理解的先決條件既不是現代西方哲學所執著的「方法」，也不是古典哲學的「主體」，而是啓蒙運動以來，哲學所致力清除的「成見」。詮釋者總是受到他的一套「成見」（pre-judice）所指引。

啓蒙時代的哲學家犯了如下的錯誤，他們以爲成見是全然負面的，是歷史家在尋找客觀眞理時，應該且可以加以克服的。高達美強調成見並不是一件壞事，而是瞭解新事物所必須的先前理解。領悟伴隨著偏見，偏見是經年累月形成的，每個人偏見都不一樣，於是對同樣一件事情的看法也不一樣，因爲看法不同就形成了多元社會，偏見是無可避免的，多元社會也是無可避的，偏見並不是負面的觀念。

高達美說明「先前理解」是所有理解的必要條件。它包括了我們所意識到的理論架構、文化價值觀、個人生活經驗，以及我們所視爲當然的背景知識。理解的過程也是一個對於先前理解的反省與批判的過程。

（二）在本論文之應用

從當代詮釋學的觀點而論，「理解即是詮釋，詮釋即是對話」，所以在十字若望與莊子的會通對話進行理解，有意識地以詮釋者的角色，對此場會通對話展開追問的互動歷程。這場會通對話所產生的視域融合爲何，也是理解此場會通對話的重要關鍵。

換言之，這不只單純是筆者對此會通對話的追問、理解與詮釋；而是詮釋者與詮釋對象所造成的視域融合，生命互動交流。而「默觀」是這場理解、對話與詮釋的主角，經由默觀可望整合這東西文化差異，由差異來指點這場會遇對話中終極實有的追尋是存在有價值的他者之境。藉由文字咀嚼，來進行一場遊戲，這乃是詮釋、理解默觀的任務，要求在參與這場遊戲的眾人來進行對話，得以將眞理在存有場域中顯明。當人在追問這場會通與對話時，已然將生命投入創進的洪流裏，是詮釋，也是理解，是對話，也是對生命的探尋。

本論文所採取的便是這種「對話的詮釋」，也就是建構出一個情境，讓十字若望、莊子、與我在這個情境中彼此對話交流。這樣的對話不只是知性、

智性地系統陳述彼此對「神祕知識」的看法；也不只是從「歷史詮釋」的觀點來尋求其某些觀念的共通性。

我希望藉由兩者對於「默觀」的認知與實踐的自由展現，一再循環地開顯其生命境界，展現出他們各自如何藉由「默觀」來切入生命核心。也讓自己在這場對話中，也自由地加入並給予回應；更希望閱讀本論文者，也能加入這場對談，而對自我生命有更深入的理解。

三、論文陳述架構

在緒論陳述中，說明了傳統「理解」方法對於人類生命本質把握，以及對終極關懷之把握之困難。因此，我提出另一種進路──「默觀」──作為把握生命真實的可能性管道。為了真實明白「默觀」的意義，我盼望藉由比較莊子的「默觀」與十字若望的「默觀」來開顯「觀」的真相。並整理所收集的相關論文文獻，指出各論文研究的貢獻與不足。

隨後，我將分別簡介密契主義的意義及分類，指出「默觀」結合面向，非一般認知，另外指出，史坦斯、蔡納及關永中老師對於密契主義的分類。接著分別由中國神祕主義傳統及西方神祕主義傳統來說明二同傳統中的差異。

在莊子與十字若望的神祕知識體系，莊子的部分我將從其「內七篇」切入次來探討其「觀照」的境界；而十字若望部分我將從其最主要的四本著作──《攀登加爾默羅山》、《心靈的黑夜》、《靈魂之歌》及《愛的熾焰》──來探討其神祕知識之體系，同時比較東西方神祕知識體系之異同，試圖找出一些共通意義的觀念，作為陳述的重要基礎。基本上，這部分還不是深入研究，只是屬於「歷史層面」的介紹。

緊接著，我們將開始讓莊子與十字若望進行對話。第一次對話的主題是讓兩人表達對「默觀」意義之理解。在探討各自對「默觀」的看法時，必然不能省略他們的生命歷程與社會背景，以及其關懷重點之所在，所以在這一部份將同時簡介兩者的生平與當時處境，以便能真正找到「跨文化」描述「默觀」的可能。但是在比較之前，無論是莊子或十字若望，其使用來描述個別境界的語詞，都是屬於「象徵」的文字，因此我們針對「默想」與「默觀」之間關係做清楚的對話，首先釐清兩者的意義，並說明詮釋的限度與問題避免混淆。第二次對話的主題是對「默觀歷程」之各自表述。

我們先讓莊子從其內七篇中提出相關文字並作解釋；再讓十字若望表達其發展出的「靈修階梯」。兩者均是針對無自我位格的「神聖默觀位格者」在修養或靈修過程中，針對其狀態做實況描寫。第三次對話的主題則是針對「默觀」境界的最高層次——「與神聖合一」進行各自表述，也就是將莊子「合一而遊」與十字若望「靈性訂婚、神婚與榮福婚禮」境界的比較，展現出「神——我」之間、「我——自我」之間「內在主體際性」之深刻交流與合一。

在討論完「默觀」之後，我將處理東西方原型思維，分析東西方之弊後，提出現身心靈整合的「默觀」足以補足東西方文化交流的不足，盼能回到「默觀」身體詮釋與奧祕進行詮釋對話，以建立全人精神向度深刻對話。在這層面同時會牽涉到「宗教對話」在「靈修」層面的困難。當然，我也盼望在陳述中能開展出一個新的視野，能真正有效地從「非語言」之「默觀」來尋得東、西方會通之途徑。

最後，我附上每章的摘要及個人反省和問題的探討延伸，期盼不斷地對這個主題進行反省研究。

第二章　密契主義體系的體證

　　在本章中，筆者首先將討論所謂「密契主義」的意義，包括從字源學角度的探討以及陳述其核心概念，同時介紹密契主義的各種分類——包括 W. T. Stace 的分類、R.C. Zahner 的分類、以及關永中先生的分類。之後介紹中國道教密契主義傳統以及西方基督教的密契知識傳統，緊接著筆者將就東西方歷史背景及文化傳統的差異，來對基督教密契主義與中國老莊密契主義做比較，並證明「默觀」可以作爲對話與交流的基礎。

第一節　密契主義的意義與分類

一、密契主義的意義

　　從「Mysticism」來看，這詞源於希臘字「musterion」。究其希臘字，原字是來自希臘的神祕宗教中對神祕主義者描述。「神祕主義者」希臘文爲 hoi mystai 或 hoi mystikoi，指一個祕密宗教〔註1〕成員入會，被傳授關於神聖事物的神祕知識時，他應當閉口不語，避免外傳，甚至他的眼睛也是閉著的。〔註2〕

　　綜觀一般哲學書籍論文，「Mysticism」中譯文最主要有三種：神祕主義〔註3〕、

〔註1〕古代希臘伊流西斯的神祕教派（Eleusinian Mysteries），向新入會者宣達教義的舉動，及其儀式等等。後代就引申爲某些宗教內，傳播一些特別、深切奧祕的傳授，尤其不是公開宣揚的教義。

〔註2〕參張奉箴，〈神祕經驗與天主教〉，《輔仁大學神學論集》，第九十三期，民國83年10月，頁429～456。

〔註3〕神乃是心馳神往——遙契天道——顯，祕乃是返藏於密——謝絕外道——隱，「神祕」有開顯意味。見林久絡，〈神祕主義〉，《法光》雜誌第一一八期，台北：法光文教基金會，民國88年7月，第三版。

密契主義、〔註4〕以及冥契主義。〔註5〕而其中大部分將「Mysticism」譯為「神祕主義」，舊譯的神祕主義詞有其優點，如林久絡的「神」與「祕」二字聯用可以突顯「開顯」意義，這是「密契」一詞所沒有的優點，而缺點是「神祕」一語不易讓人想到有神論的的神，反而容易誤導為玄怪、荒誕等義。章太炎所引郭象之言：「與物冥而循大變。」〔註6〕同樣冥契主義也無法突顯密相契合之義，所以權宜之下，翻成密契主義較為適當。

　　這也是本文傾向的譯文，最主要原因是參考沈清松在〈表像、交談與身體——論密契經驗的幾個哲學問題〉中所提的理由：「不但在音譯方面近似，而且在語意上亦較為切合，能揭示與終極實在密相契合之意。」〔註7〕

　　結合當然是所有密契主義的基本要素。除了結合外，密契主義同時也說明著人的認知系統的改變。無論在那種類型，都說明為一個大我而甘心消失小我。雖說神祕主義有很多類型、方法、理論、修行，但神祕主義有一個共同旨趣：它渴望與一絕對境界結合〔註8〕。絕對者，不同宗派有不同解釋：上帝、真如、法界、阿拉等。無論如何，神祕主義等於與「絕對者」冥合的一門學問。所以說：神祕家是等於達到與「絕對者」冥合的個體。在人與神聖結合的剎那，彷彿是由黑夜看到光明，這裏的光明，指向「道」或「神」向我們顯明，真理朝向我們展露自身。

二、密契主義的分類方式

　　密契主義所指涉的結合概念若異於普通知識論的認知系統，則密契主義本身是否能夠被分類說明？吾人可從兩方面來談：就主體因素而言，每個神祕家各有其獨特氣質，甚至每一個經驗都是獨一無二，實際上來說找不到兩個完全相同的神祕家；而就客體因素而言，每一個文化都有其獨特的語言、象徵、傳統、宗教，而這些訊息深入人的心靈。因此我們是無法就內在本質

〔註4〕L.Dupré 著，傅佩榮譯《人的宗教向度》，第十二章，第 473 頁。

〔註5〕W.T.Stace 著，楊儒賓譯，*Mysticism and Philosophy*，《冥契主義與哲學》，台北：正中，1998 年六月初版，頁 2～13。他說：神祕一語實在無法顯現 Mysticism 的特色，而他同時指出傅佩榮在翻譯《人的宗教向度》一書時將此詞譯為密契主義為值得嚴肅考慮的。

〔註6〕章太炎，〈冥契篇〉，《晉書》。

〔註7〕見沈清松，〈表像、交談與身體——論密契經驗的幾個哲學問題〉，《哲學與文化》第二七四期，台北：輔仁大學，民國 86 年 3 月 15 日，頁 262～274。

〔註8〕Geoffrey Parrinder, *Mysticism in the World's Religions*（London: Sheldon Press. 1976）p.13.

來做分類；而只能就外在現象與表徵做分類的根據。嚴格來說，密契主義雖有同一旨趣，但形式卻不同，學者曾將之分為兩種、三種、四種類型。以下簡單介紹幾種分類方式。

（一）史坦斯（W. T. Stace）的分類

史坦斯在《冥契主義與哲學》一書中指出，若將密契者及其經驗加以分類，是相當繁複的。但其中有一種區分最重要：向內型與向外型密契主義。

1、外向型密契主義

這型不假人力，非人強求可得，是屬於自發性密契經驗，但自發性密契經驗並非全都是外向型密契主義。這種密契主義的特點有四點：（1）萬物即多即一：像萬物含攝在上帝裏，或萬物為一的想法；（2）宇宙在某意義下為一整體；（3）悖論性：即矛盾性；（4）價值無限感：精神提升，價值無限。〔註9〕

2、內向型密契主義

這型特點在積極否定的肯定。除了藉祈禱與修行外，還借助「不思」方法來達到體驗密契。以基督宗教為例，指出有的基督宗教學者認為只有在除掉所有心靈經驗後才能合一。在密契經驗中，個體是完全消融無跡，失去自身的同一性。〔註10〕

史坦斯分類簡潔，但是分成兩類是否可解決密契主義分類上問題，因為仔細深究密契主義著作，密契主義者可以同時既內向又外向，而史坦斯似乎忽略了這種可能性。

（二）蔡納（R.C. Zahner）的分類

蔡納在其書《神祕主義：神聖與世俗》（*Mysticism : Sacred and Profane*）提到三種型態：自然論、一元論及有神論。

1、自然論

自然論的密契主義的特色在個體與萬物合而為一，其所追求的目標是整

〔註9〕史坦斯在解釋完兩種類型密契主義後，給出七個密契主義的特色，其中第三項以下幾乎是相同的：如3、客觀真實感。4、安寧法樂等。5、神聖尊崇感。6、悖論。7、冥契者宣稱不可說。其中外向型與內向型冥契經驗有著不同共同特徵，此為最大差異點所在：外向型──所見一統，萬物為一；而內向型是意識一體；為空為一，是純粹意識。見《冥契主義與哲學》，頁59～63。
〔註10〕見《冥契主義與哲學》，頁163。

個宇宙的整體,是全體爲一的表現,不是泛神論說法。〔註11〕

2、一元論

一元論密契主義已超出自然界,與超越界的某個絕對對象合爲一。追求目標在於既超越卻同時不超離於現象界的對象,而個體在這種密契經驗,會消失其中。〔註12〕

3、有神論

強調有一個位格神緊密結合。在與之結合時,個體完整性得以保持,其追求目標是超越於外又內在於己的至高位格神。〔註13〕

筆者以爲,蔡納作品及分類,本來就享有極高評價,但蔡納在東方密契主義資料搜集不足,難免偏頗。關永中便批評其基督宗教本位色彩濃厚,所以其分類之內已含有一種價值判斷。〔註14〕

(三)關永中的分類

關永中教授將密契主義分類爲四類型:自然論密契主義、一元論密契主義、有神論的密契主義、巫祝論密契主義。〔註15〕神祕主義眾多形式,但歸納起來,可以有四大型態。

1、自然論神祕主義〔註16〕

其特色主張萬物一體,體驗自己與大自然是一體。這種與萬物爲一的經

〔註11〕R.C. Zahner, *Mysticism: Sacred and Profane,* Oxford: Oxford University Press, reprint, 1978, pp.130～153.

〔註12〕R.C. Zahner, *Mysticism: Sacred and Profane*, pp.153～174.

〔註13〕R.C. Zahner, *Mysticism: Sacred and Profane*, pp.175～197.

〔註14〕關永中,〈《神祕主義:神聖與世俗》書評〉,《哲學雜誌》第三期,台北:哲學雜誌社,1993年1月,頁239。

〔註15〕見關永中在〈神祕主義及其四型態〉一文中提出密契主義的四種類別,頁41～47。另外在〈神祕經驗知識論及其三大型態〉一文中,他認爲自然論的密契主義在知識論討論不彰,因此僅列出三種型態。自然的密契主義,例如:面對大自然景物,而心馳神往,體會自己與萬物有著更深的連繫,體會個體四周環境沒有絕對的分界。如柳宗元「心凝形釋,與萬化冥合」;又如莊子「天地與我並生,萬物與我爲一」,當密契者進入與萬物合一的境界,他感到自己與萬物溝通,自我也不再爲存在中心,此外,他超出道德善惡分別,體驗到不朽,即便死亡也不害怕。〈神祕主義及其四型態〉見《當代雜誌》,36期,1989.4,頁41～47;〈神祕經驗知識論及其三大型態〉見《臺大哲學論評》,17期,1994.1,頁31～55。

〔註16〕cf. Zaehner, *Mysticism: Sacred and Profane*, p28.

驗為「萬物為一」（All in one）的型態，但不等於泛神論（Pantheisticism）的觀點（泛神論者以宇宙為神的身軀）。換言之，他是屬於 Pan-en-henic（all-in eneness）等於萬物為一型態〔註17〕，自然神祕家體驗宇宙萬物彼此間沒有顯著分野，共同是一個整體。他深信不朽，對靈魂不朽深信不疑，不再畏懼死亡，體會自己與天地合一，同壽同久遠〔註18〕。

2、一元論的神祕主義

　　一元論最明顯的代表是佛教中的密契主義。一元論者會體會到自己與一種絕對境界合而為一。所以一元神祕主義有以下特點：1、只有一「絕對境界」：個體與絕對境界原是一體（梵我不二），個體的我如同一滴水滴入大海那樣廣；2、以現象界為虛妄；3、自力修行：以人自力到達合一的目的。一元論的神祕論者，其目標是消極為擺脫虛幻世界的束縛，能夠達到解脫；積極為與「絕對境界」合一，這合一是 unity，而不是 union，在合一中個人隱沒在整體中。〔註19〕

〔註17〕在整體中，自我引退，人不再以自我作為存在的中心，而向一個更大的「中心」，就好像投奔大自然，以至我可以說：我就是這個大自然。他能夠返樸歸真，在神祕體驗中意識自己，返回孩童時期的純真。從童真中，超出善惡範疇，其善惡不等於不道德，而是等於超道德（處在道德抉擇以外，道德問題不在此層面出現）。cf. Zaehner, p50.

〔註18〕Zaehner 回應說，此經驗並非究竟的神祕經驗。此種經驗，很接近精神病 Manic-Depressive，人在服食迷幻藥，也可以導致這種經驗，與萬物一體的感受，不必透過修行，不必有高道德人格，而可獲致，可以是與生俱來的，也可以是透過吃藥來達致。Aldous Huxlen, Doorsof Perception（London:chatto & Windus, 1954）.

〔註19〕我們若以佛教唯識宗為代表來介紹此一元論的神祕主義：1、人與「絕對境界」合一：如吠檀多（Vedanta）——梵我不二，大梵天（Brahman）與個體（Atman）是一體合一，unity 不等於 union，而如一滴水（個體）消失於海洋（絕對境界）；2、以現象世界為虛幻：現象世界不等於永恒不變的自體。有如佛家三法印：諸行無常、諸法無我、涅槃寂靜——用以判定某思想是否為佛家的真諦；3、涅槃寂靜：涅槃之體不生不滅，修行人入涅槃等於出離生死，與究極實體合一。有餘依寂滅：見道未死；無餘依寂滅：見道死亡；4、自力修行：修行分為消極與消極面。就消極面而言修行：破執乃是破煩惱障，擺脫虛幻世界的束縛；破所知障乃是破除對世界的執著。其積極面言修行：致力與絕對境界合一。可參看玄奘《八識規矩頌》，明，釋廣益，《大乘百法明門論、八識規矩頌》纂註（台北：老古文化，1982）。護法等造：玄奘譯《成唯識論》（台北：老古文化，1981）。

3、有神論神祕主義（Theistic Mysticism）

相信一至高神的存在，祂是萬物之根源，既超越又內在，既超越是指超越現象世界，既內在是指內在受造物之中。在這類型中，密契主要的目的就是最終要能拋開一切，奔向至高神的懷抱中。神祕家以這位神為結合的目標，在溝通中達致圓滿的結合，如猶太教、基督宗教、回教，它們皆需要修行以達目的。按天主教的神修學說法，這段旅程分為三部分：煉道、明道、合道。

4、巫祝論神祕主義

雖然世界各地有許多不同的薩滿（Shaman）、薩滿論，其內容及禮儀方式多有不同，但因其核心都為巫師（Shaman），因而被通稱為巫祝派密契主義。巫祝論的神祕主義，通常會有關於魔術部份，此神祕主義有幾個特性：[註20] 1、通靈者：被團體承認有通靈、神醫；2、有靈肉特徵，如六手指，比常人更多牙齒、直覺強。也就是在肉體或心靈上有較其它人異常的特色；3、通常通靈者會有守護神的同在及幫助。有一或多個神明作聯繫——或神輔，護守神（動物形象或異性）；4、通常通靈者是命中註定或自幼被某神明揀選，不自願，但不能不接受；5、有些會在入門時經歷些可怕儀式，如通靈者會有特別入門儀式——攀天梯（如：刀作成的梯子），象徵被宰割而復合；6、巫師或能出神與神靈溝通或能神明附身，如透過出神——靈魂離體；或透過附體——附體（靈媒）通靈；7、受訓時會有一敵手相互搏鬥，失敗時就會被毀。也就是說會有一對頭人，會有另一個與勢均力敵的薩滿與他作對頭人，得勝者修行上更有進境，失敗者終身被毀；8、通常會有一些附法力的物件幫助自己。如有時用有神力的物件——修行未到家以前，如手杖或鼓（紅印地安人）。

按關永中先生的說法，除了傳統自然論、一元論、有神論又多了薩滿教的神祕主義。這樣的分類方式並沒有離開原先分類很多，這分類的恰當性還有待討論，不過仍具有創新。

在比較諸多類型的密契主義，姑且不論每種密契主義都有其言之成理的理性成份，仍執著在此分法的恰當性仍陷於言語的差異詮釋當中，無法說盡那不可說的部份，因此本文設法逃過這陷阱，另外由別條路來進行，但關於密契主義的了解與耙梳工作仍得進行。

[註20] *New Encyclopaedia Britannica, Vol.16*（London, Ency, Brit. 15th Edition,1974），p.638.

第二節　中國密契主義傳統

中國哲學原本就尚直覺，尚天人合一之境。換句話說，在中國哲學的內涵中其實早就具備了「神秘主義」的因素。當然，說到了中國神秘思想的傳統，大部分人馬上就會想到老莊的原始道家思想。

事實上，老莊在漢初就成爲顯學之一，甚至還成了統治階級的指導思想。雖然漢武帝的董仲舒提倡「罷黜百家，獨尊儒術」的局面，這儒術已是摻雜了道家在內的學說，爾後，在民間宗教意識中，老莊的道家思想還與中國神仙方術、五行之說結合，形成了中國的道教，特別是其中「上清派」的「存思神通」〔註21〕更可謂是西方神祕思想的翻版。而這樣直覺靜觀的氣氛迷漫在中國文化傳統之中，已然成爲中國思維一部份。

但是，除了老莊思想與道教上清派之外，原始儒家的思想、佛教的禪宗與密宗思想、還有宋明理學中的心學系統，都可以算是中國傳統神秘主義。由於本論文中，主要的論述對象是莊子的神祕思想，所以原始道家的神祕思想在此不加以贅述，只就原始儒家、道教、佛教、以及宋明理學的神祕思想加以介紹。

一、原始儒家的神祕思想

在中國傳統儒家思想裏，對人的反思及人生終極的關懷，總愛集中在人的道德、精神和社會關係上作反思。如果照儒家的思想，宇宙在實質上是道德的宇宙，人的道德原則也就是宇宙的形上學原則。換句話說，人與天的神祕相應關係，成爲儒家道德形上學的基礎。

（一）孔子的「天命觀」

孔子的「天命觀」，可謂是儒家神秘思想的起源。「天命」在孔子那裡，既是決定宇宙和人生的不可抗拒的命運力量，又是鼓舞人去奮鬥的崇高使命感。《論語・堯曰》：「不知命，無以爲君子也；不知禮，無以立也；不知言，無以知人也。」《論語・季氏》云：「君子有三畏，畏天，畏大人，畏聖人之言。小人不知天命而不畏，狎大人，侮聖人之言。」

〔註21〕上清派以魏華存爲開派祖師，尊元始天王、太上大道君、太微天帝君、太上老君等爲最高主神。上清派創派諸人原是天師道徒，天師道的理想境界是「太清」境，他們爲了表明其境界比天師道更高，稱自己爲「上清」。上清派早期經典最具道教真文、真經性格。其經法修練以存想法爲主，經由內景的觀想而與內在、外在諸天洞仙交通。參閱劉精誠，《中國道教史》，台北：文津，1993，頁124。

　　孔子把「知天命」作爲「君子」即理想人格的必備條件。天命是君子必須首先加以敬畏、加以思考的東西。天命不僅僅是宇宙萬物的終極本原和歸宿，更是賦予人生以積極意義的神聖使命，一種催人奮進的精神力量。孔子謂「天」也部份承繼了周初「人格神」之傳統。他言「天」共十四處，除有三處可能指自然天外，其餘可見是指人格神。

　　而他言「天命」只有三處：「五十而知天命」（《論語・爲政》）「君子有三畏，畏天命，畏大人，畏聖人之言」（《論語・季氏》）「死生有命，富貴在天。」（《論語・顏淵》）「天命」在孔子之前所指莫非「國命」，「王命」或「政命」[註22]，天神之旨意在於天子，貴族爲國祚長短，要永固不墜就要敬德修善，以「順天休命」。但孔子卻將之拉到個人上而言，個人和天可以有直接關係，這是個重大之突破。[註23]我們對「天」、「天意」存敬畏，並順之，同時知「天」賦予人之「人性」，做我們應該做之事便可。

　　這樣既不達孔子神格天之承繼，又合天於人。由此而看孔子謂「命」，便是指一種「限制」，即人力不可違之命運。「子曰：『予欲無言。』子貢曰：『子如不言，則小子何述焉？』子曰：『天何言哉！四時行焉，百物生焉。天何言哉！』」（《論語・陽貨》）

　　孔子對神秘的宇宙本體「天」及其表現「天命」採取了敬而不究的立場，但神秘思想仍貫徹在他的全部人生實踐與感悟中。他主張「默而識之」，認爲「生而知之者上也」、「唯上智與下愚不移。」他否認自己的學問是靠博聞強記得來的，認爲知識來源於「一以貫之」的基本信念。這些思想成爲孟子「盡心」、「思誠」等神秘主義認識論的理論泉源。

〔註22〕人修德以受天命之觀念在周初是很重要之觀念，這是承繼了周易之看法，而且強調國之存亡皆爲天命。如：「皇天上帝，改厥元子兹大國殷之命」（尚書召誥），「嗚呼！肆汝小子封，唯命不于常，汝念哉」（尚書康誥），「侯服于周，天命靡常」（詩經太雅文傳）。在此，「天命」可視爲「天授之國命」，當權者得國乃是天命之賜，但他也需順天命方可鞏固政權。故「天命」也給人一些行事標準，若不遵守天命者，上天會使他人取而代之；而只要遵守天命，上天會永遠保佑其權。也因此才會有「天命靡常」之說法，又會有「天命不易，天難諶」（書經周書君奭）之說法。

〔註23〕不過他只言「知天命」卻不言「如何知」。我們可以從這個角度去思考：孔子「知天命」和「畏天命」中兩個「天命」所不同，前者指「當然之理」，或人應知的「生生之德」，此乃天道，賦予人而爲「人性」；後者指「上天之意旨」，生死貧賤富貴乃由其決定，這是人力無法控制支配的。

（二）孟子的「天命」與「浩然之氣」

孟子之「天命」觀基本沿襲孔子。他同意「天」的神性義：「順天者存，逆天者亡。」（《孟子・離婁》）而「天命」對他而言，除了「天意」之外，更有「命運」的意思，乃人力不能轉換的：「莫之為而為者，天也；莫之致而致者，命也。」（《孟子・萬章》）另外，他更發揚了「天命」之作為「人性」形上基礎之說法。在《孟子・盡心》之章句中，他主張「存心養性」以「事天」，「修身俟之」之「立命」，人只要「盡心」即可「知性」，便可「知天」，可謂比孔子更上一層。

而在「天人感應」部分，孟子更承襲孔子，認為民意可通天：「天視自我民視，天聽自我民聽，此之謂也。」（《孟子・萬章》）天與民相通，天命等於民意。而怎樣的民意是天意呢？即「誠」！換句話說，在「道德」層面上，天與人是相通的。天是「誠」，此天賦予人四端，此人心性也。善養人此本性即有「浩然之氣」，終而「上下與天地同流」，而達致「萬物皆備於我」。

一般對於孟子神秘思想的闡述，最為經典的便是他對於「浩然之氣」的討論。在《孟子・公孫丑上》中，孟子描述了自己的精神修養發展過程。有一位弟子問孟子有什麼特長，孟子回答說：「我知言，我善養吾浩然之氣。」這位弟子又問什麼是浩然之氣，孟子回答說：「其為氣也，至大至剛，以直養而無害，則塞於天地之間。其為氣也，配義與道；無是，餒也。」

「浩然之氣」是孟子獨創的名詞。它到底意指什麼，連孟子也承認「難言也」（同上）。若按照孟子的脈絡，浩然之氣是一股巨大而強有力的氣，它是血氣與道義的匯合，是血與氣的結合，是義與善的結合。它是誠實正直之氣。心動之時，氣就展示自己的力量。如果人的意志是善的，這股力量也將是堅定和流溢的。藉著氣，人內在的道德感與道是一致的。如果沒有這種和諧一致性，氣便會衰弱消失。〔註24〕

對孟子而言，他必定有過某種神秘的經驗，從中體會到透過日常平凡的活動，就能在自己天賦的本性中與萬物達致融合一體的境界。人生是一個活的、生生不息的「養氣」過程。善養正直與正義的浩氣，人藉此回應天命，而天命早貫注於人心，成為人天賦的、「自然」的性。照孟子所說，浩然之氣是每個人都能夠養成的。

〔註24〕可見鄺麗娟修女的博士論文，《中國的氣與基督徒人學》*Qi Chinois et Anthropologie chretienne*,（Paris, L'Harmattan, 2000），第一章「在中國文化中的氣」。

（三）《中庸》的「天命」觀

在孟子之後，言「天命」較有系統的應是《中庸》了。《中庸》更由「人性」講「天命」：「天命之謂性，率性之謂道、修道之謂教。」（一章）「天命」就是宇宙之道，其決定萬物本性，遵循本性就是遵循道，修道就是人文教化。《中庸》天命觀將宇宙萬物的生命、心靈與人的生命、心靈一體貫通，指出一「誠」字予以概括：「誠者，天之道也；誠之者，人之道也。誠者，不勉而中，不思而得，從容中道，聖人也。誠之者，擇善而固執之者也。……自誠明，謂之性，自明誠，謂之教。誠則明矣，明則誠矣。唯天下至誠，為能盡其性。能盡其性，則能盡人之性。能盡人之性，則能盡物之性。能盡物之性，則可以贊天地之化育。可以贊天地之化育，則可以與天參矣。」誠，就是萬物發自本心的真誠。人如果能保此天真、至誠，就能盡萬物之性，與天地並列為參，參贊化育，通乎神明。

儒家的神秘主義透徹地體認世界本體之神秘：以其廣大無垠謂之「天」，以其陰陽不測謂之「神」，以其變化更新謂之「易」，以其真實無妄謂之「誠」。宇宙生氣流動，人亦當自強不息；宇宙至誠無欺，人也應誠敬不欺；宇宙大化流衍，無一息之停，人也應不執一己之私，與天地同流。

二、中國道教的神祕思想

道教起源於自然的崇拜，所以並無特定的教主或創始人。道教內容大致建於三種原始宗教意識的基礎上：鬼神崇拜；神仙信仰與方術；以及黃老學說中的神秘主義。從宗教關係學上說，道教上溯遠古，兼綜百家，是多種文化融合的產物。道教的淵源包含了道家的「道」概念及其特色、修養法門、神仙境界與全生保真思想；也包含了儒家的道德觀念、天人關係及衍生的祭祀思想、教規、人事佈局；它也包含了漢易的內容，將原始周易雜於機祥讖緯與陰陽災異之中。除了這些哲學思想之外，它也融合了商周鬼神信仰、五行與天人感應的觀念、《墨子·明鬼》中的思想，加上當時方士醫學（不死藥、煉金術、神仙思想、醫藥技術）等刺激。這種種的因素，在混亂的東漢末年，神秘性的「道」符合人民希望追求永恆生命的需求，同時也成為反抗腐敗政府的新興力量，在接收了佛教的宗教形式之後，成為了中國土生土長的宗教。

廣義來說，道教思想無一透顯著神秘氣味。不過一般而言，直接與神祕思想有關連的首屬「上清派」思想以及「內丹」思想。其實道教最早的經典《太

平經》〔註25〕也透顯了相當程度的神祕思想。〔註26〕其中的「元氣」說建構了道教的神祕宇宙論。這神祕元氣論後來一直是道教理論的重要組成部分。

在魏晉南北朝時代，道教的神祕思想在南方的東晉有了新的發展，其中最具代表性的便是「上清派」的出現。〔註27〕上清派的獨到之處就在於：它堅持通過煉神的方法去達到煉形的目的，把佛門煉神的義理吸取進道教。上清派極看重精神的修養，認爲要獲得形體永存的高級方法就是存神和行氣。主張三教合一，借用佛教理論來完善本派，這是上清派的又一大特徵。上清派的代表經典爲《上清大洞眞經》，一名《三十九章經》。

上清派另外一本相當重要的經書是《黃庭內景經》〔註28〕，此書是道教早期講「積精累氣以爲眞」的內丹修煉之書。據《內景經》卷上梁丘子注說，黃爲中央之色，庭爲四方之中，外指天中地中人中，內指腦中心中脾中，故稱「黃庭」。心居身內，存觀一體的象色，故稱內景。所謂黃庭之景，實指道教修煉時產生的景象。

〔註25〕此經之由來，據說在西漢成帝時（西元前 33～37 年），齊人甘忠可著《天官歷包元太平經》說：「漢家逢天地之大終，當更受命於天。」這個觀念顛覆既有政權，當事人不久就銀鐺入獄。東漢順帝年間（126～145），琅邪宮崇向皇帝呈上其師于吉獲得的神書 170 卷，稱《太平清領書》，當時未被採納。直到靈帝即位以後才受朝廷肯定，在民間流行開來。

〔註26〕《太平經》認爲自然與社會各層次中的事物，皆包含陰、陽、和三種基本成分，凡事都是三名一體，故云：「元氣有三名：太陽、太陰、中和。形體有三名：天、地、人。天有三名：日、月、星，北極爲中也。地有三名：君、臣、民。」

〔註27〕楊羲於晉哀帝興寧二年（364）宣稱故天師道女祭酒魏華存與眾仙眞下降，授他上清經、諸眞傳記及修行雜事等。楊羲傳給天師道世家許謐、許翽父子，而有了上清派。當時一楊（羲）二許（謐、翽）的降眞活動在金陵、勾容及茅山等地舉行，主要是由楊羲與諸仙眞「接遇」，即是本人的身體並不讓神仙降附，而能自由自主地得見仙眞或被仙眞帶領參與諸仙大會。其中仙、人之間的問答或仙眞的誥示，都使用「今體」（即隸體）工整寫出，即爲上清經派中有名的《眞誥》。這些誥語中有許多都有預示性，因而不經允許不得抄錄流傳，故只在上清集團內部作爲神聖性經典供奉。《眞誥》從楊、許傳出，其中再經多人的整理，如顧歡、陸修靜等，至於陶弘景之手才總彙成編。類似天神接遇所存留的眞跡，陶弘景又整理過一部《周氏冥通記》，稱爲「冥通」，即是與仙界、靈界交通的宗教體驗。從這兩部紀錄中即可知通冥者並非如巫覡一般處於被神附體的狀態，而是修煉出一種能力可以直接與仙界交通而傳下訊息。見劉精誠，《中國道教史》，頁 124～126。

〔註28〕據說該經是西晉武帝時（265～290），上眞景林夫人授給魏華存的。現傳《黃庭經》有內景、外景、中景三種。一般認爲中景經出世較晚，故通常所說《黃庭經》未包括《中景經》在內。

在隋唐時期的道教思想中,「內丹修煉」是一個非常重要的神秘思想。「內丹」顧名思義,就是人體之內的「金丹」。即將人體比作爐鼎,以體內之精氣爲藥物,運用神去燒煉,認爲可使精、氣、神凝爲聖胎,聖胎可以離開軀體而爲身外之身,永世長存。這個所謂聖胎,或稱神丹「大藥」,或稱爲內丹。

古人以精氣神爲性命之本,故而「內丹學」被當作「性命之學」。「內丹」這個名稱雖然比「金丹」晚出,但力圖通過內煉而延年益壽的觀念及方法卻具有相當悠久的思想淵源。根據《黃帝內經》等書的記載,黃帝曾經進行「移精變氣」的修煉,這可以看作是後世內丹學「煉精化氣」的雛形。此外,《莊子》書中有「心齋」、「坐忘」之類的精神調理方法,這是「煉神」古老傳統的文化遺存。

內丹修煉的步驟如下:首先要「調息煉己」,也就是藉由調整氣息來排除雜念,集中注意力以專心練功。以使心靈虛極,至於無神可凝的境界。然後再眞正開始精氣神的修煉。從人的修養來說,這就是「復歸」於嬰兒。怎樣「復歸」呢?這就是把分離的「精、氣、神」重新聚合起來。其步驟稱爲「三步功」或稱「三關」。第一關是「煉精化氣」,第二關是「煉氣化神」,第三關是「煉神還虛」,此爲內丹修煉的高級階段,是任神而至於虛極的過程,也是出神入化的一種理想境界。過了「三步功」之後,更有「煉虛合道」的工夫。

三、佛教的神祕思想

在輸入中國的幾種外來宗教中,佛教輸入最早,傳播最速,信眾最多,其影響中國至深至鉅,甚至凌駕中國本土宗教——道教之上。它自兩漢傳入中國,歷經東晉、南北朝、隋唐、一直到宋代才開始衰落,期間經歷了六百多年,形成了天台宗、三論宗、唯識宗、淨土宗、律宗、華嚴宗、禪宗等宗派,其中不乏神秘思想。〔註29〕但筆者在此只介紹較爲成熟且影響較大的宗派:禪宗與西藏的密宗。

〔註29〕 最早出現的佛學神秘思想應算是與魏晉玄學結合後所形成的「般若」思想,其內容強調對「無」之知是爲「聖智」,而這種智慧必須以「涅槃」來與「無」同一;後來竺道生提出了眾生「頓悟成佛」的說法;天台智顗提出「三諦圓融」與「一念三千」,強調人的一念,可以包容無限的宇宙整體。這些都可以算是禪宗之前佛教重要的神祕思想。見毛峰著,《神秘主義詩學》,北京:三聯,1998,頁 158～161。

（一）禪宗的神祕思想

「禪」即梵文的「禪那」（Dhyana），意指「靜慮」、「思維修」的意思是指在心無旁騖的情況下作修煉〔註30〕。在《奧義書》中又稱「瑜珈」，即所謂的「禪定」——藉由讓身體保持最恰當的姿勢，幫助自己靜思凝心、專注觀境，協調思想與肉體的修煉方式。在中國，一開始是以小乘面目出現於東漢，但後來卻成爲大小乘共有的修行法門。大乘有「六度」——布施、持戒、忍辱、精進、禪定、智慧，而禪定與精進、智慧並列，可見它在佛法修持上的重要性。在中國，對「禪那」的涵意有了新理解始於六祖惠能。惠能強調了「禪」原來的「智慧」涵意，認爲大徹大悟的產生，與專心靜坐並無必然的因果關係。這種新理解影響了南傳禪宗的發展〔註31〕。而後因爲佛禍，禪宗漸漸演變成「叢林」〔註32〕。

按習禪者言，「禪」可以爲人指出一條脫離所有內在束縛，釋放一切正當而又自然地儲存在我們每個人內在的能力。而，「認識自我本質」即是自我的意識完全覺醒，藉著深刻的精神體驗來完全認識自己的眞相——甚至是下意識或潛意識的部分。習禪在於獲得「悟」，就是獲得一個透視事物的本質的新觀點。禪宗的根本主張在於「明心見性，立地成佛」，它的本色天然、簡便易行的教義，與一般佛教的宗教崇拜與宗教誡律有所區別，從而呈現出更加詩化的特點。禪宗思想的核心在於否認外在世界，認爲宇宙中的唯一眞實的東西只是「我」，這神祕的「本我」（又稱「自性」）既非人的肉體，也非人的感覺和理智，而是某種神祕莫測的，空明淨寂的自我意識。這種「本我」的獲

〔註30〕　《瑜珈師地論》卷 33 云：「言靜慮者，于所一緣，系念寂靜，正審思慮，故名靜慮。」
〔註31〕　唐代懷讓禪師與馬祖道一的對話便可看出這種演變。道一在衡岳山習坐禪，懷讓有意渡之，便問：「大德坐禪圖什麼？」道一説：「圖作佛。」懷讓便取一磚頭，在廟門前開始磨磚。道一問：「磨作什麼？」「作鏡子。」道一奇了：「磨磚豈能成鏡邪？」懷讓便言：「磨磚既不成鏡，坐禪豈得作佛？」後來懷讓又開示道一：「汝學坐禪，爲學坐佛？若學坐禪，禪非坐臥。若學坐佛，佛非定相。于無住法，不應取捨。汝若坐佛，即是殺佛。若執坐相，非達其理。」懷讓的意思是執著坐禪，不必然能得智慧，反而可能成爲智慧的絆腳石。見嚴耀中（1991），《中國宗教與生存哲學》，上海：學林。頁235。
〔註32〕　「叢林制度」便是由唐朝道一禪師與懷海禪師所創，因爲唐武宗對佛教的迫害，他們便在江西省丈山建立寺院，並設立清規制度，強調重法不重佛，懷海並設「普請法」，要求叢林和尚都能擔任勞動工作，成爲典型的農禪經濟制度。

得，有賴於息欲寧神、絕塵去慮，於一片空茫處去獲取。這種神秘的、無法可循的「悟」又稱「禪悟」。一般而言，禪宗思想的特色有「遇悟成智」、「明心見性」、「定慧不二」。〔註33〕

而至於禪宗修行的法門主要有二：「禪定」與「參話頭」。

1、禪定：包含「坐」與「觀」兩部份

（1）「坐」即「靜坐」階段

此階段意即藉由身體姿勢與呼吸來沈靜心靈，是一種由外而內的方法。其重點包括要找到安靜、不受人為的打擾的地方；注意姿勢與呼吸；〔註34〕凝聚心神，保持心繫一息、身心一念的清明狀態；屆時便可以客觀地位來觀察自己，雖然有許多念頭、心情與思緒，但是讓它們無礙地滑過心湖而後離開，自己卻不陷於意識中，只是靜靜地看著它們。

（2）禪定之「觀」

此階段不只是指自我不再為外在事物所牽繫，更是脫去了自我的執著、意識型態、成見而發現自我的意識所在，但卻不為意識所限制，反而可以導引意識去接觸事物的本質——因為「現象」是由於「自我」而產生，沒有自我便能超越現象而達本質。這時候便能達「物我合一」了。在靜坐達到「觀」的境界時，我們不會在事物之中看見我的慾望與投射、我們不會在觀察他人時看見接納與拒斥、我們將會在反省自我時聽到自己內心的聲音、聽到靈魂的悸動，這就是直覺的智慧。這常常是無法用言語表達的感覺，是一種神秘的經驗，我們的一舉一動似乎會突然變得清晰起來。

〔註33〕 「遇悟成智」意為成佛不在於苦修而在於覺悟，而覺悟則有賴於智慧的啟迪。因此禪宗不重苦修、坐禪、甚至讀經，因為這些東西常常是阻礙心靈澄澈的障礙，反而會執著於苦修、坐禪與讀經。「明心見性」則強調佛不假外求，佛即是我的本來面目。禪宗延續大乘佛教認為一切眾生皆具佛性的想法，認為「真俗一如」、「凡聖不二」。只要不思善不思惡，便可見本來面目。因此禪宗要人時時自我觀照，看見自己的心緒，明白自己的性情。「定慧不二」定是修持，慧是理論，「定慧不二」意即將理論與實踐完全合一。禪宗要人真實地生活，以修行之心活在當下，若能如此，也將看到處處都是智慧。因此，禪宗不言「寂滅」，反而言「自在無礙」。只要「不滯」，則可洞見生活中的種種喜樂。見蔡維民，《心靈哲學導論》，台北，揚智，2000，頁126～128。

〔註34〕 為了專心呼吸，禪宗有所謂「數息」的呼吸法，《坐禪三昧經》曰：「若已習行，當教言，數一至十，隨息入出，念與息俱，止心一處。」意即要自自然然的呼吸，不要控制它，但去算它，數了十次之後再重頭算——將念頭都集中到呼吸上面。

總之，禪宗認為靜坐是一種方法，是為了達到「觀」的方法。在靜坐中，從外而內地滌淨自我，讓自我與身體、意識分離，因而可獲得「洞察」事物本質的新眼光——悟。

2、參公案與參話頭——以直觀與意志代替理智

禪宗的參禪方法是用「感受」與「實踐」的方法，而不是用「理解」的。禪宗認為絕對本體是不可理解、不可思議的，語言只不過是開向無語之彼岸世界的舟筏，佛語所謂「捨筏登岸」是也。禪宗以語言為引逗，引發出一個超越乎語言的本體世界。這種靠乖謬、暗示等方式隨機傳達不可言傳的佛門妙境的方法，在禪宗中稱「機鋒」，而那些前輩禪師判斷是非迷悟的言論，被用來作為內省式參究的依據，稱「公案」。讓修禪者極力思索一句偈語、一個問題或一段故事，一方面讓思索者的注意力集中，摒退一切外在環境的紛擾；一方面讓思緒單純，凸顯理智的不足，脫離語言與智性邏輯的障礙，待時機成熟，便可豁然而悟，所以禪宗是「以心傳心，不立文字」。〔註35〕

除了參公案之外，另外還有一種與語言有關的參禪方式，叫做參話頭。也就是禪師要求學生去「感受」對於所聽到的文字聲音與心中的反應，不要著墨於文字的意義。因此，有「參話頭」成為言詞表達中最常見的方法。要參話頭一般有下列六種方式：①矛盾對立法——不斷舉出問者之矛盾而致掃除其妄念；②否認法——禪師一再否定問者的問題，促使參者拋棄「問」的執著；③直接感受法——感受禪師的聲音與內心的第一反應，那可能是自性的真相；④逆向思考法——不斷以參問者欲追求答案的反面，或不合常理的回答來讓對方明白自己執著之缺失；⑤重複法——不斷重複問問題或某一個話頭，向唸佛一般一直唸下去而致頓悟；⑥棒喝法——此乃曹洞宗最常用的方法，以聲音與身體的震撼疼痛來逼使參者頓悟。

（二）密宗的神祕思想

印度佛教傳入中國西藏地區，形成獨具特色的藏傳佛教體系，其中尤以密宗神祕主義最有特色。密宗講究師徒祕授的身心修煉，以口誦咒語（語密）、手結契印（手、身姿勢，身密）、心作觀想（意密）的神祕主義方法進行修煉，三密加持，即身成佛。修煉時還要建立壇場（曼陀羅），以進入特定的神祕氣氛中。密宗主張此時此地的修煉、徹悟、成佛。由於心不二的本體論，因此它要求修習者以自身的肉體為媒介，體驗超越了一切對立和矛盾——本體與

〔註35〕《心靈哲學導論》，頁193～196。

現象、涅槃與輪迴、般若（智慧）與善巧（方法）、虛空和悲憫——而達到圓滿具足的靈魂極樂境界。為此，密宗有以兩性交合為修持方法的「男女雙身修法」，讓修煉者從性的快感中昇華出「色空」觀念，並學會駕馭肉體的情慾和一切激情，從而進入無情無欲的極樂狀態。

佛教神祕主義的一個很重要的特色，在於以直覺的方式而不是推理的方式去把握世界，以澄心靜氣、意領神會的方式去獲得對世界意義的突然了悟（頓悟），從而去實踐一種不為外物所累的生命方式。它將道家的「體無」改造為神祕的「體空」，即以「空明」之心去體會宇宙「萬法之空」，此「空」非「虛無」，而是一切生命自明其本性、獲得心靈安憩之所。

四、宋明理學中的神祕思想

儒學經過了先秦儒到漢唐經學的發展，變得繁瑣、庸俗，而且沒有形上智慧，因此在魏晉與隋唐形成玄學與佛學的興盛，如要振興儒學，便要針對佛老，發展出形上智慧，找尋一終極的價值根源，為世界作一終極解釋，這樣才能力拒佛老。所以宋儒一開始便著重在天道論方面進行論述，為世界萬事萬物作一終極價值的解釋，這成為宋明理學的一大特色。孟子雖然有「盡心知性知天，存心養性事天」的說法，隱含了心與天的內容意義是一的意思，但未明白指出心就是天。到了宋代，「天道性命相貫通」的思想才成為儒者的主流思想，心的天道論涵義才被充分地發展出來。

（一）宋代儒學中的神祕思想

提到宋明理學的開山始祖，一般都會想到周敦頤。他根據《易經》的思想，建立了一個以「太極」為最高範疇的神祕宇宙論，並說明宇宙生成的神祕本源是「無極而太極」。從無到有，萬物生生不息的表現與境界是「神」。這樣的宇宙觀貫徹到人生修養上，就是「立誠」、「知幾」——藉著寂然無欲而直觀洞察宇宙變化之神妙。〔註36〕簡單來說，周敦頤言「天道」是以《中庸》的「誠」來配合《易傳》的乾元之說。

另一位和周敦頤齊名的理學家便是張載。張載與周敦頤一樣都由天道說起，都是由《易傳》的解釋開始，說明天道如何創生天地萬物。天道是怎樣的呢？主要是由「太和」、「太虛」、「氣」、「神」等概念所組成。他以「太和」

〔註36〕《通書》第十六：「寂然不動者，誠也；感而遂通者，神也；動而未形，有無之間者，幾也。精誠故明，神應故妙，幾微故幽。誠、神、幾，曰聖人。」

來說明天道的流行過程，「太和」是至和、最和諧的意思，張載認為天道流行的狀態是「相對而和諧的」，天道流行會創生出經驗現象的萬事萬物，因此太和也是萬事萬物的源頭。萬物皆有共同性，就是所謂「清通之性」。這共通性使得萬事萬物能相感通，也就是透過人心的感通而顯其相感通之性。換句話說，張載也認為人可以參與這天道的消長變化。如何參與呢？因為人能相感，人心能感通於萬事萬物，〔註37〕只要順著人之性命，躬敬天德而誠之行之，這樣便能保持和完成太和之道。即由人之大其心而觀察天上地下萬物，充其極而表現為神，盡其性而使道流行於氣中，如此才能言窮神知化。

若說到真正北宋理學的代表，應算是程顥（1032～1085）與程頤（1033～1107）兄弟，二程皆師承周敦頤，而其中又以程顥（明道）較具神祕主義傾向。明道以「生生」為天地宇宙之道，而生生的過程便稱為「神」；他同時也將傳統儒家的最高德性「仁」提升到宇宙本體，〔註38〕「仁」的最高境界就是將天地萬物包羅一心。所以真正認識事物的方法是內外不執，順應自然，直覺為先，不任情、不尚智，從而澄然虛明，德行大備。

到了南宋，「心學」成為儒家神祕主義的真正繼承者。其中最具代表性的人物是陸九淵（1139～1193），他主張「心理一如」，也就是「心即理」，「宇宙即是吾心，吾心即是宇宙」〔註39〕，「心即理」的理由有四點，即先天稟賦、良知良能、性善與氣質。它不僅闡明了宇宙萬物與人的存在在本質上同一不二，而且闡明了這種不二之原即在於心體的本身實存。無限闊大的宇宙萬物的一體化是以人的主體精神為營運軸心的，因此人的存在就在哲學上被提升到一種至高無上的精神境界。陸九淵為學要注意修養個人道德，是解蔽去惑，是「減」，而不是「添」，不是認識外界事物；同時強調整體明瞭，不是逐一理解。因此他強調默坐澄心，只要排除各種成見、權威、經典解釋、煩惱，就能自做主宰。其弟子楊簡（慈湖）（1141～1226）根據自身的神祕體驗，認為人心虛明無體，廣大無際，可以包容宇宙萬物。〔註40〕所有的現象與變化，都是自己的變化，除此無它。

〔註37〕 《正蒙·太和》：「至靜無感，性之淵源，有識有知，物交之客感爾。客感客形與無感無形，惟盡性者一之。」
〔註38〕 《遺書》第三：「仁者，渾然與物同體。」《遺書》第七：「若夫至仁則天地一身。」
〔註39〕 《陸九淵集·語錄》34篇：「萬物森然於方寸之間，滿心而發，充塞宇宙。」「方寸」指的就是「心」，也就是「意識」。意思就是萬物無非此心。
〔註40〕 《慈湖遺書》卷二：「意慮不作，如日如月，無思無為而萬物畢照。」

（二）明代心學的神秘主義

明代心學先驅首推陳獻章（白沙）（1428～1500），他主張靜坐以涵養心神，獲得自然之樂，進而達到「天地我立，萬化我出」的神祕化一境界；自我是無比充足的，只要去掉外在感官的限制，便可以「全虛圓不測之神」，體驗身處天地萬物之間「微塵六和、瞬息千古」的境界。

王陽明的思想可以說主要是繼承了南宋陸九淵的「心即理」的思想，而以知行合一，及致良知為主要的思想內容。而這中間充滿了神祕思想。王陽明的「心即理」乃是繼承陸九淵，認為充塞在宇宙之間的，只是一個理，或是一個「靈明」，也就是人的心，離開了我心，離開了靈明，就沒有天地之存在。〔註41〕換言之，客觀事物的存在，都是人的主觀的知覺作用的結果。沒有被心知覺的東西是不存在的，因此，天理是不外於人心的。這種天理在人心的發露，就是「良知」。良知是套用孟子之說，是「不待學而有，不待慮而得」的惻隱之心，是無須經驗學習，而是純乎天賦予人心的。良知是人生來就有的一種知善知惡的天賦本性，莫非出自人心之當然，絲毫沒有勉強的。也因此，陽明認為為學之道，主要是向內反省，時時體察這個人心中之理。這種除去私欲，恢復本然，擴充到底，都說明了致良知是一種工夫，一種實踐。既然「知」是一種實踐工夫，因此知與行必然合一。王陽明舉《大學》中「如惡惡臭，如好好色」為例，他說當人聞到臭味時，心中同時便已有厭惡的感覺，前者屬知，後者屬行，二者是同時發生的，而不是聞到臭，然後才加以分辨，再生出厭惡之心。因此王陽明認為真知必真行，知而不行，是因為不能真正的知，如能真正的知，就必然能夠行。「凡」、「聖」之別的關鍵，端在人是否能肯努力作工夫修養（「為學」、「學聖人」、「用功」、「致良知」），將人所共有的良知或即天理純化（「使此心純乎天理」）或即恢復（「復他本來體用」），不被私欲的障蔽（「無人欲之雜」）。能夠做到的，便是聖人；不能夠做到的，便是凡人，這只是精神境界上的分別。

〔註41〕王陽明說：「所謂汝心，亦不專是那一團血肉。若是那一團血肉，如今已死的人，那一團血肉還在。緣何不能視聽言動？所謂汝心，卻是那能視聽言動的。這個便是性，便是天理。有這個性，才能生這性之生理。便謂之仁。這性之生理，發在目便會視。發在耳便會聽。發在口便會言。發在四肢便會動。都只是那天理發生。以其主宰一身，故謂之心。這心之本體，原只是個天理。原無非禮。這箇便是汝之真己。這個真己，是軀殼的主宰。」《傳習錄》卷上，引自陳榮捷《王陽明傳習錄詳註集評》（學生書局，1983），第122條，頁146。

第三節　西方密契主義傳統

　　西方文化傳統向來著重知識、科學、分析，而自智者派（Sophists）和蘇格拉底以降，又加入嚴格的邏輯論證。這主流顯學很難融入神祕主義所謂的「閉上眼睛」。所以過去在西方歷史中，神祕主義的地位常遭到質疑，特別是在「亞里斯多德——多瑪斯」神學爲主流的詮釋系統之下。基督教密契主義，眞可謂是「神祕」主義，因爲在教義當中，除了有些隱晦難懂的經驗外，在歷史當中，它也算是介於神祕與主流當中的灰色地區。諸如一些思想家如柏拉圖、亞里士多德等人哲學中的神祕主義色彩可當作正統神學的思想點綴而無傷大雅，但若將密契主義貫徹到底，就很難爲西方接受。羅馬帝國晚期和中世紀早期，神祕主義哲學曾到達極盛；不過在基督教自西方社會取得統治地位後，由於基督教神祕主義忽略了教會組織與神職人員的職責中介作用，間接也忽略了宗教儀式的價值。所以幾乎所有的神祕主義體系和學說都不被教會當局所採納，有的甚至被當做異端而受到譴責或鎮壓。中世紀末期和文藝復興時，神祕主義曾經面對教會當局反省而短暫復興，但緊接著就是科學理性在十六、十七世紀再次取得優勢。以下我們就來回顧西方的神秘傳統之源流。

一、古希臘的密契主義傳統：從酒神崇拜到柏拉圖

　　在古代的希臘就有宗教，這裡指的是酒神狄奧尼索斯（Dionysius）的崇拜。酒神崇拜便產生了一種深刻的神秘主義，它大大地影響了許多哲學家，甚至對於基督教神學的形成也起過一部分的作用。

　　狄奧尼索斯原來是色雷斯的神。色雷斯人遠比不上希臘人文明，但是他們也有各種豐收的祭儀和一個保護豐收之神，他的名字便是狄奧尼索斯。祂究竟是人形還是牛形，這一點始終不太清楚。當他們發現了製造麥酒的方法時，他們就認爲酣醉是神聖的，並讚美狄奧尼索斯。酒神崇拜包含著許多野蠻的成份，例如把野獸撕成一片片的，全部生吃下去；〔註42〕或者有身分的主婦們和少女們成群結隊地在荒山上整夜歡舞欲狂，那種酣醉部分是由於酒

〔註42〕狄奧尼索斯的神話有許多種形式。有一種說，狄奧尼索斯是宙斯的兒子；他還是小孩子的時候就被巨人族撕碎，他們吃光了他的肉，只剩下來他的心。有人說，宙斯把這顆心給了西彌麗，另外有人說，宙斯吞掉了這顆心；無論哪一種說法，都形成了狄奧尼索斯第二次誕生的起源。巴庫斯教徒把一只野獸撕開並生吃它的肉，這被認爲是重演巨人族撕碎並吃掉狄奧尼索斯的故事，而這只野獸在某種意義上便是神的化身。見羅素著，《西方哲學史（上）》，台北：五南，1991，頁 62。

力，但大部分卻是神秘性的。狄奧尼索斯的原始崇拜形式是野蠻的，在許多方面是令人反感的。它之所以影響了哲學家們並不是以這種形式，而是以「奧爾弗斯」（Orpheus）爲名的精神化了的形式，那是禁欲主義的，而且以精神的沉醉代替肉體的沉醉。

　　奧爾弗斯是一個朦朧但有趣的人物，有人認爲他實有其人，另外也有人認爲他是一個神，或者是一個想像中的英雄。無論奧爾弗斯是否確有其人，但可以確定的，是奧爾弗斯的教義包括了許多最初似乎是淵源於埃及的東西，而且埃及主要是通過克里特而影響了希臘的。他們相信靈魂的輪迴；他們教導說，按照人在世上的生活方式，靈魂可以獲得永恆的福祉或者遭受永恆的或暫時的痛苦。他們的目的是要達到「純潔」，部分地依靠淨化的儀式，部分地依靠避免某些種污染。正統的教徒忌吃肉食——除非是在舉行儀式的時候做爲聖餐來吃。他們認爲人部分地屬於地，也部分地屬於天；由於生活的純潔，屬天的部分就增多，而屬地的部分便減少，到最後便可以與神合一。對於奧爾弗斯的信徒來說，現世的生活就是痛苦與無聊。人類被束縛在一個輪子上，它在永無休止的生死循環裡轉動著；人真正生活是屬於天上的，但卻又被束縛在地上。唯有靠生命的淨化與否定以及一種苦行的生活，才能逃避這個輪子，而最後達到與神合一的天人感通。

　　奧爾弗斯教是狄奧尼索斯崇拜中的改良運動，而畢達哥拉斯主義又是奧爾弗斯教內部的一種改良運動。提到畢達哥拉斯（Pythagoras）的宗教觀，一般都將之歸屬於「神秘主義」方面的——雖然他的神秘主義具有一種特殊的理智性質。畢達哥拉斯的宗教思想承襲了奧爾弗斯教的「輪迴」觀念，認爲靈魂是個不朽的東西，它可以轉變成別種生物；其次，凡是存在的事物，都要在某種循環裏再生，沒有什麼東西是絕對新的；一切生來具有生命的東西都應該認爲是親屬。此學派鼓吹過著儉樸的生活，要滌淨靈魂就必須要遠離家鄉，與同樣追求靈魂澄淨者住在一起。藉由哲學的冥想與宗教的禮儀與祭祀來瞭解「神啓」，並要與神明（他們崇敬阿波羅與宙斯神）做親密的禱告，藉由集體操練與學習的生活來使人獲得神聖而道德的增長。〔註43〕

────────────

〔註43〕 Philips Rousseau 就認爲畢達哥拉斯學派的思想是「修道主義」三種靈性來源
　　　　中很重要的一個來源，其他兩個來源是：非正統團體——蒙他努主義、摩尼
　　　　教、諾斯底主義；以及猶太教——如愛色尼人等。詳見 Philips Rousseau 撰
　　　　 "Christian Asceticism and the Early Monks" 一文，收錄於 "The Social World
　　　　 of the First Christians" ，頁 120。

　　從畢達哥拉斯那裏，柏拉圖得來了他哲學中的奧爾弗斯主義的成份：即宗教的傾向、靈魂不朽的信仰、出世的精神、僧侶的情調以及他那洞穴的比喻中所包含的一切思想，還有他那理智與神秘主義的密切交織。

　　柏拉圖最爲有名的便是其二元論，此乃柏拉圖的「形上學」與「知識論」的基礎，而這其中都透顯了相當的神秘意味。世界的萬物無不在變化，但是柏拉圖發現其變化卻向著一個更完善的境界方向而進行，所以他相信在事物之外必然有一個完美的「原型」存在。世界萬物是由創造神 Demiurges 模仿理型世界諸原型所創造的神聖模仿品，因爲可見事物是模仿品，所以是虛假多變的；而「原型」就是「觀念」，是眞實不變的。在這個基礎上，柏拉圖結合了 Pythagoras 的靈魂輪迴理論。在《理想國》、《費多篇（Phaidon）》中都有提及肉體禁錮靈魂，肉體是物質的，是虛幻的。在人心中有先天觀念，而這些先天觀念是來自靈魂在理型世界所看到的各種理型，人透過回憶（Anamnesis）而把握之。因此，靈魂唯有脫離肉體禁錮，才能無阻礙地看到眞正的眞理，得到神秘的知識。爲了強調眞正的知識不是來自感官，所以柏拉圖提出了「洞穴說」〔註44〕，說明眞正的眞理絕非來自於感官經驗，感官的用處充其量也只是「刺激」靈魂來回憶罷了。

　　柏拉圖哲學中神之單一性、永恒性以及神之至善觀念和靈魂得救觀念，都成爲後來基督教思想的哲學基礎。特別是其理型論、回憶說、靈魂不滅論和世界等級模式〔註45〕，隱喻著人有與至善合一的可能性，這些都等於是在爲基督教心理學與禁慾的密契主義鋪路。與柏拉圖一樣，基督教密契主義者深諳「眞理秘傳」的道理。事實上，基督教密契主義幾乎都無可避免地受到了柏拉圖主義與新柏拉圖主義的影響。從最早期的「諾斯底」異端〔註46〕開

〔註44〕「洞穴說」在《理想國》第七卷。

〔註45〕世界分爲理念世界和現象世界，理念世界以世界靈魂爲最高主宰。它布滿世界，乃世界中的完美、秩序的根源；而現象世界則反覆無常，卑微低寸，由創造神所造。從靈魂等級來看，造物主之下爲天體靈魂，其次爲人類靈魂，最低者爲動物靈魂。人類靈魂又可分「理性」、「意志」、「欲望」三部份，若要得救，就需發展理性，訓練意志，克服欲望。

〔註46〕諾斯底主義深受柏拉圖與新柏拉圖主義影響，採用二元論的思考方式，重精神而輕物質。諾斯底主義認爲，耶穌既然是上帝揀選之救贖者，他就不應有物質性肉體，所以耶穌不是人，而是幻影；既是幻影，就不曾死過也不曾復活。換句話說，得救的希望不是耶穌的「替贖」而是耶穌所傳的靈智知識，這些知識是上帝給人超越肉體的束縛，而非科學上的知識。詳請參考林鴻信著，《教理史（上）》，台北：禮記，1996，頁78～82。

始，狄奧尼修斯、艾克哈特大師到庫薩，基督教神秘主義者都主張上帝之神性的神秘本質和絕對超越性，並以「否定」作為其神學之進路，究其原由，無非是排斥人的理性以「肯定」或「顯白」的方式，「自下而上」地認識上帝的企圖。〔註 47〕真正在基督及使徒時代執哲學思想牛耳——特別是倫理思想——的是斯多亞學派與伊比鳩魯學派。他們認為哲學的任務便是要幫助人形成自己的一套行為規範，讓人安身立命，求得精神與道德上的自主。〔註 48〕基督教密契思想家在型構其密契主義時，除了柏拉圖對肉體的否定之外，伊比鳩魯學派講求與人群隔離、合乎自然的生活；斯多亞學派講求內在心靈的超然平靜，與「道」冥合的說法，都影響到了早期基督教密契主義中的一些理念。

二、初代基督教的神祕思想

在初代基督教中，包括第一代基督徒的體驗在內，宗教觀念首先在聖經中得到描述，主要內容是關於耶穌的事蹟和使徒們的事蹟，是早期基督徒的信仰體系對象，以耶穌基督為信仰核心。之後經過初代基督作家的理性的表述和論證，原先帶有十分濃厚神秘主義色彩的信仰的內核雖然還保留著，但它的自然主義的神秘色彩已經淡化，而類似希臘理性神秘主義的成分加重了。〔註 49〕

新約的最大奧秘是耶穌基督。使徒保羅說：「我照神為你所賜我的職分，作了教會的執事，要把神的道理傳得全備；這道理就是歷世歷代所隱藏的奧秘，但如今向他的聖徒顯明了。」（《聖經‧哥羅西書》一：25～26）「神的奧秘，就是基督，所積蓄的一切智慧知識，都在他裡面藏著。」（《聖經‧哥羅西》二：2～3）使徒的使命正在於按神的啟示，「講基督的奧秘」，「按著所該說的話將這奧秘發明出來。」（《聖經‧哥羅西書》四：3）他強調奧秘的內容由神決定，而神已啟示出這內容。「我們講的，乃是從前所隱藏的神奧秘的智慧，就是神在萬世以前，預定使我們得榮耀的。」（《聖經‧哥林多前書》二：7）這就是說，神的奧秘智慧在創世之前就預備好了，歷世歷代以來都隱藏在

〔註 47〕這是 Frederick Copleston 陳述早期希臘哲學思想對基督較之貢獻時的專用語。詳見 Copleston 著，傅佩榮譯《西洋哲學史（一）》，頁 642。

〔註 48〕路加在〈使徒行傳〉十七章 16～18 節呈現了一個早期發展的階段，保羅在雅典邂逅了伊比鳩魯與斯多亞的哲學家並與之辯論。

〔註 49〕王曉朝著，《神秘與理性的交融》，杭州：杭州大學出版社，頁 164。

神裡面。在新約中，使徒宣揚的耶穌基督的福音也被視同為「奧秘的啟示」。神願意讓他們知道真道，他們要「使萬國的民信服真道」。傳道是把已賜下的啟示內容，帶給那些不認識神的人。就這樣，新約的作者們給神秘一詞以微妙的意義，把神秘與神的啟示相聯，即神向來不為人所知的計劃，現在被神「開啟」了。這個計劃的中心在耶穌基督的道成肉身，祂是宇宙主宰，教會之首。早期基督教教義中，最具神秘意義的教義主要有二：「道成肉身」與「三位一體」。

（一）道成肉身（Incarnation）

「道成肉身」是「基督論」的基礎。此教義的《聖經》基礎在於新約〈約翰福音〉第一章 14 節，與〈使徒行傳〉廿章 28 節。簡單地說，便是強調耶穌在「三位一體」教義中「聖子」之性質。傳統上，此教義強調「聖子」出於父，而與父同質，聖父在永恆之中（時間之外）生成了「子」，此「子」便是上帝的「道」，自太初便與上帝同在。而因為世人犯了罪無法自救，「三位一體」上帝便以「子」位格之「道」成為肉身，成為人的形象來到人的世界進行拯救工作。而完成這個拯救工作的可見的人便是耶穌。〔註 50〕這個教義清楚地點明了耶穌基督的神人二性在一位格中聯合〔註 51〕，因此祂是神人之間唯一的中保，也因此宣示了在耶穌之外別無拯救之可能，而這也成為宣教主義的合理基礎——要想得救就必須放棄原有的信仰，只信從耶穌基督的唯一權威。這個教義主宰了傳統西方基督論達十五個世紀之久，「拯救歸於唯一中保」的核心信息成為基督教會宣教的主要內容。

（二）三位一體（Trinity）

「三位一體」是指：有一位上帝（神）；上帝有三個位格（聖父、聖子、

〔註50〕 不過，傳統這種「道成肉身」的說法在今日受到了修改。「道」被認知為「上帝的啟示與行動」，是「永恆的」、「遍在的」，而這個「道」進入了人的生命之中是否得以完全則有賴「那個人」是否能完全的回應。耶穌之所以能真正完成「道成肉身」，乃在於祂真實的人性（如你我一般的人性）完全地回應了上帝的啟示，在祂的生命中，上帝與人性真正相遇且合一。完全的啟示與完全的回應真正在——也只在耶穌身上完成。也唯獨這真正完全的耶穌才能成為神——人的中保，重新連合已斷絕的神人關係。

〔註51〕 「神人二性聯合」代表耶穌既是真神也是真人。因為若祂不是真神，則人的歸信便不能說他在基督中碰到生命存在的根基；若祂不是真人，則無法保證祂所帶來的拯救可以適合於所有人類的景況。兩性在同一位格中緊密結合卻不混雜，所以傳統基督論認為唯有耶穌可作為救贖之唯一代表。

聖靈）；它們既是同一的，同時又是三種不同的位格。三位一體說的確立標誌著基督教思想體系的成熟：三位一體的聖父上帝創造並主宰世界和人類；第二位聖子上帝降世為人，拯救墮落的人類，祂死後復活而升天，在世界末日，祂還將來臨，舉行最後審判；第三聖靈上帝，運行於世界和人類心中，啟迪人心，指導成聖。〔註52〕三位一體的教義一確立，基督教就從原先類同於東方式的粗淺的神秘主義形態的宗教演變為一種以啟示和唯靈主義（spiritualism）〔註53〕為特徵的宗教。它是非理性的、神秘的，單憑理性無法接受它；但它又不絕對排斥理性，反而與理性融合在一起，讓理性做為信仰的認證，它是一種信仰的昇華，一種非理性的理性融合。

三、早期基督教教父哲學的神秘傳統

有人將「修道主義」〔註54〕與「密契主義」視為同義詞。但筆者個人卻認為兩者還是有所差別：前者關心的是一種能充分發揮及具本真性的宗教生命的追求，是對於基督教整體如何實現即維持神人關係的一種反思，因此「公眾崇拜」與「敬虔奉獻」都可以視為是「修道靈修」的進路；而後者強調內在經驗，暗示應以「非理性」與「反智」來進入經驗的領域，甚至常將表面

〔註52〕傅東安譯，托馬斯‧阿奎那著《基督教哲學》，頁3。

〔註53〕唯靈主義（spiritualism）指的是任何一種哲學思想體系，只要它對感覺所難以察覺的非物質的實在的存在予以肯定，就可稱之為唯靈主義。見《簡明不列顛百科全書》，第十五卷，第188頁。

〔註54〕修道主義又稱隱修主義，主要指那些虔誠的信徒渴望脫離煩惱的世俗生活，而沈思默想與神的關係（神交）以達到一種神人合一的神秘主義的願望。它的目標是通過神秘的體驗使靈魂獲得解放，以便與上帝神交或合一。早在基督教誕生之前，埃及已經有了薩拉比斯派的修道生活。據斐洛（Philo）的記載，薩拉比斯派原是居住在埃及的猶太人的一大教派。他們分別幽居在秘密處所，專心冥想祈禱，每星期相見一次。他們都不結婚，婦女和男子一樣從事寂寞的宗教生活，以斷食苦行作為進修的根本。他們密集在亞歷山大里亞一帶，每戶開闢一間房子作為禮拜冥想的場所。與基督教的起源關係十分密切的猶太教艾色尼派的戒律修行比薩拉比斯教要溫和一些。該派教徒以榮華為罪惡，以克己制欲為德行的根本，主張獨身。每天早上在拜見日出以前，不談一句俗話，飯前飯後，向神祈禱。就基督教的歷史來看，有學者認為「修道主義」是一種「先知運動」，如 J. B. Russell 認為當基督教修道主義最興盛時為西元四～六世紀，以及十～十二世紀。而此時恰巧也是基督教會的體制意識最強的時候。因此修道主義代表了作為抗衡體制化的先知運動。廣義地說，便是指改造既有秩序，以創造性、自由的張力來引導基督徒來接近上帝。J. B. Russell 的觀點可見其所著 *"A History of Medieval Christianity：Prophecy and Order"* （AHM Publishing Corporation, 1968），頁 1～6。

的矛盾視爲一種美德。因此，密契主義應只是修道主義其中的一部份。不過，
兩者相同的地方，都是強調對經驗理智的不信任以及「實踐」的重要性；同
時，也因爲兩者在基督教歷史中發生時間的相近，所以程度上可以等量齊觀。

　　基督教教父哲學中與神秘主義傳統有關的代表人物有四世紀的特土良
（Tertullian），希坡的奧古斯丁（St. Augustine of Hippo, 354～430），以及託名
狄奧尼修斯（Pseud-Dionysius，生卒不詳）。以下分別介紹之。

（一）特土良（Tertullian C.145～220 or l60～240A.D.）

　　特土良是第一位拉丁教父，〔註55〕他以批判希臘哲學的理性主義傾向、
維護宗教神秘主義的思想原則。他認爲哲學的素材是現世的智慧，是對自然
和上帝旨意的草率解釋。他認爲所有的異端是受著希臘哲學的影響，因此他
也竭力地反對哲學。對於希臘哲學家和當時的學者，斥責警告，他大聲疾呼
說：「雅典和耶路撒冷，學院與教會，有什麼關係呢？」「那些想把基督聖道
和斯多亞派、柏拉圖派、詭辯學派混亂妥協的人，都應當受咒詛！」他引用
「尋找，就尋見」〔註56〕的名言，解釋了信仰屬意和神秘主義的思想原則：「當
你已經相信時，你就已經成功地尋見了……」換言之，虔誠既是指導人類思
想的原則和手段，同時也就是人類思想的目的和最終結果。特土良以挑戰性
的語氣對那些假想中的理性主義者們說：「上帝之子死了，這是完全可信的，
因爲這是荒謬的。他被埋葬又復活，這一事實是確實的，因爲它是不可能的。」
〔註57〕一切信仰都置身於荒謬和悖論之中。

（二）聖奧古斯丁（St. Augustine of Hippo, 354～430）

　　奧古斯丁發展出一種神秘主義的認識論，這種認識論是信仰與理性的密
切交織，他爲信仰下了一個著名的定義：「以贊同的態度思想」，即信仰爲理
性打開了理性憑自身無法進入的神聖領域，在此領域中，人的心靈憑藉上帝
的神秘「光照」把握住了超乎語言的「內在眞理」，這個學說在認識主體和認
識客體之外設定了認識的先決條件，具有重要的哲學意義。奧古斯丁神學對後

〔註55〕特土良爲律師出身，思路清晰，不但有深遠的智慧，有豐富的情感，又有活
　　　　潑的想像力；他的學問很高，又有敏銳的觀察力。在其拉丁文著作中，首創
　　　　了509個專業名詞，284個形容詞，和161個動詞，來解說神學、辨明眞理。
　　　　後人所熟悉的 Trinity 一詞，也就是中文的「三位一體」，即出於特氏之手。
〔註56〕《聖經‧馬太福音》7章7節。
〔註57〕J. N. D. Kelly，《早期基督教教義》，台北：中華福音神學院，1992，頁55～
　　　　68。

世產生重大影響的另一個學說是神秘主義的認識論和眞理觀——「光照說」。「光照」的概念來源於柏拉圖神秘主義的理念論。柏拉圖認爲，最高的理念「善」像太陽一樣照耀萬物，人心靈的眼睛靠此神秘的光源才看見事物、獲得知識。奧古斯丁繼承了這個神秘主義的認識論，認爲人眞正的知識不來自經驗，而來自上帝的恩典之光照，光照是上帝眷顧人心的恩典，它是先天的、超驗的。

（三）託名狄奧尼修斯（Pseud-Dionysius，生卒不詳）

　　五世紀末敘利亞的隱修士託名狄奧尼修斯又被稱爲基督教神秘主義之父，其著作《論聖名》、《神秘神學》、《天國等級》、《書信集》可說是早期基督教密契主義思潮的代表。他將神學分爲肯定神學、否定神學、神秘神學三部分。肯定神學將上帝描繪爲「善、光、美」的神聖三元「理智、力量、和平」。否定神學是用否定的方法從離上帝最遙遠的事物開始，把其中帶有人類思想侷限性的因素一一排除，沿著世界的等級秩序逐步上升，直到不可言說的神秘。神秘神學綜合肯定神學和否定神學，它在指稱上帝的範疇和名稱前加上一個前綴「超」，這樣，上帝就是「超善」、「超生命」、「超存在」等等。僞狄奧尼修斯的神秘神學是中世紀神秘主義的典型。這派思想強調上帝的超驗性和神秘性，認爲人類一切的認識手段，無論感性、理性，都無法達到對上帝的恰當理解，只有在「無知的幽暗」與靜修中，才能領悟神的奧秘。神秘神學標舉一種對以往一切判斷抱懷疑態度、破除一切定見、偏見與固執的高超的哲學智慧。

　　託名狄奧尼修斯的神祕思想與其「基督論」是有關的，他強調基督一性論。耶穌處在超越一切的神體和他以下的諸聖神之間；諸聖神通過耶穌，按照聖經次序的上下高低，在不同程度上分有神性；他們與上帝的神交，以至最終的合一，也是通過耶穌進行的。眞正的潔淨和啓迪都屬於智性範圍。成全則已達到神造的極樂境界，到這階段，感覺和理智已落在後面，聖魂上升到與神冥合之中，在完全朦朧中默思上帝的存在。這是一種眞奧秘，人在其中停止了一切知識的感受，進入那全然不可捉摸的、毫無所見的境界，整個兒從屬於那超越一切，而不屬於一切的上帝；這時他既不是他自己，也不是別人，只是憑著一切知識的終止活動，使他的較佳部分同那全然的不知結合爲一，並憑著一無所知，便認識了那超越於悟性之上的認知。到這一步便達到了目標，即「神化」。〔註58〕

〔註58〕王曉朝著，《神秘與理性的交融》，杭州：杭州大學出版社，頁215。

託名狄奧尼修斯的神秘神學就深刻地表達了人類這樣一種與生俱來的神秘感：上帝被置於「聖山最高的孤峰」，他放射出「萬道光芒」，不知來處的「號角」在耳邊震響……這一切以想像的方式，將無限時空中有限人類的生存處境和必然產生的恐懼、依賴、嚮往之情，有力地烘托出來，這是崇高美的源泉，人類尋求依靠、寄託，驅除恐懼、陌生，嚮往崇高、神聖的心靈淨化儀式，是人類從事文化創造的詩性動機。神秘主義不滿足於有限物的有限意義，而將有限物納入一個無限性的詩意境界中，此時，有限物獲得了無限得價值、意義和美，生命由驟生驟死的苦境中掙脫出來，進入了想像中的永恆福樂之地。神秘主義是以「神聖」充盈、豐滿人的短暫的生命。

四、中世紀的基督教密契主義傳統

就如同筆者在本節一開始所說，羅馬帝國晚期和中世紀早期，密契主義哲學曾因為特殊文化歷史背景而盛極一時；不過在基督教自西方社會取得統治地位後，由於基督教神祕主義著力於與上帝直接會通，忽略了教會組織與神職人員的職責中介作用，間接也忽略了宗教儀式的價值。從歷史來看，幾乎所有的密契主義體系和學說都不被教會當局所採納，有的甚至被當做異端而受到譴責或鎮壓。不過在這段時間也有一些相當重要的密契思想家，介紹如下。

（一）愛留根納（Eriugena，約 810～877）

查理曼大帝（Charlemagne 771～814A.D.）建立了根基穩固的「拉丁基督教世界」（Latin Christendom），同時致力改革法蘭克教會，史稱「加洛林王朝的文藝復興」〔註 59〕（Carolingian renaissance）。愛爾蘭哲學家愛留根納應查理曼大帝的邀請，來到宮廷任教，並翻譯了託名狄奧尼修斯的著作，同時也深受其影響。他認為，自然包括存在和非存在，二者本質同一，互為表裡。因此，「造物主和被造物是同樣一個東西，因為被造物除非是上帝的自我顯示，就什麼也不是。」這樣，自然就是上帝的自我顯示，萬物在上帝之中，

〔註 59〕他致力培養學術生命，追求秩序與正義，在 Aix-la-Chapelle 的宮廷中建立學校（Palatine Academy），重用 Alcuin of York（c. 735～804），訓練傳教人員，教導古典拉丁文，專精研究聖經、教父作品，以及禮儀。他廢除以各地方言為主的禮儀，提倡羅馬禮儀（Roman liturgy），致使禮儀傾向儀式主義（ritualism）及規條主義（legalism）。禮儀使用拉丁文，對會眾而言，聖禮成為神秘而神聖的景觀（spectacle）。見蔡維民著，《永恆與心靈的對話——基督教概論》，台北：揚智，2001，頁 34。

上帝在萬物之中，自然就是上帝。然而，他的萬物與上帝神性同一思想成爲近代泛神論異端神秘主義的理論源泉。〔註60〕

（二）伯納德（Bernard of Clairvaux, 1090～1153）

十二世紀正統神秘主義思想的中心在法國，尤其以伯納德爲代表。有人稱伯納德爲中世紀的密契主義之父；〔註61〕這不是說西方或中世紀的密契思想起源於他，由他所創立，而是肯定他在這方面的貢獻與影響。伯納德出生於法國地詠的楓丹（Fontaines Les Dijon），1111 年入剛成立不久的熙篤會（Cistercian）。西元 1115 年伯納德受斯提凡·哈丁（S. Harding）院長之命，出任克萊蒙（Clairvaux 意即「光明谷」）修院第一任的院長。伯納德與熙篤會士不只是自顧個人靈修，他們積極參與教會與社會的公共事務，也唯有如此才能帶動整個世界歸向上主。

伯納德認爲由於基督之愛的緣故，基督徒會產生「覺愛」（Amour sensible）與「神愛」，前者以基督的人性爲對象，後者以基督的神性爲對象，兩種愛的流露並不彼此排斥，且覺愛可以是神愛的前導。神愛是充滿聖神的特恩，由聖神所供給，只有認識聖神種種臨在的人可能如此來愛上主，由於聖神的光照引發了人的愛情，使得這現象「像是個上主之吻；從吻中來的學問，是在愛中接受的；爲了吻象徵愛。這個吻，這個經由聖神而來的上主之恩，就是「默觀」，就是狹義的神秘聖寵；它在靈魂上燒起神愛。」〔註62〕於是產生了一個神聖、密契的婚姻，在那基督將祂的吻給予愛祂的靈魂，這是幸福之吻。伯納德認爲在如此一個神聖的吻報之下，我們與基督結合，將自己的意志融化在上帝的意志之中，這種最高的忘我境界被稱爲「神化」。

（三）波拿文圖拉（Bonaventura, 1221～1274）

十三世紀最著名的神秘主義者是出生於義大利的波拿文圖拉。他原名約翰，童年生病，醫治無效，聖法蘭西斯奇蹟般地挽救了他的生命，並稱他爲

〔註60〕不過他的思想卻與近代泛神論有很大的不同：後者認爲神不能脫離自然而獨立；他卻強調神內在於自然而又高於自然，但由於神的不可思議性，所以祂才從自然中自我顯現。見毛峰著，《神秘主義詩學》，北京，三聯，1998，頁 204。

〔註61〕羅漁，《中古之光——修道士對文化的貢獻》，頁 99；另參 L. P. Qualben，《教會歷史》，香港：道聲，1986（八版），頁 232。作者將中世紀教會的密契主義分爲三種：伯納德的新郎新婦神秘主義，雨果（Hugh of Saint-Victor, 1098～1141）的新柏拉圖神秘主義，以及方濟（Francis of Assisi）受苦之愛的神秘主義。

〔註62〕F. Cayre，《教父學大綱》（卷四），台北：光啓，1994（二刷），頁 1065～1067。

「未來之寶」，故得「波拿文圖拉」之名。他在《心向上帝的旅程》中認為，宇宙的秩序、萬物的規則來源於上帝創造的「永恆的藝術」，人的認識依靠上帝的恩典之光。在《創世六天宣講篇》中，他指出：「被造物的唯一目的是通過人與上帝聯為一體。原罪之後，人失去了這一知識，無人能把事物帶回到上帝。世界這本書變得不可理解，理解它的秘訣失去了。人需要另一本書的啟發才能理解事物的隱喻意義，這本書就是聖典……」〔註63〕他的認識論有精闢的見解：「只有在能力與對象相適應或親近時，理解才會發生。」也就是說，理解上帝需要純潔的心靈能力，卑污者的眼中是沒有上帝的。

（四）艾克哈特大師（M. Echhart, 1260～1372）

約翰‧艾克哈特，又稱艾克哈特大師，是中世紀德國最著名的密契主義者。他被譽為「德國思辨哲學之父」、「全部密契主義運動最偉大的人物」〔註64〕。他反對視上帝為「客觀存在」，因為上帝是先於、高於一切存在物的，是一切存在物的原因。他把上帝的本質概括為神聖理智，認為每個人的靈魂都包含有這一理智的「火花」，人的靈魂可以與上帝直接交往。他主張泛神論和內在神論的密契主義，認為上帝是無所不在的統一性，人的存在與神聖的生命同一。應當摒棄外功和宗教繁文，對一切乃至上帝都無欲無求，使靈魂在寂靜中與上帝溝通。艾克哈特的許多密契主義思想命題，在他逝世後遭到教皇譴責，尤其是他的上帝內在於萬物之中、上帝不能離開萬物而存在、世界是永恆的、上帝熱愛人的靈魂而不是儀式和外功……等等。艾克哈特的上帝並非教會宣揚的要求權威和服從的人格神，而是不可思議的宇宙精神自我創造、自我認識的神秘過程，在此過程中，人與上帝的相互擁有和合作是世界成就的關鍵。他認為，如果人心中真有上帝，那麼「他個人的全部事物就相當於上帝。」〔註65〕這是密契主義崇尚樸素、注重內心、輕視外在儀式的一貫主張，更是韋伯所謂的在現實事物中弘揚上帝的「新教倫理」的萌芽。

五、文藝復興時期的密契主義傳統

文藝復興時代標誌著世界觀和價值觀的根本改變，即從神學到人學、神性到人性。它主張以人為本，以人為中心，以人為萬物的尺度和最高價值，

〔註63〕《基督教哲學1500年》，416頁。
〔註64〕梯利：《西方哲學史》，242頁。
〔註65〕轉引自《世界宗教中的神秘主義》，176頁。

反對神的權威，反對宗教神秘主義、蒙昧主義、禁欲主義和來世主義。它鼓吹以人性取代神性，以人權取代神權，讚美塵世生活和歡樂，歌頌人的偉大和理性的創造精神。

（一）尼古拉的庫薩（Nicolaus Cusanus，1401～1464）

庫薩被認為是從中世紀到文藝復興的歐洲精神轉折時期，基督教神秘主義和否定神學發生典範轉型過程中里程碑式的人物。他將神秘神學的、反理性主義傾向的正統神秘主義和泛神論的、理性主義傾向的各種神秘主義結合在一起，提出了重要的哲學概念「有學問的無知」、「對立面的一致」，並構築出一個富於思辨色彩的神秘主義哲學體系，這一體系終結了中世紀的宗教哲學，又開啓了近代哲學中的理性屬意和神秘主義的奇異混合與交織。

在《論有學問的無知》〔註66〕一書中，他指出「一切研究都是比較，都以比例為媒介」，認識就是確立已知和未知間的比例關係。然而，比較的方法卻不運用於對上帝的認識，因為已知的有限者和未知的無限者之間，在量上不成比例，在質上不可類比，「無限者做為無限的東西擺脫了一切比例關係，因此是無法認識的。」這樣，上帝作為不可理解的無限者是徹底神秘的。人作為有限者，其知識越多，越認識到「無限」的內涵不可窮盡，因此，無知不是初學者的起點，而是飽學之士的結論，因此人對上帝的認識是「有學問的無知」。〔註67〕

在庫薩看來，人的「學問」或人的「理性」本身永遠無法達到上帝之神性，因此對基督教神秘主義而言，「理性」的「學問」是必須被超越的「無知」。知識的最終根據是上帝的自我啓示。

在《論隱秘的上帝》中，庫薩淋漓盡致地發揮了神秘主義的真理觀：除了通過真理自身，真理不可能被恰當地把握。而知性從事物的外部用推理方式把握事物自我封閉的內在本質，注定是徒勞的。因此在人性的有限領域內，

〔註66〕完稿於 1440 年。

〔註67〕庫薩說：「當我盡可能高地上升時，我就看到你是那無限。因此，你是不可接近、不可理解、不可稱道、不可複觀和不可見的。追求你的人必須超越一切界限、一切終端、一切有限的東西。但是，你就是他所追求的終端，假如他必須超越終端，他怎樣才能到達你那裏呢？他超越了終端，豈不就進入了無規定、雜亂無章的東西之中，因而就理性而言，也就是進入了那具有理性的混亂的無知和幽冥之中了嗎？因此，理性如果想觀看你，就必須成為無知的，就必須被置於幽冥之中。」見其所著《有學問的無知》，北京，商務印書館，1989，57 頁。

上帝是徹底「隱秘」的。在《論尋覓上帝》中，庫薩主張，人只要捨棄掉感官、知性、理性，捨棄一切外在的東西，等待上帝以特殊的恩典來啟示自身。因此人必須進入無知的幽冥，忍受超越了知性的一切理解力的那種對立面的一致，在「不可能性迎面而立」的地方，尋覓那不可言說的真理。

（二）依納爵（Ignatius of Loyola, 1491～1556）

依納爵（Ignatius）是西班牙人，公元 1491 年生於羅耀拉（Loyola）古堡。1521 年五月間，法國入侵西班牙，圍攻邦波勞城（Panpelune）。依納爵率軍抵禦，一顆砲彈打斷了依納爵的右腿，他倒地不起，因此也退出軍旅生涯。在養病的期間，他在病榻上讀了「基督傳」和聖人傳記，從此矢志成為耶穌的士兵。於 1540 年成立了耶穌會。他留下最重要的靈修著作便是《神操》（Spiritual Exercise），幫助靈修者在行動中默觀，在一切事物中找到上帝。

完整的神操大概需要用 30 天的時間來完成。它基本上分為四個部分，這四個部分也稱為「週」，不過「週」在這裡並非指七天或是某個特定的天數。第一週把焦點集中在「創造與生命」，同時也默想由於罪的本質破壞了創造的和諧，人類生活因此失衡而產生分裂及諸多惡果；第二週默觀「耶穌的生平」——包含耶穌的隱居生活及其公開傳教生活，；第三週默觀「耶穌的苦難及死亡」；第四週是「復活」。奉行神操者被要求從日常生活中隔離出來，可以完全將自己投入在不一樣的祈禱中。帶領神操的神師提供祈禱的資料，而奉行神操者也被要求在不同祈禱中祈求相關的恩典。當神操者開始融入祈禱時，就會開始經歷到依納爵所謂的「由各種神類所推動的多種干擾及想法」（神操 4 和 6）。神操的重點是如何針對內心多樣的觸動作出省察和詮釋，對這些內在的觸動作確認及分辨，看看它們是否來自上帝，並與所求的恩典是否有關聯。依納爵將這個過程稱為「神類的分辨」，而這正是神操經驗的主軸與本質。（神操 15 和 17）

依那爵提供了一個很重要的「默觀」進路：從祈禱中，培養視覺及其他感覺的想像，並藉著以想像來扮演福音書中的角色而默觀各種景像並且進入耶穌、祂家人、朋友、門徒的溫暖情誼的關係中。神操包含檢討良心、省察、不同的祈禱方法、分辨心靈的動靜的規則等。

（三）亞維拉的大德蘭（Teresa of Avila,1515～1582）

大德蘭（Teresa of Avila 1515～1582）係西班牙十六世紀著名的默觀者及靈修作者。她最為人所熟悉的著作包括《生命》（Life），《全德之路》（The Way of Perfection），以及《七寶樓臺》（The Interior Castle）大德蘭卒於 1582 年，1624 年列入聖品，1970 年被教宗保祿六世封爲教會首位女聖師。

大德蘭操練的方式極富想像力，也十分感性。她把依納爵的想像力取向提升至十分高的地步，但又以自己的屬靈經驗建立另一套屬靈神學。她的重要著作《七寶樓臺》（The Interior Castle）描述她的心靈如同七層堡壘，每層代表她在上帝恩典中成長的階段。第一至三階段主要是人的努力。人對上帝的努力追尋只能達到一定限度；第四至七階段是神的吸引和恩典。是神的力，不是人的力，人才能經歷與神更深的合一。而進入第四階段的特點，是神常用外面的環境和內心的困苦（exterior and interior trials）去拆毀人、磨煉人和破碎人。最後一層是心靈融化在上帝裡面，與上帝結合，是一個屬靈婚姻的層面，就是所謂的「神婚（Spiritual Marriage）」。

從以上引述可以見出：無論是哪個時代的密契主義——特土良、僞名狄奧尼修斯、艾克哈特還是庫薩，上帝的神性本質相對於人的理智而言就是「無知」或「黑暗」的；相應地，人的理智要認識上帝的神性本質，只有在「靜默」、「出神」甚或「瘋狂」之中方才是可能的。

總結：默觀作爲融通與對話的可能性

從中西密契主義傳統的敘述中，我們可以看到兩種傳統所追求的理想境界似乎是相通的——便是與「存有本身」（上帝、道、天、根源）的共融；兩者的所採取的進路似乎也有共同點——否定外在干擾的「爲學日益」，而以「爲道日損」的、「否定」進路的「默觀」模式。若注意到這一點，似乎可以找到中西人文世界融通與對話的可能性。

我們從以往的哲學發展中可以知道，傳統的理性分析批判是無法達成「參與存有」的，必須從「默觀」入手。從「默觀」整體地去探索生命，可以避免把人當作對象物、割裂的研究傾向；而且透過「默觀」的探索，不僅知道現實上的「人是什麼」、「人能知道什麼」而已；更可以體驗到生命當中做爲「應當是什麼」，「可以期望什麼」。藉著「默觀」，它托帶出一種可能性，那就是人生存樣態的可能性。

康德所稱哥白尼的革命已在哲學上開花結果，而神學上的哥白尼革命已然在現今世紀展開，過去由排外主義（Exclusivism）、包含主義（Inclusivism）

一直到現今的多元主義（Pluralism）。〔註68〕對話的確開啓了不同文化傳統的交流認知，在共享當中，仍有許多超概念、範疇，無法言喻的層面存在。換言之，不可以用「字面意義」（literally）去閱讀或對話，而應回到密契「默觀」去看。對話式的對話才能指出人神聖面向，得以開顯眞理，這是人對存有之源的深層回應，回應那從生命本源的形上呼喚。默觀會遇也是現今文化必然的實然現象，所以對話必須密契「默觀」來過橋，透過對奧祕了解與體現來共享交流。而誰了解與體現這樣的奧祕呢？歸結到最後是人如何體驗這種密契經驗，人如何詮釋這密契經驗，以及密契經驗對人而言，具備有什麼意義？過去哲學家回應的方式是迴避說不清楚，講不明白的所在，以致於給予大家仍是無限空白，而今單刀直入抓取所有的終極關懷的核心，那就是體現奧祕的本源，這令我想起有眞人而後有眞知的至理名言，在糟粕之言語底層運作的是屬於奧祕「默觀」的區塊。我們從以往的哲學發展中可以知道，傳統的理性分析批判是無法達成「參與存有」的，必須從「默觀」入手。從「默觀」整體地去探索生命，可以避免把人當作對象物、割裂的研究傾向；而且透過「默觀」的探索，不僅知道現實上的「人是什麼」、「人能知道什麼」而已；更可以體驗到生命當中做爲「應當是什麼」，「可以期望什麼」。藉著「默觀」，它托帶出一種可能性，那就是人生存樣態的可能性。

　　學問應是生命學問，在相互對比，接受彼此觀點同與異，了解自己極限，與文本的言外之義，就能重新理解與詮釋。詮釋思考引發創造，在人文化成世界裏，去建構成爲系統還不夠，還必須配合實踐體驗眞理之眞、存有之眞在人身上體現的輻輳。這就是「默觀」的眞諦，也是本文採取「默觀」作爲中西交流對話之重要使命。

〔註68〕這是希克所言從排外論與包容論過渡到多元論的典範轉移（paradigm shift），這是神學上的哥白尼革命從基督中心轉向上帝中心過去的基督教獨一性，不再堅持基督教對其它宗教的「絕對性」（absoluteness）、「限定性」（definitiveness）、「判準性」（normativity）、「優越性」（superiority），而象徵這種典範轉移的是指越過神學的魯賓康河（Theological Rubicon），多元主義神學建構了三座橋幫助神學家過河：（1）歷史——文化橋（The Historical-Cultural Bridge）：認爲宗教與知識的歷史文化都有其相對性。（2）神學——神祕橋（The Theological-Mystical Bridge），就是奧祕（Mystery）。（3）道德——實踐橋（The Ethical-Practical Bridge），也就是正義，所以神學應關注受苦人民，宗教神學必須是「解放的」透過行動來提昇社會正義。見 J. Hick & Knitter（eds），*The Myth of Christian Uniqueness: The Myth of a Pluralistic Theology of Religions* ed. Gavin D'Costa（Mary knoll：Orbia, 1990）。

第三章 「默觀」的第一次對話——
「默觀」意義的跨文化理解

第一節 「默觀」作爲融通與對話的基礎

在本章中，筆者首先將釐清「默想」與「觀照」概念的意義與其內在關連性。針對「默想」與「默觀」之間重要的語詞「象徵」來進行連接與跳躍，之後分別描述莊子之「默觀」與十字若望之「默觀」各有何意義。吾人認爲莊子哲學是「觀照」哲學，故將從他的生命歷程與社會背景，以及其內七篇中的相關概念——「瞻彼闋者」(〈人間世〉)、「用心若鏡」(〈應帝王〉)、「朝徹」(〈齊物論〉)、「見獨」(〈齊物論〉)、「以明」(〈齊物論〉)、「照之於天」(〈齊物論〉)——來建構其對「默觀」的意義；而對十字若望而言，「默觀」是神修者進入神修的最高目標，特別是在其《登上嘉爾默羅山》、《心靈之歌》、《愛情的烈燄》、《黑暗之夜》四本主要著作中，他提到了「默觀」的意義、特性與階段。簡述了兩者對「默觀」的意義之後，筆者將從兩者關懷重點之所在，並其象徵使用的習慣，以便能眞正找到「跨文化」描述「默觀」的可能。

無論如何，這個「默觀」旅程對話必須開始，他根源於每個人都是存有的一份子。

「默觀」中重要的是藉由「象徵」想像中介動態呈顯，由「默想」進入「默觀」中，所以我們特別會針對此來做爲探討。

一、「默觀」與象徵

文本言語痕跡最有趣的便是「象徵」，「默觀」操作前必須先將不明白的地方說明白，但是這是矛盾弔詭處，於是乎就假借許多「象徵」想像中介動態呈顯，將破碎的事物改說明白，以下便是將二者的關係進一步做探討。

（一）「象徵」的意義

針對前面質疑，先探討「象徵」意義，以歸避意識的對立和成見。許多宗教心象常用「象徵」表示──表現不可思維、不可感覺的終極實在。〔註1〕當我們去考察「象徵」（symbol）一詞時，發現源於希臘文動詞 symballein，原意是「丟在一起」，後來孳義成為把破碎的事物密合起來，將密合時的識別記號叫 symbol，即「象徵」。

所謂「象徵」，可以說就是以一個具體意象代表抽象概念，借物質世界可感覺的事物，表達精神世界超感覺的事實。象徵常具有「歧義性」與「曖昧性」，在抽象與具體之間有著神奇的張力存在，這張力可以超越言詮的限制，並且向著超越的那個不可言說的道或神充斥。

當我們回到所「想像力」呈現的表象（representation）時，我們發現在圖象、印象、概念、心象……等是在一般認知活動中扮演重要的角色，在人認知活動中，少不了表象的運動，即使有人宣稱有非表象性活動，不過他們所陳述的，也有可理解和可說的層次，多少呈現出表象式表現。〔註2〕象徵的「歧義性」與「曖昧性」正足以說明「體驗道或神的密契經驗」實屬不易講明白的地方，在強為之用的文字言語痕跡，仔細推敲找出端倪。

（二）從「象徵」進入「默觀」──以「象徵」來做方法對治

「默觀」常是涉及「言有未待」之處，所有言語止息時，將是單純去看那無法言說的存有之處，我們可以看出無論是莊子或十字若望，其使用來描述個別境界的語詞，都是屬於「象徵」的文字。若我們從意識層面的分析運

〔註1〕有些人否定表象，比方在公元八世紀出現的「聖像破壞之爭」（Iconolastic Controversy），表象會產生固著（Fixation）會替代了人對實在界的經驗，以此理由反對為聖像辯護者，如大馬士革的若望（John of Damascus 656～747 AD）和史都歐的提奧多（Theodore of Studios 759～826 AD）。

〔註2〕如柏格森（H.Bergson）認為人對生命衝力（Elan Vital）及時間的綿延（Duré）有直觀的知；海德格（M.Heidegger）批判近代西方表象哲學及符應真理觀，而主張存有的開顯及問顯的真理觀（Truth Manifestation）；以及馬塞爾所提參與和臨在之知。

作，我們發現必須採取方法學上的對策和迂迴，才能意識的限制與成見脫掉陳舊論爭。〔註3〕。

> 卡西勒（Cassirer）從人的符號活動以及其前提中把握人的本質，認為人類文化不是外在於人的符號活動，而是符號活動的顯現，特定的歷史時代的人類文化諸形態系統，是這一時期的人類的符號活動的前提，形成了特定的思維方式、情感方式、價值觀念、制約著人的本質及屬性。（程傳禮‧鄧雪蘭，1992:29～30）。

「符號」可以把握人的本質，了解真正核心思考終極價值，可以掌握文化型態的顯現活動。

然而更難得的是「符號象徵」有種可貴的神祕力量。「象徵」的可貴性，在於無法於確定形式意義下去掌握境界，然必須「經由」「象徵」當中所呈現的張力，在「然與不然」，「可與不可」，擺盪迴旋，去除對語言的固著意義掌握而轉向全然內存的自由所體現的「意義」（meaning）張顯。默想從心象的工夫開始，不過最終是要超越表象到達真實。在言說與不言說之間張力，成為詮釋者與原初經驗存有本有共觸的火花，它是動態充滯奧祕的行動中互為主體性的言說。弔詭性言語或正言若反，正是擺盪在言說與不言說之間所使用的創造文字符號，端賴於主體驗證陳述說明之。

由此在存有者所體現的意義，表達「此在」不斷尋問探求，藉由追尋超越自我侷限，超越理性經驗的設限，以充滿「想像力」象徵—趨使人們去敞顯真，去「默觀」所呈現存有的自身，不只停留在表面的話語和形象上，而是在行動中投入並認識不同的生動變化的「道」本身，「默觀」體驗那「不斷超越一切生命的永恆生命」。

二、不同文化對象徵的認知

在東方思維及西方思維生活的主體創造了文化形態系統，即創造了象徵符號，而對符號象徵的認知與詮釋又復受此創造之思維、情感與價值觀念所影響。很顯然地「而所有文化形式的根本目標即在於著手去建立一個思維和情感的共同世界。」（Cassirer, 1979：72～3）。

〔註3〕弗洛依德的精神分析和容格的心理分析方法，在這方面向哲學提醒了一個方法學的問題。參見 Roger Brooke, Jung and Phenomenology, London: Routledge, 1991, p.83.

　　而這思維和情感表現在象徵上面。象徵符號的創造是意圖式生活空間，因主體的經驗與思維同一於意義詮釋與想像之中，它則又涉及到形象思維（imaged thought）的處理，不同形象思維最終都需被滌除或說是拋棄，他可能是資藉，但可能也是阻礙。

　　然而，東西方不同形象思維所代表象徵符號，皆帶有其獨有的意義時間性：

> 呂格爾（Ricoeur）認為「時間」概念揭示人類生活及其在文化歷程中的語言文字的「沉澱物」和「結晶」的內在含義，意義的時間起著一種時間性的運裁作用，使得在傳統中「儲存」的「沉積物」又浮現出來並流傳著，同時又使「解釋的時間」得以滲透到傳統的內在結構，給予一新的作用，（高宣揚，1990：82～3）。

　　換言之，象徵符號所載負的形象及意義，因著時間的傳遞與解釋，促成了主體詮釋的靈感來源。然，語言文字的「沉澱物與結晶」──象徵仍需被丟棄，換句話說，當我們進行東西方對話與交流時，必須超越象徵，真指那核心意義。

三、由「象徵」來連貫「默想──默觀」的歷程

　　「象徵」仍需被丟棄，意謂著藉由「象徵」符號的「默想」不是究竟，「默觀」才是真正的究竟。雖說是如此，「默想」仍有其重要性，因為它是歷史文化的顯現活動，從人應用「象徵」符號，即可掌握人類從屬文化的本質及屬性，這是必須的穿越。康德說：

> 在審美的企圖裡想像力的活動是自由的，以在它對概念協合一致以外對悟性未被搜尋的，內容豐富的，未曾開展過的 〔註4〕

　　「默想」是指出「想像力」不僅參與了由概念限制的認識活動，更為此認識「提供未曾開展過的資料」和「主觀的動力」，提供別開生面的創新形象，也鼓動著悟性與理智在源源冒出的形象之流中，不斷重新做同化的分類選擇，更藉由創造性的想像及圖像思考來超越對「不可知的物自身」、「主體認識條件」這些範疇劃分下的知識論追求，將「物自身」、「主體」這些概念思考所蘊生的詞彙都放入括弧，重新對生命現象做思考，以回復最原初的存有體驗。

〔註4〕Immanuel Kant, *Critique of Judgment*, J. C. Meredith tran., Oxford: Oxford Univer-sity Pres,1952. 宗白華、韋卓民譯，《判斷力批判》，台北：滄浪，1986，上卷，〈審美判斷力的批判〉，第一部分，第 49 節，頁 168。

藉由「從未開展的資料」,「想像力」的主動動力展開了超越概念限制之外的探求,這種探求常是以隱喻或象徵方式進行,以類比在具體與抽象之間那塊不知之雲的體悟,這片混沌,而它常是以藝術或遊戲形式展現反覆創造被隱藏的生命面貌,以便超越那「不可知的物自身」、「道」、「存有」、「神」等比喻。

換言之,若要回到「想像力」創作的動力之河,回到自身獨特的語言與形式,體認身體內的藍圖,與自身所屬重重鑲嵌的脈絡對話,並且時時消解形貌,以便不斷創造,才能真正擺脫僵化的生命之本質,以與世界共舞。「象徵性表像」可以說是神祕經驗動態中介〔註5〕。這動態中介使人剎那融入神聖真實,但最後仍需揚棄,才不致於固著。在莊子及十字若望的「默觀」之前,「默想」的妙用就在於此。

託名狄奧尼修斯(Pseudo-Dionysius)〔註6〕認為靈魂在默觀中經驗到神聖真實,而意謂著三階段:中止一切感覺和理性的表象;進入隱祕黑暗中;與天主共融,而這不也是超越表象來親證神聖真實嗎?超越表象不代表排斥表象,人應可由象徵性表象而超越表象,而直趨真實;以表現神聖真實內涵。由「默想」進入「默觀」真實義蘊即在此展現無遺。

第二節 十字若望對「默觀」(Contemplation)的理解

十字若望至少兩次提到「默觀是一道黑暗的光」(Complation as a ray of darkness)這個觀念。〔註7〕十字若望的「默觀」觀念,可以說是最直接受到偽狄奧尼修斯與多瑪斯,也些略受到奧利振、額我略的影響。

一、「默觀」思想考察

這個觀念最早由託名狄奧尼修斯在《神祕神學》(Mystical Theology)一書中提出。後來馬里旦也認為「默觀」本身必須是一個黑夜。〔註8〕在偽狄奧尼修斯原文說到:「通過對你自身和萬物的全部徹底拋棄:扔掉一切並從一切之中解放出來,你將被提昇到那在一切存在物之中的神聖幽暗者的光芒中。」〔註9〕

〔註5〕沈清松〈表象、交談與身體——論密契經驗的幾個哲學問題〉《哲學與文化》,第廿四卷第三期,(台北,哲學與文化月刊社,1997年3月)

〔註6〕Pseudo-Dinoysius,*Mystical Theology*.C1:3,999.

〔註7〕*Ascent*,II ,8:6.*Dark Nightt*,II ,5:3. *Canticle*,stanza14~16.

〔註8〕Jacqes Maritain,*The Degrees of Knowledge*,trans,by L.B.Phelan,Indiana:University of Norte Dame Press,The Degrees of Knowledge,p.360.

〔註9〕Pseudo-Dinoysius,*Mystical Theology*.C1:3,999.

　　對十字若望而言，他在不同著作中提出不同對「默觀」的定義。在《登山》與《靈歌》中，十字若望認為「默觀」是種理智來說是高層級的知識；十字若望甚至以「神祕神學」一詞來代表這種知識的整體意涵。〔註10〕在《黑夜》中，十字若望認為「默觀」是神對人意志進行祕密愛的傾注〔註11〕；而在《登山》活焰中，「默觀」被定義為理智與意志共同擁有對神祕的愛的知識。〔註12〕

　　在分析十字若望「默觀」時，馬里旦指出對十字若望而言，「默觀是一種關於愛與結合的經驗知識」。〔註13〕十字若望強調，沒有愛則沒有「默觀」。「默觀」是關於結合特殊經驗，由愛達成。「默觀」的愛產生於信仰中，信仰所愛的對象是超理性外的神。因此馬里旦解釋「默觀」本身必須是一個黑夜。

　　這就是為什麼「默觀」本身是一個在其中靈魂放棄運用觀念與公式化的知識的黑夜，並略過人類原有概念的模式，以至於能接受以愛為主的信心之光照耀下的神聖事物，以便在靈魂中與神密契的愛。〔註14〕

　　我傾向馬里旦的說法，馬里旦認為十字若望受到託名戴奧尼修斯一定程度影響；對十字若望來說，「默觀」本身對靈魂而言是混沌、痛苦與黑暗無光。在整個黑夜的過程來說。煉道與明道階段特別明顯。以馬里旦的話來說，「因為這是「默觀」的知識，對理智來說為混沌與晦暗。」〔註15〕

　　十字若望「默觀」觀念明顯承繼了靈修神學史，〔註16〕，他認為「默觀」是每個人都該努力練習的功課，且每個人都能漸步向神結合最高點邁進。十字若望與維克多利哲、聖多瑪斯、文都拉或託名戴奧尼修斯同，認為除了榮福神視外，現世知識最高點就是「默觀」所帶直觀的知識〔註17〕。事實上在「默觀」落實生活中，也受到聖大額我略、季高二世影響及多瑪斯

〔註10〕 *Ascent*,II ,8:6. *Canticle*,Stanza27:5,39～12.
〔註11〕 *Dark Night*,I ,10:6.
〔註12〕 *Living Flame*,III ,49.
〔註13〕 Jacqes Maritain,*The Degrees of Knowledge,*p.359.
〔註14〕 Jacqes Maritain,*The Degrees of Knowledge,*p.360.
〔註15〕 Jacqes Maritain,*The Degrees of Knowledge,*p.362.當靈魂開始進入默觀時，他發現無法再像從前一般地運用默想推理的方式來認識神的一切。特別在神枯中，凡他過去習慣的默想全無法再給他任何幫助。而只能放下過去學習一切知識，獨獨讓神成為賜知的施行者，使甜蜜的超自然知識進入靈魂中。
〔註16〕 十字若望與若望哲生和希頓觀點不同，若望哲生認為默觀並非臨到每一個信徒的禮物，而希頓認為並非每個人都可達到最高階段，這有等級上的差別。
〔註17〕 從最早的託名戴奧尼修斯開始，默觀被認為是種對神直觀的知識，是人類知識最高層級，而聖維克多利哲、聖多瑪斯或文都拉系統也可見其影子。

影響〔註 18〕，認為「默觀」不只是理論上實踐能力，也包含生活中的實踐。總而言之，對十字若望來說，「默觀」是整個神祕知識最高點。透過「默觀」，靈魂才能真正認識到神的內在蘊涵。

總體而言，「默觀」是神祕而幽暗的知識，它通過實踐體驗而自明，也是一種直觀的，通過混沌黑夜，達到結合的密契神光湧現的境界，此福澤常是狂喜，放棄了世間所有一切而會有的，常與死亡時刻相比。

二、何謂「默想」

迦密修會（Carmelite）的兩位修道者十架若望和德蕾沙對於基督徒祈禱的進深歷程有頗深入的闡釋。他們認為，基督徒的祈禱生活一般是以「思維默想」（discursive prayer）開始的。在這個「思維默想」階段中，禱告者運用記憶、理解和意志去祈禱默想，渴望親近上主。而「默想」的內容往往包括祈禱者的罪和上主的恩佑。依納爵羅耀拉（Ignatius Loyola,1491～1556）的屬靈操練（Spiritual Exercises）就是以「默想」罪的種種作為起步的。根據杜麗莎的祈禱象喻，「思維默想」這個階段好比一個人用桶打水，去澆灌花園，工夫雖然花了很多，但心靈的花園仍然乾涸。〔註 19〕

（一）「默想」意義

「默想」（meditation），簡而言之，乃人利用想像力來反省奧跡，在內感官（the Interior Senses）上，有所謂本性運作與超性運作〔註20〕，內感官通常有二個作用，一個是想像力而所謂「幻想力」是把先前見過的圖像改頭換面，不同元素重組以建構新形像，如獅身人面，金山等，內感官本性運作，是人人都會有的，比方外物被外感官所接觸，而所得到的外感官與件在內感官的運作之下〔註21〕，形成圖像，以讓理智反省並予以判斷。「默想」與內感官本

〔註18〕 聖多瑪斯來說，默觀不僅僅得到知識能力，更是意志的行動，是種愛的具體行動的結果。

〔註19〕 *Saint Teresa of Avila，The Book of Her Life*《亞維拉杜麗莎的生平》，載 The Collected Works of St. Teresa of Avila，Kieran Kavanaugh and Otilio Rodriguez 譯，Washington，D.C. Institute of Carmelite Studies，1897，第 114～115 頁。

〔註20〕 *Ascent2,12,3～14;16.*

〔註21〕 然人追求上主，常透過感官運作，比方聖樂、圖畫、飾物，來增加對神的嚮往，開始投向神，但中間若是因此視神像、神物、神樂來崇拜執著，則必然失去對上帝本真的認識，若崇拜執著太過，則形成無法昇化的障礙，所以在此，可將以感官經驗的部份，當作趨近神的管道，利用這管道使人心目向神，

性運作有關,但是最後得超越本性,成就超越幅度。

聖十字若望把「默想」理解爲「以形象爲推理」(Discursive with images)〔註22〕,「默想」建構在形式(forms)、形像(images)、人物(figures),比方想像耶穌爲我們死在十字架上。

(二)對「默想」態度

「默想」對於入門而言,是最基本的工夫:剛開始,人若要與上帝冥合,則人必從第一階層做起,而且,人是有限存有,不能憑空想像,必須藉由形象來想像,在進入「默觀」之前,這是必須的,然而可以在默觀來臨時,丟掉它,因爲它是方法,不是神修的目標〔註23〕。在神修進展上,「默想」與「默觀」是重要的〔註24〕,「默想」在起初時,尤其重要,直到某些徵兆出現之前,最好持續使用想像方式「默想」〔註25〕。

「默想」是藉由一些感官作用產生某種相似性(resemblance),但這相似性,並不就等同事物本身,如我們可以想像金山,但就不同於有金山這個事實,就像我們可以想像上帝的形像,但不就同於上帝本質。〔註26〕

「默想」是遠的結合上帝的途徑,執著會有礙。「默想」若被人持續使用,且沒有進步的時候,必須選擇離開這種方式。然在達致一定程度之進步以前,「默想」可以是與上帝結合的較遠的途徑,爲某些人而言,它是很有效的祈禱方式。〔註27〕

在「默想」當中,會有神枯階段,在神枯裏,人心企盼過渡到「默觀」中,這高度「默觀」是預嚐天國全福的滋味,意志的愛發展理智,而理智可明白神的一切,最後與神結合一體,這是種神祕經驗。

之後揚棄此感官執著,人試著走出感官之外,直接與神會晤,感官之外的會晤,必須經由靈魂發生作用,人的外感官,雖不等於靈魂,但隸屬於靈魂,靈魂透過肉體而展現認知功能。所以,可以說人的認知功能,由低到高,均與靈魂發生作用。靈魂乃是精神體,精神體並不像外感官,可以由功能區分其官能,整體來謂,靈魂是不可區分的整體。神祕經驗的發生就在於靈魂意識的轉換,因爲靈魂,靈魂包括認知、意欲。透過靈魂分享可被神化,在合路最終處,靈魂與神緊密結合一起,然在冥合之中,靈魂仍保有個體。

〔註22〕 *Ascent2,12,3.*
〔註23〕 *Ascent2,12,5.*
〔註24〕 *Ascent2,15,1.*
〔註25〕 *Ascent2,13.*
〔註26〕 *Ascent,2,12,4.*
〔註27〕 *Ascent2,12,5.*

（三）由「默想」到「默觀」

十字若望談靈修生活曾提及從「默想」到「默觀」的歷程，在基督信仰生活底下，將靈修體認完全，而這體認將深深影響他的人性氣質轉化，到最後與神強烈結合為一體，當然這並不簡單做到；在十字若望當中，提到「默想」及「默觀」概念，就這兩個概念，也許可以進一步掌握十字若望的靈修方式。

十字若望鼓勵高程度的「默觀」，在這「默觀」底下，去除人為主動成份，而人心呈現接受的被動狀態，這時意志活在神之愛，被神愛所灌注，在另一方面理智也不是無意識，只是被更高級理智所壓伏，這時智力集中，彷彿受到理智之光的照亮，而意志也灌注在整體神愛中。

一個靈修者自何時開始從推理「默想」進入「默觀」中？十字若望認為開始時所使用推理的「默想」並非不重要，反而是他認為這種方法對於初學者而言是可使靈魂熟悉精神性事物，但對已靈修者而言，並非讓人與神結合的好方法。十字若望認為人應適時走出過去習慣方法，進入「默觀」中。

（四）進入「默觀」的標記

「默想」不是最終目標，與上帝結合才是我們的目標，那什麼時候停止「默想」呢？主要有三個徵兆可以思考：

1、常在默想時感到神枯（Dryness）

人在「默想」之中，有另一種認知功能、過程出現。〔註28〕在感官的淨化當中，人雖然有過努力，然而天主不再以感官的管道來與人溝通，開始透過純粹精神簡單「默想」來與人溝通。這時作「默想」不再有益處，〔註29〕而因為「默想」已在人靈身上成為習慣，得到許多愛的認知，不需要刻意用這些的行為方法，才汲出甘甜的水。〔註30〕

2、對圖像與受造物感到乏味

推理與默想是用想像來捕捉上主的形像的，可是當人靈對此感到乏味，不再為此所吸引，不覺有興味，也對被造物感到乏味，對於外在或內在事物已不再有什麼特別的情感或想像，不再對外物有興趣。〔註31〕

〔註28〕 *Night1,9,8.*
〔註29〕 *Asc.2,14,1.*
〔註30〕 *Asc2,14,2.*
〔註31〕 *Night,1,9,2.*

3、對上主有愛的掛念（Loving Solicitude）

人全心仰望上主，對上主有愛的掛念這就是最有力的徵兆，叫我們停止用推理默想，由於人全心全意，不再有二心，所以不必特別著力於別的，不再用官能與推論想像，而全心停留在對上主愛的注視當中。〔註32〕

聖十字若望強調應審察看人是否已同時具有這三點，才可以轉換「默想」而進入「默觀」，〔註33〕這是完全精神的路，它使人靈習慣於寂靜獨處，感受到天主在和平中愛的認識與注意，若只有第一點，可能是由於人的分心或鬆懈冷淡，若只有第一和第二點，可能是由於情緒、或身體不適的問題。〔註34〕

十字若望在《黑夜》中提到三個標記，當三個標記出現，是可以判別人由「默想」進入「默觀」階段，也能判斷是否進入神枯階段。〔註35〕如果參考《登山》，則發現十字若望提出與上述相同的三個標記，以便人知道何時由「默想」到「默觀」，在《登山》〔註36〕中，十字若望針對的對象是已經熟練靈修者，而非初學者，所以與《黑夜》中所提略有不同。

小　結

這三個標記意謂著靈修者將進入「默觀」階段。十字若望指出煉淨的目的在於幫助人擺脫感官的束縛。所以當人步入神修，最要緊便是革面洗心，痛改前非，努力去除惡習、過失與不完美〔註37〕，才能進入這「默觀」階段。

三、「默觀」的意義

（一）「默觀」的描述定義

聖十字若望鼓勵著神修者進入神修的最高目標，那就是「默觀」

〔註32〕 *Asc2.13.4.*

〔註33〕 *Asc2,13,5～6.*

〔註34〕 *Night,1,9,2.*

〔註35〕 *Dark Nightt,*I,9:1,2～9. 這三個標記：第一標記，對關於神的表象和任何受造物沒有任何興趣，此時神枯並非來自罪惡，可能來自於生理失調，需參照第二標記加以判斷；第二標記，靈魂的心思集中神的身上而擔心自己不能繼續服事神。他甚至擔心自己已經在退步。十字若望以為這不是來自於懦弱或冷淡，也非生理失調；第三個標記，雖然一個人努力想像過去一般去作，卻無法自由地運用想像力以便反省與默想。在這等神枯中，十字若望認為無法用普通推理方法進行默禱，因為普通推理己不適用於與神直接交往。

〔註36〕 *Ascent,*II,13:1～4.

〔註37〕 關永中，〈神祕主義及其四大型態〉，《當代》雜誌第36期，頁44，1998年4月1日。

（Comtemplation）。「默觀」很難被定義，人只能為它下描述定義，因為它指涉的為形上關懷，所謂形上關懷，意謂著超越人的有限，很難用人的形下語句去定義它，它的描述定義是：「默觀」可以說是理智的祕密而且是較高的程度之知識。〔註38〕它包含有：理智與意志聯合昇化、內外感官及靈的煉淨、理智與意志孕育出對上帝的愛的認知、直接面對面融合上帝的心靈。

總而言之，「默觀」是神祕的、且是關於與上主之間的溝通共融，而且是對理智較高的認知，更是對意志的愛的傾注。「默觀」其實就是理智與意志兩者的超越運作；當神修人內外感官功能及靈的功能經受煉淨之後，理智與意志合作而產生愛的認知，能直接會晤上主的心靈〔註39〕。

（二）「默觀」的特點

「默觀」歸納有六個特點：〔註40〕

1、超性的（Supernatural）〔註41〕

不斷傾盼上主的心靈。以上主作為人靈核心焦點。超性運作的「默觀」對象是超越世俗事物，以神作為核心與嚮往。十字若望論及「默觀」時，不斷強調這是超性的認識，也指出神透過「默觀」將自己傾注靈魂。

2、靈性的（Spirtual）〔註42〕

「默觀」的知識不來自感官，而是神直接灌沃注入靈魂。靈魂可以清楚明白及體認這種智慧的奧祕之處。所以，十字若望認為這種智慧擁有超越感官、它是屬靈可以直達靈魂的特性，可攔住內外感官的功能〔註43〕，使其達

〔註38〕Asc2,8,6.Canticle27,5.Canticle39.12.

〔註39〕在 *Living Flame of Love 3,49* 中，默觀被定義理智與意志所共同保有的對上主的祕密的愛的認識（「Secret Loving-knowledge of the Divine,Pertaining to Both the Intellect and the Will」），這是較完整的定義，針對理智與意志所給的定義，其餘不是偏理智，（如 *Ascent2,8,6.* 及 *Spirtual Canticle27,5* 與 39,12）中。就是偏意志，（如 *The Dark Night 1,10,6.*）

〔註40〕關永中，〈神祕主義及其四大型態〉，頁 38～41。

〔註41〕*Ascent*,II ,8:6. *Canticle*,Stansa27:5,39:12;Living FlameIII:49.《登山》與《靈歌》的描述，默觀是對靈魂的愉悅知識，內容是關於神所隱藏起來的知識，或關於神自身的祕密知識。而在《活燄》中，默觀被十字若望定義理智與意志共同對神保有的神祕知識。

〔註42〕*Dark Night,* II,17:3～4.

〔註43〕十字若望認為默觀智慧單純而屬靈，所以並未使用感官和幻像為媒介，因此感官未曾留下形象，甚或不能提供不了可以述說或想像資料。即使感官盡力想把握並表達，但也是枉費工夫。所以感官不認識，也無法看見和表達。

於和諧。非來自感官，沒有形體，感官無法把握它。「默觀」被稱爲神祕，不只是人不能了解，也因爲它是在靈魂產生效果。這愛的智慧不是只有黑暗神祕而已，且含靈魂的淨化。〔註44〕

3、被動的（Passive）

「默觀」，理智只是被動地接受認識活動，理智沒有主動活動；也就是說，在「默觀」中，靈魂已停止感官與推論反省，只有神的作工而已。〔註45〕「默觀」是從上主方面主動灌注愛與智慧（Infused Wisdom），而人靈是被動的等待接納的〔註46〕，這灌注的愛與知識，是有如烈火一般，使人靈得以煉淨無雜質〔註47〕。這灌注的「默觀」有煉淨的作用，能煉淨人的感官與靈功能，使靈魂進入感官與精神的被動神夜。〔註48〕靈魂的煉淨過程是一段痛苦的試煉。

4、無區分的（Indistinct）〔註49〕

十字若望指出，當進入「默觀」，靈魂超越了時空的架構。當進入「默觀」時，人無法知道他身在何處，時間如何，又發生何事。可能實際時間很長，但在此時間中，只覺過一下子。這種無區分感乃是因爲「默觀」的知識是單純而簡單的知識，當它占據靈魂時，平時感覺與記憶運作的形式便在時間之流中清除，以至失去區分。「默觀」使人遺忘了時間與空間的存在，超出世物形體。所有的知識都被整合爲一，並且獨立於時間之外，遠離時間中所知道的事物方位。〔註50〕

5、普遍的（General）〔註51〕

如此的知識是普遍的，並非個別具體的事物，彷彿被抽離並拉出對世物形體及方位的理解。人只是在屬天的知識中了解到自己浸潤在神的氛圍內〔註52〕。

〔註44〕 *Night 2,17,3.*
〔註45〕 十字若望指出，主動理智的工作，是依賴形式、幻象或肉體感官的領悟。而在默觀中則是在被動完成：如《活焰》（*Living Flame*,III ,43,49）所指出十字若望認爲在默觀中，神將自己傾注給靈魂，而這是由神主動而來，不需靈魂主動理智作工；而在《靈歌》（*Canticle,Stanza*,39:12.），十字若望認爲默觀知識是在被動地接受對於實體的認識，被神所賜予的。
〔註46〕 *Flame3,29.*
〔註47〕 *Night 2,5,3.*
〔註48〕 *Night2,5,3.*
〔註49〕 *Ascent*,II ,14:10～11.
〔註50〕 *Ascent*,2,14,11.
〔註51〕 *Dark Night,* I,10:4. *Ascent*,II ,14:12.
〔註52〕 *Night 1,10,4.*

浸潤在愛與平安當中，不再關心屬世的事物知識，有如浸潤在大海的氛圍當中，並不針對任何個別對象，這神聖的愛的知識，發出熾烈愛火，使人無法對所愛的對象有清晰而區分性辨識〔註53〕，但卻仍更愛它。十字若望在《黑夜》中所言「默觀」不是別的，正是神賜給心靈魂的安寧與愛，這是普遍的第一層意義。靈魂此時並不特別會神作爲自己的目標，而只是意識到神的親臨而已。而且因爲被神愛火所包圍，而無法分辨對象的單一，所以體會到普遍的「神即一切」的意義，這是普遍的第二層意義。

6、對象是上主

全心全意以上主爲最終目標，此時的上主不再有具體形像，不再被侷限於想法觀念之中，「默觀」使人超越時空，並且體驗上主爲一氛圍式臨在。意志愛與理智認知密不可分（pertaining to Both the Intellect and the Will）理智與意志彼此成爲良伴，因爲彼此吻合，而且互爲因果，越愛就越知道，越知道就越愛，在知中產生愛火，或因愛火而引發更深屬天的知識〔註54〕。「默觀」造成人與上帝相融的愛與認知的心靈。

（三）「默觀」境界之描寫

「默觀」使人走向煉淨階段，人受到「默觀」的光照，有如火焰一般，燒毀人靈的不完全〔註55〕，當然，剛開始時，人靈覺得有很大痛苦〔註56〕，但這份苦轉爲強烈的喜樂，更適宜受上主的寵愛與光照〔註57〕，而且它不單煉淨人靈，且愈來愈灌注更強烈的愛與智慧，而增長是無止境的，不斷地持續性增加，經驗愈來愈久，甚至持續多日〔註58〕。

雖然至此，「默觀」算是現世最高知識，即使它還不算是把握上主本質的知識，〔註59〕它到底是人靈現世知識的高峰〔註60〕，其它所有的知識均不能與它相比，之前人靈的知識，與「默觀」的知識相比是純粹的無知。〔註61〕

〔註53〕 *Ascent*2,14,12.
〔註54〕 *Night* 2,12,6;Canticle27,5.
〔註55〕 *Night*,2,5,2～3,pp.335～6.
〔註56〕 *Night*2,5,2.
〔註57〕 *Canticle*,37,6,pp.551～2;25,7,pp508.
〔註58〕 *Canticle*25,8,p508.
〔註59〕 *Canticle*,1,3,p417.
〔註60〕 Jacques Maritain,*Degrees of knowledge*（N.Y. scribner,1959）p383.
〔註61〕 *Canticle* 26,13,p513.

人達到與上主深刻的結合時，理智與意志吻合，同時接納到愛的知識〔註62〕，有如神祕婚禮一般，它是如此強烈，以致靈魂不知如何稱呼，只能說我不知道為何〔註63〕，因為人對上主的理解與愛，是無止境的，愈深入體驗，愈發覺上主的內蘊。〔註64〕

這時，來自於神的愛的知識達到頂峰，十字若望以「神祕婚禮」（Mystical Marriage）來比喻這種人與神密契程度。〔註65〕人在此狀態中，對神的愛與神祕知識的發展毫無止境。這是現世最高智慧的「默觀」，只有死後榮福神視（Bentific Vision）才能超越它。

「全福神視」（beatific vision）〔註66〕亦是可以比擬作為最高級的「默觀」，因為在全福神視裏，作為人的精神存有可以破出人的障礙，完全擺脫對世物的戀棧及個人認知執著，在現世生命中，清楚見到主之後，人靈抱持嚮往與神合一的共融生活，期待在生命終了時，與神深深結合。〔註67〕在「默觀」當中，通常是預嚐全福神視滋味。

靈魂已達到榮福神視的境界，這已非今世所能經驗到的，這是離世才能經驗。在榮福神視中，靈魂能夠直接面見神。所有的不滿足將在此平息。〔註68〕整體來說，榮福神視可說人所能有的知識總合，而這是對十字若望神祕知識探討的最後面向。〔註69〕

這也是傳統基督宗教密契主義看法，「默觀」指向非常的認知，主要指以個人體認上帝。這是基督宗教神祕知識論使人認識到關於超越界的神、天使或一切超過理性所能直接把握的對象，所以這是一種非一般的認知活動。〔註70〕另外，這也說明了基督宗教密契主義「默觀」傳統為指向一種對神的愛，我們可以說基督宗教的密契主義是愛的密契主義。為回應基督的愛，朝向與神結合的終點出發。

〔註62〕 *Canticle*26,11,p513.
〔註63〕 *Canticle*7,1,p438.;7,9,p440.
〔註64〕 *Canticle*7,9,p440;36,10,p548.
〔註65〕 *Canticle*,26:11.這是人尚在世所能接受最高境界。
〔註66〕 *Flame*,1,27,p590.
〔註67〕 *Flame* ,1,29～34,p591～594.
〔註68〕 *Living Flame*, I:27.
〔註69〕 Carlo Kwan（關永中），*Knowledge of the Transcendent-Acomparison of St.John of the Cross and Carlos Castaneda*,p192.關永中先生指出，榮福神視只能是被期待經驗，甚至連十字若望都沒有對之多作分析。
〔註70〕 法瑞利著，謝惠英譯，〈論神祕主義的新思潮〉，《當代雜誌》第八十期，1992年12月，頁125。

四、對「默想」與「默觀」的反省

十字若望的「默觀」，並不是獨斷排斥「默想」的方式，只是著重點不同，因爲在聖十字若望的聖師，他尊爲姆姆的聖德蘭也強調「默觀」，而這「默觀」在神魂超拔狀態，可以看到神〔註71〕，但人即使進入「默觀」狀態，也不必然完全排除「默想」方式的運作，而在當代神學家拉内，我們亦可以看到他依循傳統的「默想」觀，按照耶穌會的聖依爵《神操》，強調「默想」工夫的重要，而這生活默想的實踐，也不排除「默觀」；〔註72〕可見「默想」到「默觀」，不是一條單向道，而是互相涵攝的雙向道，而且對於一個高度「默觀」者，也不在乎這個區分，因爲他不在乎有否看到神的成爲最後靈修層次唯一指標，相反他總是謙虛，不配享的心情來推動自己向前。

十字若望認爲外感官、內感官到靈的功能中可以發現，除了由神而來的「默觀」神祕知識外，其它超自然現象對十字若望而言，都不是與神密契的適當方法，十字若望認爲靈魂不要沉迷那些只牽涉內外感官而不顯露神本質的經驗；另外，也鼓勵靈魂把握直接呈現神本質的理智神視，並修習直接把握神本質「默觀」。〔註73〕

十字若望認爲超自然現象發生是靈魂在靈修路程上可能會遇到的事，應拋棄這些感覺或顯現，要不然會造成負面影響。〔註74〕感官之運作仍由靈魂來操縱，人的認知功能是靈魂的認知功能，靈魂是精神體，不像肉體，可分成部份，換言之，靈魂是個整體，它乃是人意識功能的中心，靈魂包括認知功能與意欲功能。靈魂可通過分享而被神化，亦即在冥合之中，靈魂更相似於神。靈魂類比地說，其中心最深處爲神。但二者仍有區別，在冥合中，靈魂仍保有個體。

〔註71〕聖德蘭著，趙雅博譯《七寶樓臺》，民八十二，頁85。

〔註72〕拉内以爲奧祕是人人會有的，他的神學受聖依爵啓發良多，在生活當中默想神的一切，以致於默觀到與神會晤，人生總有奧祕經驗，問題是人是否足夠開放可以容納它，在拉内想法當中他強調與神會晤並不困難，他反對超拔出神狹窄的神祕觀，而認爲人可以在日常經驗當中，達到一種超越經驗，整體而言，拉内是爲了要避免人對於靈修有過度懼怕或幻想，而希望人將眼光放在現世關懷上，努力實現福音於地上天國。武金正著，《人與神會晤──拉内的神學人觀》，民八十九年，頁143～174。

〔註73〕關永中，〈神祕經驗知識論及其三大型態〉，頁38。

〔註74〕*Ascent*,II ,11:6～7.如使信心減少、使靈魂不追求不可見的事物、不會走向精神真正犧牲、會使人轉向感覺事物、便使焦點放在占據超自然現象私欲上、也會使魔鬼動工欺騙我們等六種負面影響。

第三節 莊子對「默觀」的理解

　　莊子哲學，是「內蘊外顯」哲學，所謂「內蘊」是指其特重人的內在生命之開拓，而「外顯」哲學則是指精神生命之開展。「內蘊外顯」哲學實是中國心性的無限理境及深廣意境的縮影，莊子以詩情蘊意，說理帶情交託出天、性、命、心的互動哲學，實是包羅宇宙論、形上學、倫理學、知識論等內在外在的人文感受，莊子「默觀」，來做整合的思想及全人格的生命呈現，至此，始能明白建立中國文化精神價值。

　　道家也提出虛明鏡心，始自葆其光輝，爾後能表現無為、自然、全身保真。這些就「默觀」觀點中樞思想來講，也可以突顯出虛以致知的修養方式，最後所達到乃是圓成其德也。

　　事實上，觀照虛靈明覺智慧，乃是人朝向無限性存有開放的門，也是自化化人圓融處世原則（兩行），內在之知顯發，使知識即德性成為可能性；故我們可以說人性向上攀升必依緣內省道德覺察，以無為方式進展，此是真正至德標準，最後，可以說，若真了徹獨一無二道智境，將足以使入大化流行，我與萬物無二的共同融契之機。

一、「默觀」的思想考察

　　從莊語脈胳中，很難搜尋出「默觀」字眼。但以此是引修行人進入莊子哲學的鑰鎖。面對春秋戰國文化意識凋零，人生荒蕪及迷失，此不僅是衝破侷限，更是人「託於不得已」之時，於深感個人生命在困境中已然面臨生死存亡時的清明意識翻轉及超越。就莊子看來，若人沒有此照見的智慧，恐人墮入「人禍道虧」的人間世〔註75〕荊棘迷陽之地〔註76〕。莊子以為活出真實

〔註75〕 莊子所觀察人間世處處可見（1）如蜩與學鳩昧於小見知而未能成其大知之侏儒之士。（2）傾注身心圍於器之用而未能道法道之虛以避勞形怵心之累。（3）自以己是他非成見相競，而無能觀靜守中達逍遙無待之境。（4）汲營於形軀之養終不能擺脫惡死悅生之，而飽受倒懸之苦。

〔註76〕 莊子所處的「人間世」是迷陽之地，迷陽之地就是福永光司言「四戰之地」：「所謂『四戰之地』意思是四方面敵的戰場，也有戰禍四集之地的意思；而事實上，整個戰國時代，這一個地域確實是屢次做著戰亂的中心地。宋國本是為周民族所征服的殷民族之末裔，在戰國時代又是為周圍強國所凌侮的弱小國家。弱者的悲哀與苦慘，悔蔑，屈辱與刑戮，戰亂、飢餓與流亡，這一國人民其受苛酷的歷史現實，正顯示出人的不自由之極限狀態；莊子所生活著的，是這樣的一個歷史現實。」見於，福永光司著，陳冠學譯《莊子》，頁5。

生命，在如此文化情境之中，是重要的。也因爲如此所以福永光司以爲莊子是中國存在主義哲學家。〔註77〕

唯沒有明確說出，但莊子哲學的確是「默觀」哲學，這是吾人生命的體悟經驗，也是看清萬物存在的基礎，也因此，他所有哲學，概念幾乎都在此「默觀」範疇內，絕對自由哲學與絕對精神哲學在莊子來看，幾與「默觀」哲學融爲一義，所以其展現的生命情態，是以「默觀」哲學思想爲主軸，以臻至生命眞、善、美境。

「默觀」二字在莊子的用語中本無可考，此語乃是統合《莊子》一書中的「瞻彼闋者」（〈人間世〉）、「用心若鏡」（〈應帝王〉）、「朝徹」（〈齊物論〉）、「見獨」（〈齊物論〉）、「以明」（〈齊物論〉）、「照之於天」（〈齊物論〉）等概念。

（一）「瞻彼闋者」

〈人間世〉的「瞻彼闋者」，似乎在大多數的註解中，都解釋爲「觀照」〔註78〕（成玄英所註）、「觀看」〔註79〕（張履行所註）。在〈人間世〉中，另一段探索顏回描述的見道的情狀說：

> 瞻彼闋者，虛空生白，吉祥止止，夫且不止，是之謂坐馳，夫徇耳
> 目內通而外於心知，鬼神將來舍，而況人乎。

「瞻彼闋者，虛室生白」中的「瞻彼闋者」，根據成疏：「瞻，觀照也。彼前境。闋，空也。」〔註80〕按成疏義：「瞻彼闋者」，即觀前境空也，而此「闋」字之空義，消極地乃虛空了感官之知，積極地乃道體之空性朗現，被得道者所把握。

〔註77〕福永光司在序說提到：「人們是獨自一個人不能生活。人們必須要像人字所表示的那樣，與別的人彼此相關連著生活纔能成爲人。即，人是社會的存在。但是人與人間的關係有時會因對立和相剋而析散，而社會也時常會拘束和壓制個人的自由。……人們活在實際中，是因爲被這種根源的不自由所束縛所以無法逃脫而已。是實際上的人們，不但於內於外都是不自由，而於他存在本身根源也是不自由的。……對於莊子自由是，各人自己要爲各人自己，在各人自己所面對的極限狀態中，依然求生存。」見於《古代中國存在主義──莊子》，福永光司著，李君奭譯，彰化，專心出版社，民67，頁1～5。

〔註78〕成玄英先生所言：「瞻，『觀照』也，彼，前境也。闋，空也。觀察萬有，悉皆空寂，故能虛其心，乃『照』眞源」，見《莊子內篇通義》，頁82。

〔註79〕張履行先生說：「瞻，『觀』也，『看』也。……虛室，喻空明心境也。生白，生出本性的靈光」見於《莊子探微》，頁86。

〔註80〕接著「觀察萬有悉悟空寂，故能虛其心室，乃照眞源，而智惠明白，隨用而生白道也。」

　　至於「虛室生白」的「虛空」二字，消極乃指理智心虛空了外物印象之充塞，積極地乃寓意著內心空靈明覺，而「生白」即光照（智的直覺）萌生，澈視通明，成就見道之明悟。

（二）「用心若鏡」

　　〈應帝王〉的「用心若鏡」，均強調鏡照〔註81〕作用，頗似佛家大圓鏡智的說法。鏡照，可使物我均無待，消融彼我之界限，如「莊周夢蝴蝶」（〈齊物論〉）的比喻〔註82〕。

（三）「以明」、「照之於天」

　　〈齊物論〉「以明」、「照之於天」均側重於自覺的朗照〔註83〕，可排除人為條件，排除有待的限制，以達超越的價值判斷者。

（四）「朝徹」、「見獨」

　　〈齊物論〉「朝徹」、「見獨」意謂著虛靈明覺的心境是清明朗徹，好像「朝陽初啓」，能「惠照豁然」（成玄英所註），「洞見獨立無待的道」〔註84〕。

　　職是而言，莊子「觀照」、「默觀」、「鏡照」思想蘊含在各篇章，雖未直陳「觀照」二字，然其本義，貫穿各中心要義。

　　老子的「觀其復」乃是指陳「道體」存在事實，而未陳明道體在人身上的體現，相對於老子的「觀其復」，莊子「默觀」轉化了客觀道體為人生理想藍圖的可能境界，換句話將道體活化於人身上，讓人參與道存造化之妙，或者說是使存在存有化。

　　莊子的「默觀」承繼了整個道家修道歷程，透過「心齋」、「坐忘」等工夫使吾人與萬物合為一體，達到物我兩忘，物我兩齊，「默觀」是生命實踐工夫所在，不只是理論上的了解，也是生活中的實踐，總而言之，對莊子來說「默觀」可以說是神祕知識的最高點，他能達到能知與所知境界冥合，透過默觀，心才能真正認識道內在蘊涵。

〔註81〕如郭慶藩及成玄英之註解「夫物有去來而鏡無迎送，來者即照，必不隱藏」。
〔註82〕郭慶藩先生所註：「而莊生暉鏡以照獨，上善以遨遊，故能託夢覺於死生，寄自他於物化。是以夢爲蝴蝶，栩栩而適其心」，頁112。
〔註83〕見陳鼓應所註，頁209。其中引勞思光所說「『照之於天』與『莫若以明』相類。『明』就自覺之朗照言，排斥成見之封閉性。『天』則就超驗意義之主體言，排斥人爲之條件性。」
〔註84〕《莊子今評今譯》，頁203。

二、何謂「默想」

　　莊子修持工夫，說明人若要見道，則須致力使能知能欲之功能、行動，以及所知所欲之對象境界都得以放下，才能使心靈達到「無知」、「無功」、「無名」、「無己」……。若是修持工夫日深，入玄之又玄，則形若槁木，心若死灰，見道就好像是早上看到旭日東升的太陽一般，在之前所有的路徑，有如在黑夜當中行走，偶然不小心會走偏路。

（一）「默想」的意義

　　「默想」乃是利用象徵文字語言符號來揣想那不可言明之境界或經驗，試圖要說出，幾乎很難，於是乎莊子使用老子「正言若反」說法，來「強說之」，莊子的「默想並不像十字若望講得那麼清楚，說什麼想像力或幻想力，不過基本精神是吻合的，那就是「默想」有其作用，它形成圖像，以讓神祕的智直覺出來，它類似十字若望所言「以形象推理」。

　　誠然，為初學道的人而言，我們總須依靠文字語言象徵上的傳授來開始進修，以順利進入情況。可是文字的誦讀、概念式的思維、思辯性推理等象徵作法早晚要被揚棄，如此一來，為學為道路徑也不再有爭辯，如同〈大宗師〉還以下面的話來作為結語：

> 南伯子葵曰：子獨惡乎聞之？曰：聞諸副墨之子，副墨子之子聞諸洛誦之孫，洛誦之孫聞之瞻明，瞻明聞之聶許，聶許聞之需役，需役聞之於謳，於謳聞之玄冥，玄冥聞之參寥，參寥聞之疑始。

　　藉由有寓意且人格化的名稱，看似背反路徑實則為一〔註85〕。都是向著「道通為一」、「同乎大順」以迄乎「寥天一」的終極境界。成玄英及陸德明等的解釋為：「副墨之子」是文字的流傳；「洛誦之孫」意指反覆的背誦；「瞻明」則指理智上的洞察瞭悟；「聶許」意謂私自的認許；「需役」則是勤於實踐，「於謳」表達一份詠歎謳歌而致內化於心的意涵，至於「玄冥」、「參寥」、「疑始」看來都意指著那冥冥中的寥廓無極之淵源。「參寥」是指參悟虛無。「疑始」即是〈齊物論〉「有始也者，有未始有始也者」。

（二）對「默想」的態度

　　「默想」是入門的基本工夫，人是應用文字符號象徵的存有，必由形象

〔註85〕用成玄英作例子，成疏：「臨本謂之副墨，背文謂之洛誦。初既依文生解，所以執持披讀；次則漸悟其理。……讀誦精熟，功勞積久，漸見至理，靈府分明。……」

來想像，它是基本方法，但不是最後資藉，就像莊子所講的「無待於物」，一落入「物」就會有框架和陷阱，所以不能以此為最後的依歸。就像「道可道」，「非常道」一樣，默想是藉由一些蹤跡來親近道體，但蹤跡形象，不等同就是道體本然實存狀態。

「默想」是遠的結合道的途徑，執著會形成阻礙，必須要無待，選擇離開，如上所述的步驟。默想必須進入到無待的默觀鏡照，如實展現出道體與我不二的直觀智慧來。

莊子擅長於「默想」，最有名的例子為「鯤化為鵬」、「游魚之樂」、「莊周夢蝴蝶」隱喻或象徵。藉由「鯤化為鵬」、「游魚之樂」、「莊周夢蝴蝶」去除習慣思維，由「從未開展的資料」、「想像力」的主動動力展開了超越概念限制之外的探求，以類比在具體與抽象之間那塊不知之雲的體悟。藉由「默想」創作的動力之河，時時消解形貌，以便不斷創造，使人刹那融入神聖真實，但最後仍需揚棄，才不致於固著。

「默想」中，會不會有所謂枯槁狀態呢？莊子也講到「形如槁木，心如死灰」，意謂著在默想修道中，人還未得道，無法法喜充滿之時，不在形體上追求滿足，也不在心性知性追求滿足，唯有讓一切歸於無，空虛的空虛，才能吉祥止止。

（三）由「默想」進入到「默觀」

此可從〈逍遙遊〉中找，在首篇，莊子要人「有待」化為「無待」，「無待」即是「無傷」﹝註86﹞既然「默想」道體存在，仍有其限制，倒不如「忘」、「外」一切，徹底將氣質轉化，以至與道體終極合而為一，莊子的「默想」、「默觀」即是如此，由莊子這兩個概念同樣可掌握其靈修方式。

莊子強調「默觀」，不再以主動有為方式去掌握道體呈現，而是以堅定的氣之志，來深積後蓄境界的體會，所以能搏扶搖而直上，以智的直覺，有如朝徹見獨般，受到太陽光照，而整體的存有者也貫注在道的無所不照當中，深深在其大愛中展現出來。

> 若一志，無聽之以耳而聽之以心，無聽之以心而聽之以氣！耳止於聽，心止於符。氣也者，虛而待物者也。唯道集虛。虛者，心齋也。

﹝註86﹞在〈逍遙遊〉中舉出三種人：如「知效一官、行比一鄉」、「宋榮子」、「列子」，他們都是「猶有所待」者，是有待於「己」、「功」、「名」，而所造成的結果是傷害。

若要「觀照」，必得貞定心志，意志堅定，以氣涵養修鍊，專心向著這終極目標走去，一輩子都不離也。如「一志」、「專氣致柔」、「抱一無離」、「一以是終」說法。

（四）進入「默想」的標誌

「默想」不是最終目標，與道結合才是最終目標，那什麼時候停止「默想」呢？

1、對周遭一切枯木死灰

> 南郭子綦隱机而坐，仰天而噓，荅焉似喪其耦。顏成子游立侍乎前，曰：「何居乎？形固可使如槁木，而心固可使如死灰乎？今之隱机者，非昔之隱机者也。」子綦曰：「偃，不亦善乎，而問之也！今者吾喪我，汝知之乎？女聞人籟而未聞地籟，女聞地籟而未聞天籟夫！」（《莊子・齊物論》）

形體寂寥如枯槁的木頭，沒有生氣，精神凝聚猶如冷卻的灰塵，不能重新起火。形容人清虛寂靜，對外物無動於衷。槁木，乾枯的木頭。死灰，冷卻不再燃燒的灰燼。「槁木死灰」本指道家忘卻形體，追求清虛寂靜的境界。據《莊子・齊物論》所載，戰國人顏成子游因為看見老師南郭子綦倚靠几案坐著，仰望天空緩緩吐氣，好像精神離開了形體一樣，於是問：「形固可使如槁木，而心固可使如死灰乎？」意思是：形體可以像枯木般靜立不動，而精神也可以像冷卻不再燃燒的灰燼一樣嗎？南郭子綦回答說這是因為他已經忘掉自己的形體，進而達到對外物無動於衷，物我兩忘的境界的緣故。所指人的情念與理智不再活動，外表看起來像無生命物一般。事實上，這種軀體上的形狀只是內心境界的外顯而已，換言之，外表示內在的一種徵候，「槁木死灰」所代表的境界是「吾喪我」的境界，指的是人與過去的斷絕，更指向了生命的某種提昇。

2、對圖象與受造物感到乏味

由理性及經驗所建構的知識恐怕還建立在所謂「默想」層次上面，所以老子最後要人進入默觀的境界。正如莊子所言鏡照的智慧一般推理與默想是用想像來捕捉道形象的，可是漸漸地，人不再以此為吸引，於是外物，外天下，這裏的比喻可以參見道與技的比較。「技」與「道」的本質聯繫在於：在技中可以發現道的真諦，道也可以在技中得到體現和表達。當技能完滿地體

現道時，也就達到了美的境界。所以，默想之技是通向默觀本體的路。能知默觀者在技巧的操作中體驗境界圓融。

默想成為默觀是在主體的靈修生產操作活動中得以現實的，能知默觀者在表達心中之道的同時，本身就成了道。在這種無限自由的操作活動中，默想意象就直接轉化默想技巧，在默觀者的操作中得到暢快的表達。默想技巧的操作的質料上留下的痕跡就是道的形式。形式靜態地表現了道生產的動態運動，理解詮釋可以此形式體會到其中蘊含技巧的美，更引領進入無技的道中。

3、對道深切愛戀

人以道為依歸，全心以道視之，不再有二心，全心視下也，為道者所關心的事去除嗜欲，使天機深厚，心靈呈現空靈明覺狀態，不再特別努力為的工夫，渴切內心的和合之處。

這是靈修精神完全之路，真宰習慣於獨處寂靜之中，也就是老子所言的「滌除玄覽」。意謂著人擺脫默想的束縛不完美，改變思維的習慣、過失，如此才能進入「默觀」階段。

三、「默觀」的意義

（一）「默觀」的描述定義

莊子召喚人要有真知，這真知就是「默觀」鏡照的直觀智慧。「默觀」很難被定義，只能下描述定義，它指涉形上關懷，得以使人超越成為真人，而我們對真人真知描繪定義，可以說是祕密的直觀智慧。祕密的直觀智慧，它超越了理智、意志、情感，超越默想所能把握的權限，是內外感官與心的徹底滌除昇華，由實踐修養中引發對道的愛戴，愈加濃烈。「默觀」的知識是以道為基本動力的知識，合而為一。

（二）「默觀」的特點

1、超越的

「觀照」，是使心靈通徹虛靜，可使心無分別映照萬物本來面目。故莊子「觀照」是內在而又超越哲學。「觀照」智慧可以使天地萬物成為一體，以一統多，以簡御繁，所以說到「觀照」心，在莊子語詞，因其觀內於萬物，為一，而又超越以至於無所不有的普遍性，故足以作為天地萬物之主宰。主宰意不在於宰制，而在以整體化約部份，以道化萬物之所有生成變化。

2、內在的

老子有言：

> 不出戶，知天下；不闚牖，見天道。其出彌遠，其知彌少。(《老子·
> 四十七章》)

「不出戶」、「不窺牖」意謂不向外求。〔註87〕所謂的「外」，就是針對感官經驗世界而言；「向外求」〔註88〕，意謂思慮紛雜，雜則難達靜定，而不能澈見本明之智慧「觀照」。故老子「爲腹」不「爲目」〔註89〕。

3、無為的

「觀照」非理智上，也非經驗上，它是修行到有無玄同的道境之後而有的能力。「觀照」是超理性超經驗高度修養之後展現空靈明覺之心，達到之後虛靈空明境界有如氣的展現，無定形，無定性，能含藏萬有。「觀照」生命氣度是「不有」、「不執」、「不宰」，這便是「爲無爲，事無事」的生命態度。

4、無分於彼此

無區分性特別是在時間上可以說明，吾人仍大有機會進入非時間性或超時間性的「道」域(「道」作爲一意義場域)，莊子在〈大宗師〉講到「無古今，入於不死不生」，意謂著爲道者超越了時間意識限制；此時，得道之心若玄鏡，生亦死，死亦生，故莊子言：

〔註87〕此見於陳鼓應所著《老子今註今譯及評介》，頁 168。他說：「老子不重外在經驗而重內在直觀自省。他認爲我們的心智活動如果向外馳求將會使思慮紛雜，精神散目。一個輕浮躁動的心靈，自然無法明澈地透視外界事物，所以老子說：『其出彌遠，其知彌少。』老子認爲世界上一切事物都依循著某種規律運行著，掌握著這種規律(或原則)，當可洞察事物真情實況。……老子認爲我們應透過自我修養的工夫，作內觀返照，淨化欲念，清除心靈的蔽障，以本明的智慧，虛靜的心境，去覽照外物，去了解外物運行的規律。上面的觀點，不限於老子，莊子和佛學也持著相似的基本觀念。」

〔註88〕以外在感覺經驗爲主要目標的生活樣態。此所導致的是自我的「盲」、「聾」、「爽」、「狂」、「行妨」《老子·十二章》。如老子言：「五色令人目盲；五音令人耳聾；五味令人口爽；馳騁畋獵，令人心發狂；難得之貨，令人行妨。是以聖人爲腹不爲目，故去彼取此。」

〔註89〕此乃蔣錫昌注：「老子以『腹』代表一種簡單清靜之生活；以『目』代表一種巧僞多欲，……明乎此，則『爲腹』即爲無欲之生活，『不爲目』即不爲多欲之生活。」另外，林語堂譯註言：『『腹』指內在自我(The inner self)，「目」指外在自我或感覺世界」此二者註譯見於陳鼓應《老子今註今釋評介》，頁 77。筆者以爲「爲腹」代表一種簡單恬淡素樸生活，指的是「少思寡欲」生活型態，是種內在自我，而「爲目」指的便是外在自我或感覺經驗的世界。

> 夫大塊載我以形，勞我以生，佚我以老，息我以死故善吾生者，乃
> 所以善吾死也。（同上）

悅生惡死，這是「己是也非」的心態；事實上，莊子以為方生方死，方死方生，超越生死，即是道化的昇華經驗，是參道者純粹當下的體驗。所以說觀照者表現在生死態度是生死一如，萬物一體‧超度生死的終極價值

道為存在終極之真實，而生死之際則為此一真實（truth）在吾人個體性中所作用出來的終極情境。人若能體現其實在性（reality）及作為一存有者的確鑿意義（definite meaning）則生命能長且久，從而創生與道同生同在的永久哲學（The Philosophy of Permanence）。

5、普遍的

「觀照」是直覺的，所謂直覺可以說是超越理智經驗，而深入存在自身，可以觀照萬物之變化。

6、對象是道

真知是直覺，直覺即是默識〔註 90〕，熊十力先生區分直覺與一般之理性思維，他以為這是求得本心和把握本體的唯一途徑，而且在實踐理論當中，也建立了直覺與形上本體聯繫的根據。「智是一種本心的直覺，與形而上的本體聯繫在一起，只有在當下即是的見體工夫中才能證會它的存在。」

那末，繼續追問「何謂道」？我們可從〈大宗師〉談起：

> 夫道，有情有信，無為無形，可傳而不可受，可得而不可見，自
> 本自根，未有天地，自古以固存；神鬼神帝，生天生地；在太極
> 之先而不為高，在六極之下而不為深，先天地生而不為久，長於
> 上古而不為老。〔註 91〕

> 自本自根，未有天地，自古以固存。〔註 92〕

〔註 90〕 見景海峰所著《熊十力》，東大圖書公司，民國八十年六月初版，第 238。
〔註 91〕 筆者以為道是動態平衡者，因此道的展現是生生萬化的歷程，可見道是「無所不在」〈知北遊〉，也是一種無封畛的。常是用無與有來表現，為何會如此表現呢？吾人以為這也正說明道的「反」特性。「反」有對立、統一的雙重性質，一方面是對反，一方面又是復返，如此特性，正足以說明「生生不息」、「周行不殆」《老子‧二十五章》的道體特性。「觀照」的形上根據是道，而道展現出形上實存者、本根者、生生者、超越時空者、既是有又是無者。
〔註 92〕 故體道者，則「觀復」《老子‧十六章》，所謂「復」，意謂著循環不已，萬物循環生命現象，所謂「觀復」則是人若回返性命之真，有著靈明智慧，則能清澈觀照萬物生生不不變化，以至無待之境。

道是形上實存者是實有可徵驗的（「有情有信」），然而卻是無形質的（「無為無形」），此有如老子所言「無狀之狀，無物之象，是謂惚恍」（〈十四章〉）。

因此我們可以說：道是形上實存者。道是本根者所謂「本根」乃是意謂著天地萬物之母，乃是創造者，更是一切根源，道家所講的道，便是如此。

（三）「默觀境界」的描述

1、「默觀境界」乃修心呈現本然狀態

所謂「默觀境界」，是種無限心呈現，如此萬物可「依乎天理」（〈養生主〉），順著道的自然的脈動，呈顯出本然樣態，吾人若能修吾心，則吾心與道融合無所容私也（〈應帝王〉）。在此心道合一之境裏，生命才足以開顯，否則只是蔽於物。生命實現即是一種生命呈現，生命如此才能呈現出動態大化觀，因為生命在「默觀」無限心朗現，不斷走出自己，也不斷返回自生命之真。而這生命之真也就是存有學之真，是共融合一的，意謂著人為道，道也為人。

萬物出於道的殊化與創造，而終究得重返回道之妙中，這真道妙境，是人一切價值總匯合處，不可謂不重要也。以道觀物，則物無一齊，這是平等的「默觀」境界，吾心澄明才可能朗然耀現宇宙大化生命圖象，真君的生命境界，也得以不拘執，無著於事的表象，而能直入存有脈絡，如此才能生機洋溢，發展創造，亦動亦靜，混中又合的動態平衡。

2、「默觀」者心靈描寫

故，據此，可說「默觀」者的心靈描寫便是一「覺」者，而所謂「覺」意謂著無我之執見，乃能消融物我，不知有物，更不知有分別，如莊子有名比喻「莊周夢蝴蝶」（〈齊物論〉），此等直覺「默觀」是「智」，此就是不同於一般知，是真知。所以默觀不同於一般認知，他是覺中夢，夢中覺的神祕知識，也是對道全神貫注的知識，他雖貴為人類之靈可以進入的層次，然最後仍必須拋棄人僵化的刻板印象，來進行深入的理解。當然它也超越了所謂感官的知識建構，在所謂滌除玄覽的過程，煉淨純化，以提昇到達共融超越之境，以致於人遭遇道時，沒有媒介物，兩者之間沒有隔閡，不再分離。總而言之，「默觀」是神祕的、且是關於與道之間的溝通共融，而且是進入道與人之間直接體悟。

四、對「默想」與「默觀」的反省

默觀借助隱喻、博喻、機鋒、棒喝等富於想像力的理解方式創造出具有實質性內容的意義空間，從而營造出韻味十足的意境。甚至「得魚忘荃」、「得

意忘言」由有言進入無言之境。從語詞意義的連綴到完整意境的生成，其間有一個實質性的跳躍。這一跳躍所造成的間隙一方面證明了某種能力和經驗的存在，另一方面指出另一可能世界的存在，這一世界也許具有不可思議的特徵。

　　不可思維、不可感覺的終極實在的存在自身，常是以「強說之」方式進行，而以「強說之」的「想像」是較佳詮釋方法，想像附予生命的存有詮釋的無限可能性，莊子是善於譬喻的，譬喻當中有具體與抽象之間的張力，藉由能說與不能說，我們彷彿看到些什麼，又彷彿看不見些什麼，然而不可否認的的是藉文字圖像的牽引，我們當中會有連續與斷裂，必待身體默觀親證之，讓真理自身說話。當然不同文化會有具有個別化及行動化的差異存在，這可以解釋為何不同人、性質、狀態、文化氛圍、宗教型態，會有如此差異，然如此差異不妨礙真理或道或神自身顯露，反而叮嚀這些有志的靈修者或為道者小心語言陷阱。

第四節　「默觀」第一次對話的比較

一、相似處──「默觀」均涉及身體實踐的神祕智慧

　　西方興起身心學（Somatics）〔註93〕，其字意源自希臘文-soma，意為完完整整活生生的有機體。Soma乃強調含有陰陽兩面之完整的活體而非機械性固定不變的物件，它所指的身體之含意非僅是「Physical Body」所指的身體，西方身心學發展使我們不容忽略「默觀」語詞的重要性，因為它正是指一個存在於當下（此時此地）之擁有自我感知、自我體察和自我調整之不斷改變

〔註93〕身心學（Somatics）是一個研究 Soma 的領域，它是探究身心關係和體會身體心靈的研究學門。目前，一般的中文醫學字典將之翻譯為身體，但並未明確地指出和我們常稱的身體（Body）有何區別。事實上 Soma 和 Body 雖均譯成身體，但其深層意涵卻有所不同。重視內在經驗的探索和反省，以瞭解人體覺知、生物功能和外在環境這三者間互動關係的一門藝術和學問。透過有系統的理論與方法，經由身體感覺、反應與動作的操作，來調整身體及影響心理層面，使人類能夠更清楚的認識自我，發揮潛能。在身心學的研究領域中，試圖瞭解當下的身體現象（Reality）與身心關係，強調身體經驗的探求，尋找身體之內在與外在的和諧與平衡。身心學這個在西方學術研究中非常東方的新興研究學門，目前在東方文化觀念的衝擊與支持下，已走出更堅定的一大步，發展出更多不同派別的身心技巧（somatic approaches）。身心學的研究者也深信，東方與西方的神祕交流處其實就在人類的身體。

的生命有機體，而唯有進入個人內在經驗的探索與體驗，才能獲得對「默觀」的深刻體認。

「默觀」乃是以身體爲當體，藉以體現人對終極關懷，在此實有場域展開，得以眞理開顯，所以他必須是實作技藝，中國人講爲修養，西方人講爲靈修來進行身體與場有的對話，意識所面對終極存有常是人意識面對不可知的混沌，是場可知與不可知的對話遊戲。而這場對話遊戲是由身體所開展的。

他代表主客消失，能觀與所觀者合一，一切在無言中發生，只能去聽，當自我凝斂發生實效之際，身體知覺也異常敏感，特別是「眼睛」與「耳朵」。眼睛部分，十字若望與莊子都強調「觀」。「觀」字，馬賽爾稱之「被瞎的直觀」。〔註94〕。「瞎」與「看見」兩詞同時被擺放在一起，兩者也都同時使用「光」與「暗」對比，回想默觀經驗，可以說是某終極光源之光，使此有主體靈修道修之際，彷彿瞥見眞理，眞理之光太耀眼了，以致於有「瞎」的感受，這種感受好比是黑暗中乍見太陽般，以致於我認爲我看不見，因爲他洞察存在關係中的迷惑，而欲走向超越的自由。這種直觀對眼目來說，似乎強烈得令人無法睜目。

所以只能配合聽覺，這是一種用聆聽來體認之「覺」與「悟」。如莊子所言：「聽之以氣」，拉內所講的「傾聽」，超感覺、超概念、超文字的存有奧祕即此聆聽當中展露自身。馬賽爾似乎鼓吹一種聽覺性的直觀（auditive intuition），〔註95〕要人用靈性的耳朵直探存有的奧秘。

對於存有奧祕，「聽」身體與之共振的氣或聖靈無言之言，所以「默觀」對一切生命的原初經驗與道或神相遇，只能保持閉上嘴巴，保持沈默。而這就是透過身體實踐所產生的默觀智慧。

二、相異處

（一）冥合對象有異

很明顯，西方基督教世界便是「存有──神──學」（Onto-theo-logie）的發展，而莊子按筆者說法可以說是「存有──道──學」（Onto-tao-logie）（或許這種說法不恰當），兩者均涉及形上本體。

〔註94〕 *La dignité humaine*, Paris：Aubier, 1964, p.120.
〔註95〕 參《馬賽爾》，陸達誠著，臺北：東大圖書公司，1992，頁59～60。

道和人與神與人之間存在著一種詮釋的循環（Hermeneutic Circle），有如海德格所論存有（Sein）與此有（Dasein）的關係，然而神與道其內涵是不同的，當然人作爲主體的靈修者與道修者，是不可抹滅的起點。

莊子與十字若望二者理解與溝通，首先遭遇的便是本體論問題，學者理雅各在 1890 出版的《東方聖書》（*Sacred Books of the East*）中就爲道等同於神〔註96〕，然大部分並不這麼認爲。這是關於道與神的區別，清楚明顯，不再多言。

（二）強調愛的神祕智慧與強調大智的神祕智慧

1、強調愛的神祕智慧

基督宗教的密契主義看重神與人之間的愛。〔註97〕十字若望也不例外。十字若望稱這條梯子爲「愛的階梯」，它強調以愛神爲主的密契主義。如杜普瑞的《人的宗教向度》中強調基督宗教的密契主義是個愛的密契主義。他說：

> 所有愛的密契家都有一點共通信念：基督不僅僅是上帝的合一之愛的理想，而且也是這種愛的對象，更進一步來說，他「同時」是模範與所愛者。〔註98〕

十字若望在《靈歌》中即有這樣表達：「她說天主教她的愉悅知識，就是神祕神學，天主的幽祕知識即靈修人所謂的默觀。這個知識是非常愉悅，因爲它是一個經由愛得來的認識。」〔註99〕這愛的知識是什麼呢？

研究十字若望著名的佛德瑞克・儒茲（Frederico Ruiz）在一連串的演講以「愛德的聖化」來說明十字若望的信、望、愛超德必引領靈魂尋求神。〔註100〕。以下就他以五個主題來說明十字若望關於愛的涵義。

〔註96〕The Sacred Books of China :The Texts of Taois, part V（Oxford Clarendon Press, 1891），頁 16，9～21。

〔註97〕例如在杜普瑞的《人的宗教向度》中，當他介紹基督宗教的密契主義時，特別強調這是愛的密契主義：「所有的愛的密契家都有一點共通信念：基督不僅僅是上帝的合一之愛的理想，而且也是這種愛的對象，更進一步來說，他『同時』是模範與所愛者。」見杜普瑞著，傅佩榮譯，《人的宗教向度》，台北：幼獅文化事業，民國八十五年九月二刷，頁 516。有些學者忽略了這點重要性，以至於進行密契主義對比時出現一些荒謬的結果。

〔註98〕見杜普瑞著，傅佩榮譯，《人的宗教向度》，台北：幼獅文化事業，中華民國八十五年九月二刷，頁 516。

〔註99〕*Canticlet*,Stanza27:5.

〔註100〕佛德瑞克・儒茲（Frederico Ruiz）著，台灣加默羅隱修會譯，《聖十字若望的生平與教導》，台北：上智出版社，2001 年 1 月初版，頁 46～63。

（1）**具體實踐的愛德**

十字若望認爲愛不是抽象概念或神學觀念，它是一個具體在生活中實行的德行。

（2）**超德的根基：我們被造是為了愛**

儒茲指出神創造人的時候就已經將愛賜在人當中，人朝向愛前進。十字若望論及愛的淨時，其觸及的層面包括感官的、意志、及歷經神枯的成全之愛。

（3）**消除錯亂的情感：慾望與渴望**〔註101〕

儒茲認爲《登山》卷一所談的情感與貪戀的領域是錯亂的欲望。而消除這些欲望方法是強化跟隨基督的欲望。能自由無礙以主爲念，愛神愛人。

（4）**被煉淨的意志的愛**

十字若望區分愛、感受與情感。他以爲愛是一種給予，愛感受是種接受，卻非自私與占有。這由靈魂主體作爲出發。而意志的愛是黑夜中被煉淨的愛：這是神陶成人的方法。

（5）**神化的圓滿的愛**

儒茲指出，圓滿的愛就是已無他務纏身，每個的行動都是愛，所以愛的圓滿並非停滯不動，愛能幫助人去愛，單單只是去愛。靈魂這時成爲一個不單只是自己愛而已，而且還有能力教導他人何爲愛的人。

經過儒茲的說明，發現其愛爲生活具體實行，也是與神密契的基本動力。愛的不對會導致錯亂情感。而最高境界是不止息的去愛的實行。當愛神成爲靈魂唯一目標，靈魂就開始走向神的歷程。

有位天主教靈修者梅頓（Thomas Merton）描述說：

> 我突然被一種強烈的意識包圍著，我愛這些人。他們屬我，我屬他們；我們雖是陌路人，但卻不能分割。……我的獨處不屬我所有，是屬於他們的，因我不爲自己獨處，乃是爲他們。〔註102〕

這是梅頓對街上陌生人所產生的愛和合一的感受被認爲是密契靜觀的生命表現。他對周遭的人的強烈情感是一種經由神人聯合經驗所產生的關愛。而這正是基督徒默觀的深度經驗，在愛的密契中，默觀者與所默觀的對象不再有隔閡，他們在愛中燃盡轉化成爲合一的經驗，我已不再是我，

〔註101〕參見黑夜的第一階段：煉道中主動與被動。

〔註102〕Thomas Merton，*Conjectures of a Guilty Bystander*《一位歉疚的旁觀者的聯想》，Garden City，,NY，Doubleday and Company，1996，第140～142頁。

而且更能深刻去愛別人。如約翰所說：「我們愛，因為神先愛我們。」（《約壹4：19》）

2、與強調大智面向的神祕智慧

莊子的默觀合一經驗，是能把握真知，真知是能把握萬物變化中的常者，如〈大宗師〉所言：「死生，命也，其有夜旦之常，天也」，真知觀照能了解生命的相對性，而達到絕對無所待的和諧，真知是「知之至盡」（〈齊物論〉）〔註103〕，莊子在〈大宗師〉講到：「且有真人而有真知」，真人真能對於宇宙人生境況做根源性的把握，而開展出人的精神自由及無限可能；故可不受小知小見的束縛，而到達真知之境，此即是所謂「知通為一」之境。

如唐君毅先生所言：

> 至知是真宰至虛空明智慧，無物無我；然若遍現物，則以道觀物，
> 明照道與萬物，復通為一：天地與我並生，而萬物與我為一。〔註104〕

莊子擅長將天地萬物合一的景觀描寫出來「默觀」者，既是真知，與物一體呈現，那末，具此能力之人，必然是主客合一。「默觀」者，事實上，所觀者為道，而能觀者亦是道（者），所謂「為道者同於道」是也，如葉海煙先生所言：

> 吾人之心便可對外境作如實之知解，並起真實之行動。而待知行相
> 應，事理無礙，心境之間便將無內外之別，亦無主客之對，而足以
> 涵蓋一切生命存在的境界——心靈境當可依序建立，而使精神之生
> 命，浸浸於意義之源泉，終達致生命終極之現實（ultimate
> activity,absolute reality）〔註105〕。

〔註103〕在此篇裏，莊子區分了四種層次的知，分別是：一：知之至盡的未始有物層次，二是有物之知的未始有封層次，三是有封之知的未始有是非層次，四有是非之知的道之所虧，愛之所以成層次。而莊子第一層次描述應是明覺直觀之知。

〔註104〕出自於唐所著《中國哲學原論‧導論篇》，頁244，台北，學生，民七十五年。

〔註105〕此為其描述唐君毅心通九境時的感通、感受與感通的交互作用所詮釋人生命內容相通主客觀境界。見上註，頁104。

第四章 「默觀」的第二次對話──成爲「默觀」神聖位格者及工夫修養探討

　　在中國裏，「默觀」展現的形上學世界觀的命題證立，也在於工夫活動的境界證成，也就是在所有工夫活動達致的境界中，最後讓形上學世界觀呈現的視野，其中工夫最重要是靈性主體在實地操作所體驗到的「默觀」，就莊子生命來講，這不是就是「逍」「遙」遊而能視下嗎？就十字若望，這不就是經過黑夜之後，而登上迦達默羅山的全福神視嗎？

　　「默觀」通常也表示一種神祕的直觀智慧，可以圓成證驗自身於神與道的交流裏，如此的知識進路常是佐證於工夫與境界的言說表述脈絡裏。這種即工夫即本體即境界即方法，有一個核心要點，那就是「默觀者」，「默觀者」通常是能知者，能知道些什麼，透過體證圓成其神祕境界，所以我們在這章要點便是探討「能知默觀者」其「位格」的面向，特別是圓融視境當中，主體位格際性的探討，不可否認的是，身爲一個能靈修的人，所欲編織的理想藍圖即在其身證成形上世界觀命題。成爲一個默觀神聖位格者，通常讓自己成爲無自我的位格者，以利氣或聖靈的進入，讓自己成爲位格際性真正交流，不管任一主體都無礙於與道、神、自然、物的交流與共融。

　　「默觀」意義探討猶如經如一場深層對話，這種對話是自我身心靈螺旋的攀升向上的契機，其意義乃在做一種內在之旅。內在的默觀之旅可以讓你心理狀態更新，充滿能量，重新審視各個生命面向的無限可能性，而這樣的旅程，必須讓你的內在是閒暇的狀態，換句話說，不再將自我眼光投射在外在世俗的一切，而是內在達到釋放，「忘」的境界，這是虛靜自身以達致。

　　換句話說，身為人此在的存有者，也是默觀位格者，必須從外在紛擾中脫困而出，不斷關注內在靈命生命增長，以靈修或道修的方式，使自我心靈提昇，化除主體或位格障礙，以無礙的生命洪流，一一點化成為藝術美境。意境超絕是意象的昇華，它是主體心靈突破了意象的域限所再造的一個虛空、靈奇的審美境界。從意象走向意境，是從有限走向無限，從形而下走向形而上直觀的感悟。

　　此章分成兩大部分，第一部份首先針對「即工夫即本體即境界即方法」做探討，接著針對「默觀神聖位格者」做探討，特別針對「位格」、「無自我位格」概念來串連釐清，以及東西方有關位格神與天地精神說法是否有相通處，希冀能由此說明位格際性交流可能性。第二部份就十字若望「黑暗」煉淨之夜與莊子「虛靜」的「默觀」無自我位格歷程詳細說明，最後達逍遙，愛火燃燒的內在心靈自由之旅。

第一節　即工夫即本體即境界即方法

一、即工夫即本體

　　當我們審視東西方，特別是莊子與十字若望對話的境遇與維度，我們開啟了無限的可能性，這是由默想到默觀的路徑思考，藉由默想可資藉形象思維去過渡到那看不見的世界，回顧默想到默觀不也一樣嗎？

　　當我們應用象徵符號，可碰觸生活世界的圖象時，透過它，我們意欲遇向那神聖居所，做為有時間性此有，不斷自我探尋那根源性「在」在哪裏時，蹤跡點滴刻劃之下，默想到默觀也代表此蹤跡點滴的說明。

　　做為此在和存有的理解的研究，理解與詮釋可以說是人本真存在基本方式，如此一來屬於身體文本的詮釋學立刻與理解本體論聯繫起，這就是呂格爾所講的由認識論到本體論的轉換嗎？

　　認識真理到體驗真理，使吾人真正契入真理絕妙好味，這也是使得我們由默想到默觀的理解詮釋，必須做翻轉性本體思考，不再只是認識理解的文字工夫而已，而是體現在身體經驗當顯明出來，這也就是中國人所講「即工夫即本體」的修養工夫精神所在。

　　「默觀」使得個體生命思維與宇宙生命之所有關連。例如在莊子生命哲學中，是以生命為存有，泛論及至宇宙本體：我們可以說這是即工夫即本體。

　　大體而言，莊子的方法為虛靜而達致即工即本體的進路。「默觀」強調虛靜。在心虛而靜，靜中體實之有時，此有「默觀」得以施展，如此真假虛實，同為一體，其「默」心足以躍現生命意義全體大用，以致天理大化流行。但此虛而靜，並非死寂不動，而是在動態之中的靜，此意謂著這「觀照」虛靜心，並非孤寂不動，而是感而逐動，動而愈出。莊子強調在處境中修道，「兩行」思想可以說是在出世而又入世的處境中修道表徵。莊子守道之妙，以為在生命變動之中，仍有常則；而體悟真理則需求真我，真我即在吾心之中，苟能擴心之體則能體用兼備，這便是即工夫即本體的基本要義。〔註1〕

　　「工夫」是種體現道的方法，我們可以過渡到「即工夫即方法」，然方法不是目的，目的是在達到「道境」，所以說又是「即工夫即境界」。這是真正基礎本體論的工作，也就是境界的體現，更是認識論開始。

　　呂格爾所講的詮釋學產生基本方向演變，原先詮釋學最初領域是語言，早期詮釋是凝固於固定文字形式，在一個有限領域，施萊馬哈將釋義學提高到技藝學水平。狄爾泰深化了這「技藝」內容，將解釋物件不斷由文字形式中文本意義格指謂轉到文本中生活經驗上，海德格本體論所進行改革，將詮釋更視為不再只是技巧和方法，企圖在認識研究之下，揭示真正本體論面向。

　　由前所述來審視「默觀」意涵，「默觀」必須先從語言解密開始，然以有限文字形式或象徵圖式角度切入，這釋義學詮釋取向是可親而不可就也，是不可避免但也不能完全依賴的，因為他說明著如何發現和理解在文本中所含蓋的神聖之域，我們透過東西不同文本，不同的詮釋脈絡出來，在此心同於此理的情況之下，異中求同將深化這種技藝內涵，不再拘執於文字形式、象徵符號意義指謂，而是強調出入有間無間的「道進於技」的藝術境界生活體驗。

　　「默觀」透過默想來鋪陳此生活體驗重要性，要人透過「修道」、「靈修」來通顯道藝術境界，如此隱含認識默觀轉向本體論默觀，道與為觀者在「觀」的刹那間合而為一，成為所嚮往的祕境。

二、即工夫即境界

　　詮釋學強調自我實際行動反覆來往當中，每一時期都有不同領悟，領悟也在時間過程不斷變化著，如此也產生不同境界，然而又回歸到自我與境界

〔註1〕見葉海煙先生所著《道德、理性與人文的向度》，頁99，台北，文津，民國八十五年。

圓融，因此隨著時間變化，不同境界都應融解一起，圓融無礙，如同高達美所說的「境界圓融」（Horizont verschmelzung）。此說明著境界的圓融無礙，人在追求生命意義價值呈顯無非在規劃此圓融無礙的生命藍圖，而此生命藍圖的證立，乃立基於形上命題的有效性，一切形上命題有效性乃在於境界的證成，這是形上默觀者最終企盼所在。

　　詮釋的無窮盡，詮釋周而不殆，從默想到默觀也是如此，默觀經驗是周旋方式，來回於為道者與道之間，是主客合一，參與其中，不斷對話才可能有光明的可能性，高達美反覆強調詮釋學是 phantasie（德文），phantasie 就是想像，是想像力、幻想力，但不能只是想像力，象徵就是應用想像力最佳代表，當我們以文字圖像來親近那祕境時，phantasie 幫助我們來親近，打從胡塞爾現象學到海德格存在主義，他們反省到用理性整理這祕境，便會失去原來真實原味。高達美強調 Verstehen（領會、理解），對海氏而言，這字帶有「理解體會」意思，與 Verfallen（沈淪）是相對的，高達美承繼海氏傳統，說明「理解領會」是與某東西進行周旋，打交道，此東西不是物件，而是強調主客統一，與某物周旋、打交道、參與其中，他常用「經驗」來說明，從默想到默觀經驗當中，也是如此，由 Phantasie 默想到理解領會，不斷反覆周旋、滲透、對話，自我向世界開放溝通交流，這樣東西文本中，我們就不再執著於作者意圖，而是真理內容本身的理解領悟。真理內容與我們理解是互相周旋的，因為我參與其中實際行動才能獲得。〔註2〕

　　事實上人思想行動早已處在形上學的存有領域，人是向著存有本身開放，鴻溝不存在，橋樑不存在。理解領會必然蘊含著對存有的肯定。以認知行動中的肯定，對存有絕對肯定，此蘊含著智的動力。〔註3〕當代現象學都強調人不是封閉的獨我，而是一個生活於世界的在世存有（Beingin the World）人必須以其因素來作為那介人存在及認知外物成為可能的先驗根據，在世存有可化解封閉的我。

〔註 2〕加達默爾：《真理與方法》洪漢鼎譯，上海：上海譯文出版社，1999 年，上卷，頁 210～220。

〔註 3〕康德只有感性直覺把握現象，而沒有智的直覺，其存有是超離的，事實上存有應是超驗的，它不缺乏經驗事實為根據，康德只注意認知先驗形式，即感性時空架構，悟性的十二範疇，只指出知識內容如何符合先驗形式而進入主體意識中，只執著主體如何攝取並理解對象內容，這樣康德在忽略認知的行動而注意認知的形式，以致把自己關在現象裏。

海德格的理解乃是對未來可能性的掌握，而高達美則是認爲可由現代來詮釋理解時，所以理解領會都必須以眞理傳續，才可以有眞正創造，另外他提到眞實存有必須經由遊戲活動而彰顯，自我不重要，每一個參與遊戲者皆須在創造行動中去實現出其境界來。莊子所謂逍遙遊意即在此。眞理透過「靈修」、「修道」得以呈顯，在不斷消滅自我控制的感、知、情、意之後，所顯那塊奧秘，是藝術的境界。他不斷召喚你進入深體其中的奧妙。

三、即境界即方法

從默想到默觀來看，這也是方法轉向，從經歷詮釋本體論轉向後，詮釋學很明顯是反對依賴方法，方法代表工具，工具即是有限，有限的工具如何掌握無形無象的超越又內在的上帝或道呢？

很難吧！誠如詮釋學本質所揭示的是本體，而非屬於方法，方法對於默想到默觀而言，意謂路徑被打破，從西方神修煉道、明道、合道中，我們看到十字若望提醒我們歷程不是固定不變的，可能是不斷往來反覆進行，這種說法，類同於老子所「逝日反」說法，在這種說法當告知我們沒有單一方法可以使「默想到默觀」歷程顯明，可是最弔詭的是默想到默觀方法又必須被提及，究竟如何做才是好呢？

方法必須被提及，方法意謂著揭示本質，接近眞理的重要前提，二十世紀末偉大的高達美即是提及這兩者的問題，姑且不論高達美所提的爲何，我們看到的是每個流派在建構自己系統時總是必須提及「方法」。莊子的道論，必須有爲道方法，十字若望的神論，也必須有神修的方法，針對兩者所做的詮釋，很自然地，也必須提及「方法」，然我們說過詮釋學本質必是本質，不屬於方法，當我們詮釋理解默想到默觀時，似乎就超越一般對方法的理解，也超越了方法論概念所設定的界限，如果說從默想到默觀是方法時，到最後方法也必被丟棄，十字若望不斷講到是被動恩寵，主的聖靈灌沃在我們身上，莊子也講到被動無爲，而讓道顯現在吾人身上，都是說明著「道進於技」，技是方法，屬於技的方法必須被丟棄被超越，我們試圖要去轉活這些文字象徵形象，對它當下承載的意義所敘述所勾勒進行轉換，使詮釋行動超越文本，進入到海德格所謂理解本體論意義的境域，換句話說，我們必須經歷體驗內在默想到默觀之旅程，深體其中奧祕。詮釋「默觀」，事實上也詮釋了「形上關懷」。

當我們說到有爲方法歷程或靈修階梯或者煉道明道合道時，詮釋及時從靜態文本進到行動當中，由身體文本詮釋當中行動體現出來，使得原本在我之外的「道」、「上帝」進入我靈魂，我心中，使此在一剎那參入存有當中，猶如馬塞爾所講「存在存有化」。

換句話說在詮釋默想默觀時，詮釋任務就已完成，因爲他重建詮釋本體意義的三重模仿，在預示、成形、再形像化，透過這些活動構作，使原先道或者說是神與我合一意境，從身體體驗中實踐中脫穎而出，如此一來實踐與理論、文本與理解、作者與讀者參透互解，在往來反覆中進行有意義活動。

東西方文化象徵符號有其歷史脈絡，有其意義，象徵中有同有不同，然在同與不同當中有其張力正在上演著，最後在反覆來回中，象徵仍然需被丟棄，誠如方法必須被丟棄般，象徵動態表象，可以是神祕經驗動態中介，可以被轉換，被替代，被想像，但進入身體默觀，就必須丟棄形象動態，不斷在流逝的時空中，直接去看所發生的一切，誠如詮釋學也會進入詮釋的循環一般，詮釋往來反覆是必須的路徑，然在實際行動，最終仍必須進入本體的祕境。

四、即工夫即本體即境界即方法

「默觀」使我們與永恒對話，使與眞理交涉，現象學之我開展出來的詮釋學爲哲學的詮學，是透過對於此有的詮析，展現所謂存有。言說是廣義的，在表達出共同境遇與共同理解，透過境遇感、理解、表詮、存有在人身上不斷顯現出來──生命詮釋，默觀規劃出總體生命藍圖，這總體生命藍圖的建構是在默想到默觀中展開。

人與外在情境互動必經人詮釋，才能理解，經過不斷交往互動，形成眞正理解體會，這參與其中，與之不斷周旋打交道的默觀經驗可以尋獲祕境的答案來，當然不同脈絡有著不同意義，但最重要是「體驗」眞理在我們身上活，成爲活神學、活道學。海德格早就發理存有與存有者不同，他以人的超越性來談，走出、理解並投現存有，希望人不斷超越自己來顯現存有，來開顯存有。更進一步的是海德格要人返回存有眞理，反對原先眞理是物與理智相符，萬物符應上帝理智的眞理觀。相反地，他相信眞理是開顯的，眞理自由，任其自然，任其存有，去除遮蔽，使存有開顯。

存有開顯就是十字若望與莊子所希冀之境，透過「默觀」，我們得要努力去看去聽，存有開顯境界在跟我們訴說些什麼？就讓一切回到原初洞察，藉理解與詮釋來追尋文字象徵中最原初意義；世界是主體際性世界，世界的溝

通需要你我互滲參與其中,在彼此領悟體會中,以人同此心此理的的眞理精神,回到最原初追尋,不讓外在的煙霧,失去了自明的原初直覺,因此「默想到默觀」啓迪了我們一條路徑,那就是由夢到覺,由暗到光,由無明到光明澄淨之路。

第二節 「默觀神聖位格者」位格際性交流探討

「能知默觀者」即是指人是理性存有,能知道也能選擇,中世紀士林學者探討人的形上結構,爲表達人具有這徹底選擇的能力,以「位格」(person)這概念來表達人的存有。換言之,「位格是以理性爲本性的個別實體」,且人本質形式乃是形成普遍性,這是人位格尊嚴之所在「理性」本性重點乃是位格之普遍性。

按亞里斯多德的形質論,實體的個別性源自質料,而普遍性則源自構成本質形式。人的本質的定義是「理性動物」因此理性是人位格尊嚴之所在。而言乃是這是人最深奧最神祕之處,如馬利旦所言,一個獨立、自立、自主的形上的中心,這是人神祕處,傳統士林哲學稱之爲「位格」主體的活動是因爲位格的理性經反思而把握對現實質料有所悟。

所以位格本性是理性,理性本質是自由,而意志是使人的位格成爲獨立自主的能力。抉擇,這決定人存在方向。理性一方面指人之思想及存在其中之理,一方面指存在宇宙萬物中之「道」,完全自由是選擇自己的命運,肯定自己,成爲自己。存在選擇乃是把自己如是的適然性,經選擇肯定而轉化成爲自己的命運。〔註4〕

一、位格意義及東方西方解讀

許多哲學家認爲人的自我是絕對的,位格(person)的本質特性是精神的自我意識及相應的自我設計能力。所謂的位格是按一個「設計」建立的,這就是一個現代哲學特別是存在哲學(existential philosophy)的特點。舉例而言,根據馬賽爾(Gabriel Marcel)的說法,人是主體(subject)而非客體,他必須透過主體位格際性的溝通和分享才能實現自己。人必須忠於自己的承諾,並

〔註4〕所謂適然的(contingent)的位格,是指一個具體、有限制、有如此性格,但卻有無限潛能,同時又必須與其它位格共同存在的存有者。人可以完全掌握存在的方向,這就是決定自己命運的「存在」人是有形器的理性存有。

寄望於無限的「你」。也就是說，研究「自我」的現代哲學抱負，是建立在「我」與「你」之間的溝通基礎上。此外，現代的「存在哲學」強調個人的自由抉擇是絕對的，因爲人唯有在抉擇時才會承受自己的存有，眞正屬於他自己而成爲「存在」，他就是完全地實現了他的位格性。

對位格主義（personalism）來講，位格之高於其他一切事物，因爲他能自由地抉擇自己的路徑。位格主義的根源在於基督徒信仰，從思想史的觀點而言，基督宗教之堅決肯定人的精神性與靈魂不死，替位格不可侵犯的尊嚴建立了基礎。〔註5〕

（一）西方位格神與靈魂說法

西方一向是指「位格神」的正向發展發展：具有人類好惡，高於人類價值，鼓勵我們批判，基督神教是先知型的宗教其中心旨趣乃是神與人的遭遇或神親自會面，這個神被體驗作行動的無上命運，召喚我們朝向他，讓我們選擇拒絕或接受他的愛或關懷，它以對話與人發生關聯，人與神的關係是以愛來說明其特質。

就十字若望而言，神祕的知識：「默觀」〔註6〕，這是神教給靈魂關於祂的神祕知識──此即默觀，這知識是經由愛而來，愛使其全然愉悅。所以十字若望認爲靈魂的中心點是神。十字若望更指出當靈魂用盡一切力量到達神時，他必以全部的力氣來認識神，未達到至深中心時，就還有前進力量與行動。〔註7〕「至深的中心點」常用來象徵一物存有、能力及其作用與行動所能到達的最遠處。這時候的結合可以說是愛的表現極致。這時刻，靈魂與神之間有同時進行的關係。這裏表明靈魂與神的關係是兩人同在的愛情，靈魂無法失去神。就靈魂而言，是既主動也被動：主動的是因爲靈魂自身的渴求，人不能完全不作任何努力；被動的是靈魂無法憑自己力量主動進入，一定需要神的力量介入，由神那裡得到這一切。〔註8〕

〔註5〕高凌霞著〈位格與主體概念之來源──人的經驗〉，《哲學與文化》25：1（284期），87年1月，頁17～26。高凌霞（Kao, Marian L. H.）（19980100）。[位格與主體概念之來源──人之經驗]。《數位典藏與數位學習聯合目錄》。http://catalog.digitalarchives.tw/item/00/63/39/0a.html（2015/12/07瀏覽）。

〔註6〕*Canticle,* Stanza 20～24:14;27:5;39:12, *Living Flame,* III:44.

〔註7〕*Living Flame,* I:11. "The deepest center of an object we take to signify the farthest point attainable by that object's being and power and force of operation and movement"

〔註8〕*Canticle,* Stanza 32:2.

愛與靈魂關係，首先是「愛使靈魂在憂中成疾」這是煉淨，也是最早的開始。從這一階段開始走入煉道，因為默觀，靈修者感到自己一無所有，無法得到安息，甚或對任何物不感興趣，只一心向著神。十字若望這時靈魂被愛火灼傷，不再依戀過去。

接著「靈魂不斷尋找神」，靈魂因著愛在所有的事上尋找神的蹤跡。所思所想皆是神的事。這時靈魂到處尋求愛人，一切所思盡都是與愛人相關的事，在日常生活中，所關心的也只是愛人而已。

接著「愛使心靈燃燒著永不熄滅的愛火」，這時靈魂不再有任何虛榮與驕傲，因為靈魂看見自己為神所做太微不足道了。因著愛火燒灼，靈魂益發覺得自己為神所做太少，所花時間太短。即使做了，也覺得充滿錯誤。甚至靈魂願意為神犧牲。十字若望認為，在此靈魂覺得一切為神所做太微不足道，但靈魂充滿勇氣，力求向上攀爬。這種愛火熾熱焚燒，然「愛使靈魂不倦地為神受苦」，靈魂不計代價地要讓神喜愛。因為神的大偉大及回報神的恩惠，全心歡喜為神效力。

靈魂因著愛火激勵向著神，為神願意受苦，也願意一切取悅神，靈魂被燒熱，點燃對神的渴望，使她繼續向上爬。這時靈魂急切想要和神合而為一，這種渴望的急切，如新娘對新郎的熱切，所以在合而為一阻礙對她而言，是難以忍受。

「愛使靈魂心中懷有焦急的愛並迫切追尋神」，好比是常常在發現找到愛人，但是期待不斷落空，此階段靈魂渴望愛的程度到達一種情願死去地步。也只有愛能填補其空虛心靈。因著愛的緣故，靈魂希望得以堅定，「愛使靈魂一步步向神奔去，且追上了神」使她能向神快速跑去，在跑過程中，她能久跑不疲，健步如飛。

最後，「靈魂與神合而為一」，這是神祕階梯最頂鋒階段。靈魂沒有任何阻礙地與神面對面，融合於天主裡面。這階段，十字若望指出已不屬此生的境界。靈魂必須離棄身體以能被愛完全煉淨。而能達到這樣的靈魂為數甚少。靈魂分享了神的性體，當到達時，她已能像神一般知悉所有一切。

此時神的認識是神賜給靈魂直觀能力，以能認識屬神的事十字若望在註解中指出：「在那裡，祂教我愉悅的知識」。這個知識在《靈歌》也以夜來比擬。

「默觀」可達到新的覺知境界，這覺知境界宛如光照般，覺知境界祕密在於人有靈魂，十字若望對靈魂有如此看法：〔註9〕「首先需要知道的是靈魂是精神體，……。既然沒有部份，對於其內也就無所分別；他沒有定量性深度的等級，全部都是一樣的。……是以一種強或或弱的程度接受光照。彷彿空氣之被光照，是按其所受光照的程度。」

（二）東方位格天地精神的說法

而東方是否有位格的說法呢？特別是道家所言的修道路徑，在合一密契階段時，是否在比較時，有無矛盾之處，若站在矛盾之處，是否就代表語言概念溝通的對立，若是對立，可否另立它途，從別的路徑出發呢？莊子言：「無以人滅天，無以故滅命，無以得殉名。謹守而勿失，是謂反其眞。」（《莊子·秋水》），此句吾人可以如此陳述：「如何透過生命自然之性分，上達生命本然之眞相，以建立生命之理想，並爲人格之超越開出一道無盡之路，」〔註10〕莊子確實爲人之個體之保全與人之主體之顯豁投注了相當的思考與心力，而也唯有在人人反其眞的平等境遇中，自由才有保障，人間的理想（亦即倫理之美善）才可能實現。

莊子雖未有靈魂作爲一實體的觀點，但他對吾人之心理與精神官能之作用卻同樣做了兼具機體論與修養論的解釋，因此，在身心之整合過程中，精神之專一便成爲根本之要務。其間，心神機能與行爲取向能夠協合運作，而人我之間的各種關係同樣不離此一，或正或反或順或逆諸多現象在生命場域中運作。如此，人我協同的圓滿對應身心合一的究竟義，因此無論心齋、坐忘以及淡漠虛靜之道，正如《莊子·天下》的總結：「以天爲宗，以德爲本，以道爲門，兆於變化，謂之聖人。」

莊子沒有講到位格，但卻講到「精神」，「精神」一辭，同時凸顯人與道的靈智面，此寓意著人與道間之精神契合〔註11〕；誠然，人須超出日常的普通之知，才能在明心見性，也就是在心空靈明覺的狀態中見道，與道精神契合，以成就其超越的智慧。

〔註 9〕 *Living Flame*, I:10.

〔註10〕 葉海煙，《莊子的生命哲學》，台北：東大圖書公司，民國七十九年四月，頁212。

〔註11〕 〈刻意〉篇謂「精神四達並流，無所不極，上際於天，下蟠於地」。言下之意是當人超脫物性、感性的羈絆，甚至越出了思辯推理的束縛，而發顯其純精神活動時，其潛能是無可限量的，他甚至可以上體天心。

　　如此說來，「**精神**」一辭，寓含著神祕經驗意義，人的精神本來就是天道精神的有限呈現，以至人的精神只須往上提昇，自然能與天道精神遙契，就關永中老師的理解是「天地精神」應被理解爲一有靈性位格之上帝，是爲化育天地萬的「造物者」、「眞宰」、「絕對心靈」。〔註12〕

　　領悟祂爲既超越、又內在於天地間，而爲一有靈智位格之「絕對心靈」。以至「天地精神」實爲「造物者」、「造化者」、「眞宰」之同義辭，共同表達出道心之爲「有情有信」，有心靈情意之精神體。

　　所以關永中的理解「天地精神」爲：爲有靈位格的絕對精神，原因是：「天地精神」概念相應配合並相應著「上與造物者」；「獨與天地精神往來」一詞，比對著「而不敖倪於萬物」，不論此語讀成爲「獨與『天地精神』往來」，抑或讀成爲「『獨』與『天地』、『精神往來』，」到底其中都顯示出人與大境界冥合的溝通經驗，並在融通中達致人與道在精神上的往返。〔註13〕

　　而就莊子而言，站在人的立場言「**精**」，「**精**」乃物理形體之精華，亦即人形體生之根本義，寓意著人生殖力之所本。〔註14〕「**神**」此指人之意識心神或人之靈智力。〔註15〕「從人的立場言「**精神**」一辭，可從「體」與「用」兩角度來作詮釋，從「體」上言，「**精神**」一辭意謂著人之靈智體；從「用」上言，「**精神**」一辭則意謂著人之心智活動，超越的心智活動則引動超越的智的直覺，而引申超分別相之神祕之知。莊子之「**精神**」一辭，同時凸顯人與道的靈智面，此寓意著人與道間之精神契合〔註16〕。誠然，人須超出日常的普通之知，才能在明心見性，空靈明覺的狀態中見道，與道精神契合，成就

〔註12〕唐君毅說「天地精神」爲「天地之『造物』生物而有物之精神」。

〔註13〕王先謙《莊子集釋》說「以精神與天地往來，寄於至高之境」，他誠然兼顧了「天地」與「天地精神」二義，他以「天地」寓意「物理宇宙」，以「至高之境」來意謂道體，並且以「寄」托出人與道體冥合而臻至最高成就的目標，以突出了人與道的契合是一份精神靈性方面的融通與交往，以致於我們可以把「獨與天地精神往來」一語中的「精神往來」數字加以強調而彰顯其中的神祕意境。

〔註14〕〈達生〉篇之「形精不虧，是謂能移，精而又精，反而相天」，以及〈秋水〉篇之「夫精者小之微也……可以意致者，物之精也」等語，可以從這個方向來被體悟。

〔註15〕〈德充符〉之「今子（惠施）外乎子之神，勞乎子之精」，以及〈在宥〉篇之「抱神以靜，形將自正，……必靜心清，無勞汝形，無搖汝精，乃可以長生」等語。其中的「神」字可以往這方向來體會。

〔註16〕〈刻意〉篇謂「精神四達並流，無所不極，上際於天，下蟠於地」。言下之意是當人超脫物性、感性的羈絆，甚至越出了思辯推理的促縛，而發顯其純精神活動時，其潛能是無可限量的，他甚至可以上體天心。

其超越的智慧。如此說來,「精神」一辭,寓含著神祕經驗意義,且具有知識論意涵。〈知北遊〉:「精神生於道,形本生於精」;此寓意著人心靈根源自道心,人形質也以道之精爲基礎;〔註17〕共同彰顯出人之心與物最後皆歸根於道,以道作爲人、身、心的絕對根源;如此說來我們可從人的「精」、「神」與「精神」往上追溯,而體會道體之「精」、「神」與「精神」。道之「精」〔註18〕肯定道之爲物、爲無聲無臭、無物理形跡可尋,然有其實之存在,可被人所意會,並且爲人形體的最後根據。

從道的層面言道之「神」:「神」可被理解爲「神明」〔註19〕,而「神」字亦可被領悟爲道體神妙不測之作爲〔註20〕。從道的層面言道之「精神」,則「道」爲「絕對精神」,爲「無限心靈」〔註21〕,人心靈既是精神,而精神活動又有無可限量潛力,以至人精神可發顯其超越的潛能,而遙契天道精神,這是我們從人的立場上談冥契義。然而,人的精神之所以冥契天道,這也多少反映出道有其精神面,可與人的心靈契合,以至我們也可以站在天道的立場上言天與人精神上的融貫。誠然,道是精神,人須以精神來遙契天道;當人超出了物性、感性,甚至超出了思辯之知,自能開發其所潛藏的智的直覺,可以與天道精神相應、契合、融合、而引申心與心之間的共鳴;道家強調無爲而無不爲的生命態度,彷彿提點我們了解西方面對神化主動及被動的弔詭的態度,不論是精神或是靈魂都具有與道或神這些終極存有遙契的可能性,換言之,人與神聖相遇極具有可能性,而這可能性在於無自我的位格性。

無自我位格性,這裏所講到是涉及到了「本體是什麼?」「本體又如何體認被說出的問題」。就本體論而言,當我們問及「本體是什麼」的時候,會發現本體是「實有是」,所謂「實有是」意謂著實在性、存有性和肯定性。另一個問題是「本體如何被體認爲說出」,這個問題事實上指出道不但是絕對的存

〔註17〕前一句言心靈的所由,後一句則言形質之所由來。

〔註18〕如〈在宥〉篇「至道之精,窈窈冥冥」,映射〈廿一〉章的「窈兮冥兮,其中有精」。

〔註19〕如〈徐无鬼〉之「夫神者的好和而惡奸」。以及〈知北遊〉之「若正汝形,一汝視,天和將至,攝汝知,一汝度,神將來舍。」

〔註20〕如〈在宥〉篇所言「神而不可爲者,天也」

〔註21〕〈天下〉篇的「獨與天地精神往來」一語,其中之「天地精神」一辭,至少暗寓著道爲絕對的靈智體,堪稱爲有靈性之「造物者」、「造化者」、「眞宰」,是人爲人之精神體之所本所源,以至〈知北遊〉謂「精神生於道」。

在，而且還指出道或神具有位格性，根據關永中教授的講法，認爲道其實具有位格的靈智面。換言之，它是具有超越且內在的幅度，比方莊子所言「夫道有情有信」，「同於道者，道亦樂得之」，西方神當然不用講也具有位格性。既是如此，「本體如何被體認而說出」涉及形上人類學角度，用形上人類學來講，當人從事於道修或從事於神修，轉化自己氣質向神聖邁進，則道與神也在超越而內在中被人體認而強說之，使後人有幸，得以按圖索驥來找尋解脫之道，獲取終極價值的生命籃圖，使人從不完滿到完滿的實現。

（三）「默觀神聖位格者」的意義

神祕的「默觀」知識，此在（在世存有者），透過靈魂與精神的回返到最原初存有狀態，這是主體際性的交流迎合與分享，這代表「能知默觀者」超越形體以遙契與道或神冥契爲一的可能性，與道與神冥契爲一是神聖的境界。當我們透過煉道、明道、合道以與天地精神、你、我、他相面照時，這境界呈現無執亦無求與所有一切交流的聖化之境。這默觀神聖者心智活動中確實能掌握當下一切，去看一切發生的歷程，來了悟核心的價值——道或神已然定在吾人本然心中，既內在又超越，既需依憑意識但又最後必須通通丟棄。這樣位格，不斷設計自己，在自由中抉擇屬於自己的路途，體現存有意義在吾人自身。

若依謝勒而言，謝勒認爲人只是一種「介乎其間」，一種「臨界」，一種「過渡」，人邁向神聖乃是一種生命對本身的永恆「超越」。〔註22〕

> 吾人凌跨時間過程的負責性行動的那種內凝於一的具體化，……能觀照吾人過去生命的每一部份，就能把握住它的意義與價值〔註23〕

謝勒對人的理解：

> 人就是能無限制「向世界開放」的 X。人的生成就是依據精神上升爲世界開放性〔註24〕

「世界開放性」（Weltoffenheit），來自人的精神其「位格中心」（Personzentrum），使得人可以免於欲望的衝動，而向周遭走出，此向世界開放。〔註25〕

〔註22〕同前引。
〔註23〕同前書，頁 129。
〔註24〕M.Scheler，謝勒著《人在宇宙中的位置》，陳澤環、宋國慶譯，上海文化出版社，頁 27～28。
〔註25〕謝勒，《論人的理念》，參謝勒《資本主義的未來》一書，香港：牛津大學出版社，1995，頁 164。

　　出名的現象學者 A.Schutz 在《馬克斯‧謝勒三論》一書裡，討論到謝勒的人學與位格思想時，他提到謝勒的「相互主體性」理論；位格是無法「對象化」認知的的〔註26〕，只能到達徹底合一，進入深觀的寧靜中，則才能展現出一種理想的位格典範原型，「位格典範」有其特殊性，此一最高典範並非從偶然經驗中所汲取到的，而是人類心靈本性的最高範疇，像是價值的先驗理念〔註27〕。位格性典範是「構成生命深度的神祕的位格性典範」〔註28〕，位格性典範乃是徹底靈化或道化的無自我的位格，它使我們從虛妄自我、罪惡捆綁中，全新定位為神聖者、超越者、眞君、眞我或說是佛性，或說是上帝的形象。〔註29〕這拯救的轉化乃是一種信心的跳躍，一種根植於全宇宙的信心，能夠轉化俗世為神聖存在脈絡的動力來源。

　　實際上，人在宇宙中位置是參考座標，無論自我提升或者消失，在在都使人超越自身或者使道或神內化成為自己的終極座標。人的位格必須達至與宇宙終極存有接軌，使人生命立足宇宙大化洪流裏，在那彼此在位格際性當中達到新的共融和諧。

二、成為神聖默觀者會合根源的分析

　　就莊子而言，唯有當精神融入無限之中，逍遙無憂地遊戲其中，雖不就是合而為一，但亦再無任何差距，這不就意謂著人向者世界開放嗎？而就十字若望而言，當人們揭開神祕面紗，與上主合而為一的神婚中，一個存有世界也就此展開。人向神聖邁進，意謂著人向世界開放，作為在世界中精神的人，必須走出自我限制，超越自身現象，使神聖聖靈或氣充斥吾人自身。因此在此關鍵點，我們必須就關係存有學當中西方聖靈論及東方氣論做探討，以了解位格際性共融共享的祕密。

〔註26〕從這一點可以發現，謝勒應該比後來的 M.Buber 以及 G.Marcel 更早強調「我」──「你」的關係，至少他看到「對象化」的錯誤，也提出相互主體性的見解。參 Schutz，《馬克斯‧謝勒三論》，江日新譯，台北市:東大圖書，1990，頁 72～75。

〔註27〕謝勒，《謝勒論文集──位格與自我的價值》，陳仁華譯，臺北市：遠流出版公司，頁 178。

〔註28〕同前書，頁 197～198。

〔註29〕見 John Hick 著，鄧元蔚譯，《第五向度──靈性世界的探索》，台北，商周，2001，頁 12。

（一）氣化神聖者

在中國古代文字中，早在殷周甲骨文、金文中，「氣」字已經出現。〔註30〕據考究，「氣」字的最原始的形狀是甲骨文中的「三」。金文以後演變成「气」，原爲「气求」之意，，它之所以有「气求」的動詞意義，可能是與中國古人多用積柴燒祭牲，以煙向神祈禱的祭祀方法有關。〔註31〕

《說文解字》有說：

「氣，饋客之芻米也，從米，气聲。」〔註32〕所謂「饋客之芻米」是古代天子待諸候之禮。氣在古字裡爲「餼」字，與「穀」字通，後來才借用爲雲氣的氣字。至於雲氣的氣字，本作「气」，是指古人對雲氣的形態變化的觀察以推測事態的變化。在寒帶地區生活的古人們，常有呼吸時形成雲霧的經驗，由此而產生了雲氣與人生命的關係之聯想。例如：「民有好惡喜怒哀樂，生於六氣」（《左傳・昭公二十五年》）。春秋時代的思想認爲，氣是人類的感官與道德行爲的起源，亦是貫通於天地和人的生命之規律和能力，人民的行爲規範（禮）應根據天地之性、六氣之化、五行之變等規律來制定。〔註33〕

這種以氣爲根基的思想和行爲模式，是一種尋求人與宇宙和諧的思維模式，是一種把人看爲和宇宙息息相關的人觀基礎。《國語》的作者亦認爲人的生命是由氣所構成，這由氣所形成的生命包括了人的形體功能和人的內在性情。《國語・周語下》云：

> 口內味而耳內聲，聲味生氣。氣在口爲言，在目爲明。言以信名，
> 明以時動。名以成敗，動以殖生。政以生殖，樂之至也。若視聽不
> 和，而有震眩，則味入不精，不精則氣佚，氣佚則不和。於是乎有
> 狂悖之言，有眩惑之明，有輕易之名，有過慝之度。

以上記載說明，當時人認爲人的性情、行爲、得失，以至以國之興亡，都是受了氣之運行的影響，與氣的狀況息息相關。這是中國古代哲學把氣與

〔註30〕 張立文編，《氣》，北京：中國人民大學出版社，1990，頁18。
〔註31〕 李存山，《中國氣論探源與發微》，中國社會科學出版社，1990，頁 16～21；及同上，頁20。
〔註32〕 《說文解字詁林》，七上，米部，冊六，頁3168上。
〔註33〕 張立文，頁22。「味以氣行，氣以實志，志以定言，言以出令」（《左傳》昭公九年），又：「則天之明，因地之性，生其六氣，用其五行。氣爲五味，發爲爲五色，章爲五聲，淫則昏亂，民失其性，是故爲禮以奉之。」（《左傳》昭公二十五年）

人的心性修養相聯繫的證據。〔註34〕

中國古代氣功以「形」、「神」、「氣」爲人體生命系統的三大要素。氣功養生的最終目的是在於使人的形、神、氣三者各處其位，守其職而互相輔成。關於人生命中的形、氣、神之間的關係，《黃帝內經》中有說：

夫形者，生之舍也；氣者，生之充也；神者，生之制也。

徐復觀認爲古人是通過「靜」、「虛」、「定」、「空」、「無」的心、腦作用去鍛煉神、氣、形，以達到一個健康的完整人生。〔註35〕這顯示出一種形體與心靈整合性的氣觀人論。在《莊子・刻意篇》中有一段關於古代人們的氣功練習方式的描述：

吹呴呼吸，吐故納新，熊經鳥伸，爲壽而已矣。此導引之事，養形之人，彭祖壽考者之所好也。〔註36〕

「氣」與莊子「心齋」、「虛」、「坐忘」說法常擺在一起，它突顯出「氣論」表明了中國道家工夫修養論具有整體有機、貫通感應、虛實相涵、變易不居、超越者內在化的思維特性。中國古代哲學史的核心內容就是一條條對人如何明道、體道、立道和履道的思索之路。既然道不可名，因而也就超越名言的知識；但這並不意味著道是不可把握的，也並不意味著它是不可說的，它在境界中被把握，許多中國古代思想家所向往的最高境界是「與道爲一」、「天人合一」。

古代思想家常常以氣來理解、描摹境界，其中最有代表性的孟子的「浩然之氣」。「浩然之氣」說明此氣至大至剛，充塞天地。養氣以持志，持志以壯勇；勇壯則心不動，心不動則良知致，故浩然之氣充盈而萬物皆備於我。在中國古代思想家的理想之中，最高境界似乎是：即有即無之境，這一境界只能在知行合一中纔能實現。所以中國人的境界是務虛而落實，虛實交融，具體地說，而能體現虛實交融的特點的是氣。如《莊子・齊物論》：

大塊噫氣，其名爲風。

〔註34〕同上，頁25。

〔註35〕徐復觀，《兩漢思想史》，台北：學生書局，1976，頁203～243。

〔註36〕中國古代氣功中的導引法（橋引、坐引、步引、按蹻）、行氣（食氣、服氣、咽氣、胎息）、吐呐、調息等各種生命調節性活動的運用，都是通過氣的調和配合以達到健康目的的醫療法。這些活動包括形體和精神方面，是基於對氣的認識而形成。所謂吐故納新，熊經鳥伸，是屬於一種呼吸運氣和動作配合的健康運動，在古人的直觀和想象中，氣是最細微的，且是虛無縹渺，出入無常，是一種對靈魂最恰適的形象描繪。

而氣之所以能如此，王船山說得最爲道地：

> 凡虛空皆氣也，聚則顯，顯則人謂之有；散則隱，隱則人謂之無。神化者，氣之聚散不測之妙，然而有跡可見；性命者，氣之健順有常之理，主持神化而寓於神化之中，無跡可見。蓋陰陽者氣之二體，動靜者氣之二幾，體同而用異則相感而動，動而成像則靜，動靜之幾，聚散、出入、形不形之從來也。(《張子正蒙注・太和篇》)。

就莊子而言，人必須「同於大通」，「同」參與共謀以及和諧的意義，換言之，默觀密契透過氣化以天地萬物爲一體指出了一種相關、相配、相反相成，共謀、共在的微妙關係。透過「墮肢體」〔註37〕、「黜聰明」呈現「徇耳目內通而外心知」開展，以「聽之以氣」、「虛而待物」方式因應外在而動，使人存在活動與物的存在活動在密切而具體的交往之中，相互諧調，和諧共動成爲與外在合一的一體感受。

人通過氣化或靈化自身，造成位格際性交流與共融，如莊子所言說：「故萬物一也，……故曰：通天下一氣耳。聖人故貴一」。──《莊子・知北遊》

關於「氣」字，陳鼓應先生解釋得很恰當：「在這裏『氣』者指心靈活動到達極純精的境地。……『氣』即是高度修養境界的空靈明覺之心」。而以「氣」字來寓意理智在神祕經驗中所發顯的一份更高、更純、更超越的直覺，有別於理智的一般思辯推理、計慮權衡、日常智巧。此即「智的直覺」（Intellectual Intuition）。〔註38〕「聽之以氣」，就是以更超越的智的直覺來把握道體之實相。

「氣化」指示著人的精神尚須歷經蛻變，如鯤鵬寓言所示。此一蛻變的最終結果就是在無限之道中的完整自由，此一情狀，莊子稱之爲「物化」，莊周夢蝶的寓言最生動地表現出此一理想狀態：

> 昔者莊周夢爲蝴蝶，栩栩然蝴蝶也，自喻適志與。不知周也。俄然覺，則蘧蘧然周也。不知周之夢爲蝴蝶與，蝴蝶之夢爲莊周與？(《莊子・齊物論》)

〔註37〕 有「易」的意思，意謂轉變、簡易，使肢體回到最簡方式，也有「隋」意思，轉主動爲被動，成爲待物而動的方式。

〔註38〕 即在排除了感性的干擾，靜止思辯的轉折，而讓更高的主宰獲得抬頭，因而造就明心見性。

人通過氣化達到密契合一有如萬物在道中的神秘之一（Unum Mysticum），「不知周之夢爲爲蝴蝶與，蝴蝶之夢爲周與？」，此莊周夢蝴蝶之形象具體化了莊子所謂「道通爲一」。

（二）聖靈神聖者

潘尼卡主張：「如果道是存有的顯現面（transparency of Being），那麼，聖靈是隱暗面（opaqueness）。」他強調聖靈則是合一原理，在聖靈裡這位「無以名之的絕對者」和「已命名的位格」（the named persons）參與其中。聖靈密契合一最具代表性爲「三一神論」說法。教父們主張「三一神的互滲共存」，希臘文是 perichoresis，意互滲共存的概念，指明三個位格相互之關係，其中容許位格的獨立性，同時堅持各個位格皆分享其他二者的生命，父、子、聖靈三位，並立並存，以最密切的方式在彼此內，成爲一體。「聖靈是自由的，使存有（Being）之所以爲存有的自由。這是先驗的，不爲『道』所預知的。道伴隨著存有，並不超前，也不預測存有爲何物，只說明存有是什麼。」〔註39〕

拉丁神學的奠基者奧古斯丁（Augustine, 354～430）對三一神的觀點是基於在教會早期歷史中，著重闡釋神聖三一中的「三」，並採用關係來說明，尤其注重研究父、子、聖靈三位之間的關係，特別以人內在的心裡以存有（esse）、認識（noese）、及意願（velle）來說明三者之間關係的區別。

多瑪斯・阿奎那（Thomas Aquinas）承繼奧古斯丁的觀點，並採用亞里斯多德（Aristotle，384～322）的存有論來進一步發揮奧古斯丁的三一神觀，用存有的概念（esse），來表達三位一體的多與一。

> 至眞、至聖、至善的聖三……請引領我們到奧秘之言的巔峰，那奧秘之言，使人的理解和表達能力昇華；在那裡，在靜默超卓通明的雲彩中，揭露那純樸、絕對和永恆不變之神學的奧秘，滲入一切隱蔽事物中，以不可言喻的方式，在黑暗的至深處照耀，以全然不可捉摸的、不可見的方式，滿溢我們盲目的心靈。……請盡全力，投身於奧秘默觀，捨棄一切感官和理智的追求，以一切可以感受和理解的東西，一切存在的與不存在的事物，把你自己提升，朝向那不可知的共融，盡一切可能，朝向超越一切本質和眞知邁進；不錯，

〔註39〕潘鳳娟（2002），〈宗教內與宗教際的對話：簡介潘尼卡（Ramion Panikkar）之宗教會遇方法論〉，《神學論集》，131，頁62～81。

　　你只能由在你之外的自由和絕對的超拔，帶領進入那神聖的黑暗超
　　本質的光芒裡。〔註40〕

　　透過「默觀」動態中介的呈現，詮釋已然釋放我的執著本身，進入「無待」無為使心靈得以自由，一切語言符號圖象皆呈現靜寂，存有自身似風一樣向著我們說話，靈魂被神聖之愛所陶醉、吸引與昇華；而上主將祂的神性，放置在人的理智，使人得以了解真理。上主將靈魂高舉到神婚的境界上，是為轉化靈魂，靈魂在轉化為上主時，獲得上主的恩寵，十字若望說此為「清風的拂煦」，〔註41〕上主聖神在靈魂內的呼吸，因此，上主才將靈魂轉化為祂自己，這一境界是人的語言無法描寫、人的理智無法了解的，此可與莊子氣化論比較，這裏不再論述。

三、「神聖默觀位格者」述寫

（一）指向無自我的位格

　　無論東方著重精神或是西方著重靈魂，都強調「能知默觀者」角色描寫，最主要這個「能知默觀者」具有所強調「位格」意涵，特別在現代哲學所提到的「位格」說法，其「位格」之本體乃位格的「設計能力」，位格是根據一個「設計」建立的，位格不在於一個固定的實體，而在於一個不斷創造的將來。人的自由是走向成全，成全乃是存有的實現，所以人自由能使自我提升，人位格才得以創成。人的終極目的性乃是向絕對真理開放，對此要求的回應採取行動，追求此一完美境界。所以人自由因其目的性而向超越開放。

　　「神聖默觀者」代表「具有意識然卻無自我位格性」，如《道德經‧第一章》云：「名可名，非常名。」，又如西方所言的「主」（Kyrios）乃是超越一個自我的名字之「常名」，這便是無自我位格性。換句話說，就是去除小我執著以成就大我的無礙，這種位格具有意識表示有能知的潛能，雖然其境界最後呈顯是無知之知，某些靈修人士稱為「不知之云」，然其起點仍然有意識知道自己在做些什麼，知道自己的未來設計，提昇自己向著存有真理開放，然不以有執的態度來面對，這是密契者要學習的重要課題。

〔註40〕《希臘教父著作集》，第 3 卷，第 263 頁。
〔註41〕趙雅博著，頁 274～76；十字若望談論這「轉化」是從上主渡過到靈魂，從
　　　　靈魂渡過到上主的呼吸，「在上主內呼吸，如同上主在她（靈魂）內呼吸一
　　　　樣。」

（二）無自我位格主體際性的交流

　　無自我的位格是預留給著主體際性交流的伏筆，intersubjectivity 被翻譯為「主體間性」、「共主體性」、「主觀際性」、「交互主體性」、「互為主體性」、「互為主觀性」（程志民、江怡，2002：339）。「主體際性」簡單來說就是「互為主體性」。此概念有許多哲學家提出，最重要為馬賽爾（G. Marcel）與布伯（Martin Buber）。馬賽爾強調人是需要「對話關係」的，人與人的對話構成了人的本質，有對話關係的主體，即使沒有言語，沒有交談，也能心心相契，連靜默也成了溝通的媒介。

　　此類性質為「主體際性」或「互為主體性」。以此為基礎，馬賽爾在三十年代發展出「第二反省」的學說，用存在經驗出發，返回主體，藉內斂工夫觸及存有底基，換句話說，他強調的是「內在主體交融」。

　　他認為回入內心之純我與此最內在之我可以締結「互為主體」之關係，兩者均是「我」——可以銜接，但不是非同一，可藉意願及努力而合一，構成內在的主體際性；〔註 42〕而此主體際性使原來純外在之自我得一基礎而可免除外界的擺佈，有屹立不拔之風貌，這是個「自我凝斂」（recollection）的工夫。

　　無自我位格的主體際性交流，其實蘊含著兩個以上的人對彼此所本具之「主體性」（subjectivity）的肯認，進而指涉著彼此相互尊重、認同的意向或態度，與相互依存的親密真摯關係，如布伯（Martin Buber, 1878～1965）的「我——汝」（I-Thou）關係，此與胡塞爾後期現象學的主要課題相似，它有著認識論的特性：指涉著人際主體間透過意向性（intentionality）功能，在各自意識結構中的「交互構成」。

　　其實海德格在《存在與時間》（*Being and time*）一書中，對此超驗互為主體性理論有所批判（M. Heidegger, 2000: 145）〔註 43〕，他講到了在共他人與向他人的存在中，有一種此在（Dasein）對此在的存在相關聯。海德格不僅在其存在論（ontology）層面談到了「此在」的本質結構——「共在」，從而將他人問題提高到本體論的高度。其實使用「主體際性」易造成混淆，

〔註 42〕馬賽爾撰，陸達誠譯，〈存在奧秘之立場和具體進路〉（上），《哲學與文化》，第九卷第八期，1982 年 8 月，頁 530。

〔註 43〕海德格批判胡塞爾以認識論的進路來處理他人問題，將這種自我與他者的存在關聯視為源初的、無庸置疑的。而忽視了在這些自我對他者的認識過程中，還有更為本源的前提（存在關聯）。

用此語詞必須避免落入主客觀相斥的框架裏，筆者較愛使用「位格際性」，而位格際性指出了原本本體論中的位格面向，由無自我的位格性強調去除主體的位格際性交流，以犧牲小我，完成大我圓融境界，將是「能知默觀」位格者所希冀做到的境界。

　　馬丁・布伯強調「存有」即是生命，生命絕對不能是孤獨的存有，他在《我與你》中有言：「你（Thou）與我相遇，而我步入與你的直接關係中。因此關係即指被選擇與選擇，以及受動與施動的合一（suffering and action in one）。」又說：「一切眞實的人生都是相遇（meeting）。」〔註44〕在面對自我之基礎上，尚有我與他我（你）的互動，吾人因著對自我之存在價值的肯定下，同時肯定了他我的存在價值，而之所以肯定他我的存在價值之原因，乃他我（你）與我具有相同的結構，而爲另一個我。

四、一個反省

　　對十字若望與莊子而言，「能知默觀者」走向神聖，成爲「默觀神聖位格者」是無自我的位格歷程，歷程中呈現位格際性的交流，在你、我、他、人、神、物、自然之間，能有敏銳的觀察，去看所發生的一切變化，在這章裏頭，分別就工夫修養及靈修歷程來分析解釋，盼望藉由爬梳，矢志成爲「默觀」眞理的實踐體現者。

　　成爲「默觀」神聖位格者，其修養工夫，可以用馬賽爾「存在的存有化」解釋可比擬之，所謂「存有化」是精神向上提昇或實現〔註45〕，所謂「存在即同在」，「存有化的功能即是互爲主體」，「存有化」使存在超越同質時間而到達高峰經驗，「存有化」使存在的東西更完美、更存在，更剔透。

　　當我進入在世存有時，我非旁觀者，也非自我爲中心，如此生命呈現飽和，對現實是肯定，也是整體的投入與指認，向著所有的存在開放。如此生命是自由且開顯的，表現了我願存在，也願自己眞實存在，願與道爲一體。

〔註44〕Martin Buber, *I and Thou*, trans. by R.G. Smith, Charles Scribner's Sons, New York, pp11.
〔註45〕此出自於陸達誠神父所著的《馬塞爾》，頁123～130。此書是傅偉勳和韋政通所編的世界哲學家叢書之一，台北東大出版，民八十一年。

第三節　莊子的默觀修養工夫

　　無論「爲學」或「爲道」都指出我們必須虛無自我以達到主體自由釋放，主體自由，就莊子生命來講，就是「逍遙遊」。

一、無自我位格的逍遙遊

（一）吾喪我逍遙

　　無自我位格乃是透過「吾喪我」所達致的圓融境界。「吾喪我」的基本道理：

> 今者吾喪我，汝知之乎？汝聞人籟，而未聞地籟，汝聞地籟，而未聞天籟夫！（《莊子·齊物論》）

　　「默觀」思想歷程，簡而言之，就是「吾喪我」歷程，「吾喪我」歷程，其實就是一種道化的歷程，吾透過「吾喪我」的歷程，使我離形去知，能夠內外皆忘，而洞見那絕對的道，此道是一，一代表道與修道者呈現出深度溝通與共融，吾體與道，藉由修養，有無並觀，使吾體呈現道原貌，發現了所有的道的一貫性，此甚至將過去與現在與未來，都以當下方式呈現。〔註46〕道化的歷程，是種昇華：這是質的蛻變，原先我們所說「觀照」形而上根據必依於道，道是超越主體與客體之分的共同隸屬的基礎，而由「非道」轉向「道」，是需要主動修道者的脫胎換骨，也就是修道者道化。

　　徐小躍的評論如下：「莊子把人之所以執滯於物的原因歸咎於人的執滯於己，即執滯於有形的軀體和有成見成心的假我、小我，因此，他要通過吾喪我的忘己方法來做到無情無心而至無物，從而最終從內外雙方否定執滯，使眞我、大我顯現，達到與無限的宇宙和本然的道天合而爲一的目的。」〔註47〕可見「喪我」是「無主格」，「忘己」，是「無己」，「無我」。吾喪我所到圓融境界，即是「逍遙遊」，所謂「逍遙遊」，逍遙寓意「消搖」。郭慶藩指出「逍遙」乃：

> 調暢逸豫之意，夫至理內足，無時不適，止懷應物，何往不通，以斯而遊天下，故曰消搖。〔註48〕

〔註46〕「有無並觀」，是指爲道者已入道中，是觀有無玄同入道歷程。見釋德清註《老子第一章》：「意謂我觀無，不是單單觀無，以觀虛無體中，而含造化生物之妙。我觀有，不是單單觀有以觀萬物象上，而全是虛無妙道之理。是則有無並觀，同是一體。」

〔註47〕徐小躍，《禪與老莊》，揚智出版社，台北，1994，頁321。

〔註48〕同上註。

陸德明釋文解釋為「閒放不拘，怡適自得」〔註49〕可見逍遙乃寓意為精神獲得解放而充份自由。真正逍遙是要人超拔物外，做大者、達者、至高真人為達企目標。反之莊子亦借「學鳩之取笑大鵬」之例，「朝菌不知晦朔；蟪蛄不知春秋」說明人安於現狀而無法獲取更大自由。

按〈逍遙遊〉之「至人無己、神人無功、聖人無名」提示，「遊」字消極工夫在乎超越事功、名譽、自我執著以積極致「至人、神人、聖人」的境界。又如〈逍遙遊〉當中「小知不及大知，小年不及大年」似乎在向人邀約進入層層超越。

站在「與道冥合」立場上言：「見獨」即是「見道」。即得道者在「與道冥合」中參透了道體的「獨一無二」的本質。也在「冥合」中，人精神融入道體，與之結合為一，不再分彼此。〔註50〕因此，吾人應透過為道方法歷程，使吾心照破人間限制，而臻致無待逍遙之境（〈逍遙遊〉），不讓形軀局限於追求外物，而致喜怒相攢（〈齊物論〉）；不遁天倍情，而養形養生（〈養生主〉），破除人間世內外傷害，真宰如道在吾身而則德充於內（〈德充符〉）；如此，可見虛靜觀照之智慧，是道的顯現，不是普通知識（〈大宗師〉），最後，若明王使用此心鏡以「觀照」應世，則可成就其大業（〈應帝王〉）。

（二）忘我

所以莊子「觀默」思想方法，是剝離滌除所有「有待」阻礙。「有待」是有條件的投現知欲於外，知欲是由我所發出的，所以「有待」必「有我」，這我是小我，而非大我，而「無待」是「無我」，「無我」即「忘己」，「忘己」即「忘自我」、「忘自我」即「忘掉自我知欲」。所謂「忘」，即是《老子・四十八章》所說「損之又損」意思，用莊子語言說來，即是「外」。

如老子言：

> 為學日益，為道日損，損之又損以致於無為，……〔註51〕（《老子・四十八章》）

〔註49〕同上註。

〔註50〕所以這是「獨」字的最核心要義，而其它意義都環繞著此核心義而展開。如〈大宗師〉「朝徹而後能見『獨』」與〈天下〉篇的「『獨』與天地精神往來」等語，也以此為中心要旨，而展現神祕家與道在精神上的契合，以至化除彼此間隔閡的封界，誠然「獨」字投射，是小我融入大我，與道同體的整一整全的意涵。

〔註51〕老子意思是為道是透過「損」來修養的，若損則能滌除污染，使心鏡澄明，能「觀照」自然之理。

又如莊子言：

> 吾猶守而告之，參日而後能外天下；已外天下矣，吾又守之，七日
> 而後能外物；已外物矣，吾又守之，九日而後外生；已外生矣，而
> 後能朝徹；朝徹而後能見獨，見獨而後能無古今；無古今而後能入
> 於不死不生。（《莊子·大宗師》）

「忘」是使「眞宰」長存的不二法門，也就是透過忘，可使小我消融，化爲大我之中。莊子「至人無己」〔註52〕〈齊物論〉，無己意謂著「不存我相」〔註53〕；這也就是說透過「外」、「忘」能使自己無條件接受自然之理安排，與道相合。「至人無己」並非至人沒有我，而是至人沒有我執。換言之，至人無形骸、智巧、有爲有待，故能揚棄世俗價值小我，而成就與萬物感通的大我。小我化爲大我，有待化爲無待最重要是使心靈的雜質完全滌除。

（三）虛靜

基本上莊子緊承老子「致虛守靜」〔註54〕（《老子·十六章》），吳怡認爲從「致虛」、「守靜」達心之靈明清淨時，能有深入了解天地造化「觀照」作用。〔註55〕「虛」很重要的，如莊子所說：「體盡無窮而遊無朕，盡其所受乎天而無見得，亦虛而已。」（〈應帝王〉）也就是莊子所謂「虛」的樣態；莊子以爲爲道之人，能「乘天地之正，而御氣之辯，以遊無窮」（〈逍遙遊〉），照莊子的說法看法，他以爲「虛」則能應物以「待盡」〔註56〕。因此莊子在〈人間世〉說：「唯道集虛」又說「虛至生白」，此種說法可歸結其中心觀點：從事於道業開展，則產生空明心境，心至虛之時可以生出明光，此明光，可照見諸微妙處。這也就是老子所言的「玄覽」（《老子·十章》），莊

〔註52〕「至人無己」一詞見於〈逍遙遊〉，所謂至人其實是「喪我」之人，喪的是小我，而非大我，大我是能有直覺照見能力，故其心是虛的，能有無限可能創發性。

〔註53〕陳壽昌所著《莊子正義》，頁14～18。

〔註54〕見於徐復觀先生所著《中國人性論史》，頁383～384。其中所說莊子也承繼老子虛靜之教，所謂虛靜之心，是超越一切對立差別，而涵融萬有。

〔註55〕見吳怡著《新譯老子解義》頁131～132。其中說到「也就是由『虛』、由『靜』而達到的最清明純淨的境界。這種境界，就像鏡子一樣，它本身明淨無疵，卻能如實的照物無遺……這就是說我們由『致虛』、『主靜』，使得心智達到統一不雜的清明境界，然後我們才能有深入了解天地造化『觀照』作用。這個『觀照』作用，所觀的是萬物之『復』。」

〔註56〕崔大華著《莊子歧解》，頁220，其中引林雲銘說法：「虛其心以待盡」，虛者，乃虛其心，虛心則無待於物，物何累之也，虛心則物來皆應，何有傷害之虞。

子用「用心若鏡」（〈應帝王〉）來描寫，兩者相同的是，以爲心鏡比喻人心可深邃靈妙，可映照萬有〔註57〕；莊言意思是：內心光明，爲形上之鏡，能照察實情，鏡若人心，則侷限滯礙，若使塵埃污垢淨盡，則無不察也。

二、心齋坐忘所達無自我的位格

孔子因應著顏回之欲待衛君而與之談修養工夫，並提出「心齋」之說；所謂「心齋」在原文上是這樣描述的：

> 若一志，無聽之以耳而聽之以心，無聽之以心而聽之以氣，耳止於聽，心止於符，氣也者，虛而待物者也。唯道集虛，虛者，心齋也。（《莊子・人間世》）

（一）心齋

「若一志」簡言之，即心志專一。如何心志專一呢？其中蘊含「去異端」這消極面與「任獨」這積極面。〔註58〕

去異端意謂著，意謂著不用耳不用心去聽。「無聽之以耳」、「無聽之以心」細說之：「耳」代表外感官，〔註59〕「心」字寓意著心志的一般運件或普通經驗中的心智及其活動〔註60〕。耳與心都有局限性，如「耳止於聽」〔註61〕、「心止於符」。

其中「心止於符」更是切入「默想」到「默觀」的關鍵性了解。「符」〔註62〕即是觀念「符應」外物對象。〔註63〕所謂「心止於符」，就是理智心的普通運作，充其量只達到將所把握的觀念或本質義符應外物對象而已，並未能直截

〔註57〕陳鼓應在註釋《老子・十章》時，說到「『玄』，形容人心的深邃靈妙。『覽』指心鏡的觀照。」
〔註58〕郭象注：「去異端而任獨者也乎。」成疏：「志一汝心，無復異端，凝寂虛忘，冥符獨化」
〔註59〕成疏：「耳根虛寂，不凝宮商，反聽無聲，凝神心符」
〔註60〕即理智（Intellect）在一般正常狀態所作的普通表現，如思辯（Speculation）、思考（Reasoning）、反省（Reflection）、以及藉感官所提供的與件來作質料以達致理解（Understanding）。
〔註61〕即耳只能達到聽取形器界的聲音而已。以耳作爲外感官的代表，我們可進而說外感官的運作，充其量只達到感官知覺經驗而已。
〔註62〕成疏：「符，合也。心起緣慮，必與境合，庶令凝寂，不復與境相符」郭慶藩引俞樾曰：「符之言合也，言與物合也，與物合則非虛而待物之謂矣。」
〔註63〕人在普通經驗的認知中，理智因應著感官所提供的與件，而在達致理解中把握到一事物的觀念，如果把握的觀念吻合（符應、待合）被知對象，則是正確理解。

地直覺到實相的自體本身。

如《莊子‧齊物論》：

> 天地一指也，萬物一馬也。可乎可，不可乎不可。道行之而成，物
> 謂之而然。惡乎然，然於然，惡乎不然，不然於不然。物固有所然，
> 物固有所可。無物不然，無物不可。

「氣也者，虛而待物也」此字「虛」字不再「聽之以耳」或「聽之以心」；
虛之後所呈現的空明靈覺，而整句語的意思是：氣，是一種智的直覺，乃是
虛空後所達致的空明，能直截接待並把握物自身。「氣」，就功能而言，是智
的直覺；就境界言，是明心見性，是實相朗現，為此，成玄英疏云：

> 如氣柔弱，虛空其心，寂泊忘性，方能應物。

「唯道集虛，虛者，心齋也」：當人看破了世俗之知，而在見道的效果下
返回人間〔註64〕，則他會在空靈明覺的凝聚下，懂得「不敖倪於萬物」，「不
譴是非，以與世俗處」；換言之，人一旦見道得道，迴向人間，自會懂得如何
恰當應對。〔註65〕

與「心齋」背反便是「坐馳」，「坐馳」就是不實踐虛靜工夫，而任由感
官心智放佚不羈，剛好與下面的「坐忘」義形成強烈對比。「坐忘」與「坐馳」
背反，「坐馳」乃形軀在端坐中，心神仍然放蕩而不能專一，而「坐忘」則是
形體在端坐中，心靈虛靜，與道通達，以至於忘我。〔註66〕

（二）坐忘

〈大宗師〉有段顏回與孔子對話；顏回告知孔子說自己已於先後達到「忘
禮義」、「忘仁義」，甚至「坐忘」，而顏回對「坐忘」解釋為：

> 墮肢體，黜聰明，離形去知，同於大通，此謂坐忘。

「墮肢體、黜聰明」即放下感官經驗事物與一般思辯智巧，以此達虛靜，
好讓更高的智慧抬頭〔註67〕。按徐復觀所言是「墮肢體、黜聰明」。指向二個

〔註64〕唐君毅先生看出此「道」字乃「符人接物之道，即道集於此虛」

〔註65〕成玄英解釋為：「唯此真道，集在虛心。故如虛心者，心齋妙道也。」意義也
解釋得通。

〔註66〕郭象注：「夫坐忘者，奚所不忘哉，既忘其跡，只忘其所跡者，內不覺其一身，
外不誠有天地，然後曠然與變化為體而無不通也。」成疏：「外則離析於形體
一一虛假，此解墮肢體也；內則除夫心誠悗然無知，此解黜聰明也。既而枯
木死灰，冥同大道，如此之益，謂之坐忘也。」

〔註67〕成疏：「既悟一身非有，萬境皆空，故能毀廢四肢百體，屏黜聰明心智者也。」

途徑，一是離形：一是去知：〔註68〕此與心齋意涵相通，因爲「無聽之以耳」、「無聽之以心」，而是「聽之以氣」。

　　總而言之，「坐忘」是在消極方面，有所謂「墮肢體，黜聰明，離形去知」〔註69〕是也，而另一方面又去除思辯性，概念性的理解〔註70〕。而在積極方面，則在於讓更高的直觀、直覺呈現，以使人的個體整個地與道冥合，此所謂「同於大通」也〔註71〕。

三、朝徹見獨所達致的無自我的位格

　　〈大宗師〉有一段是這樣說到女偊轉述自己向卜梁倚論道得道的過程——「南伯子葵問道於女偊」，此能補述上述的說法：

> 吾猶守而告之，參日而後能外天下。……七日而後能外物。……九日而後能外生。已外生矣，而後能朝徹。朝徹而後能見獨。……

（一）朝徹

所謂「朝徹」，成疏云：

> 朝，旦也；徹，明也……〔註72〕

〔註68〕徐復觀先生說：「達到心齋、坐忘的歷程，主要是通過兩條路，一是消解由生理而來的欲望，……另一條路是……不讓心對物作知識的活動；不讓由知識活動而來的是非判斷給心以煩擾，……莊子的『墮肢體』、『離形』，實指的是擺脫由生理而來的欲望。『黜聰明』、『去知』實指的是擺脫普通所謂的知識活動。……而莊子的『離形』，……並不是根本否定欲望，而是不讓欲望得到知識的推波助瀾，以至於溢出於各自性分之外，……忘知，是忘掉分解性的、概念性的知識活動；剩下的便是虛而待物的，亦即是徇耳目内通的純知活動」。於此，徐先生進一步解釋此「純知覺活動爲『觀照』」；而所謂「觀照」，就是「對物不作分析地了解，而只出之以直觀的活動」。此直觀活動，亦即是上文所提及的更高更純的智的直覺，能明心見性地讓實相朗現。

〔註69〕也就是在意欲上離去感性私慾，而認知上則離去感官經驗之有形事象，而又去除思辯性、概念性的理解，如同佛家所言之去除「煩惱障」、「所知障」，亦即消除「我執」，而令「物我雙忘」。「忘我」之境，也蘊含其消極層面和積極面；其消極面在於消除了我與道之間的封界，其積極面在於與道同在，人在「同於大通」中，並不寓意著自我個體的真正泯滅，而是自我找到了一個更大的整體，找到了一個絕對的大我，從根源上回溯到自己最後的根基，這是一份更高的知識與智慧。

〔註70〕也就是如佛家所言之去除「煩惱障」、「所知障」，亦即消除「法執」、「我執」而令「物我雙忘」。

〔註71〕人在「同於大通」之中，消融了我與道之間的封界，也在物我雙忘中融入一個更高更大的道體之中。

〔註72〕「死生一觀，物我兼忘，惠照豁然，如朝陽初啓，故謂之朝徹也」。

而所謂「見獨」，成疏云：

> 夫至道凝然妙絕，言象非無非有，不古不今，獨往獨來，絕待絕對，
> 睹斯勝境，謂之見獨。

事實上，「朝徹」、「見獨」是同指人見道剎那的經驗；只不過，站在知識論立場言，「朝徹」較重能知面而言認知主體之精神狀態。亦即心靈上的那份「明心見性」；而「見獨」則較重「所知面」而言被知境界之臨現情狀，亦即道體自身的實相朗現。

唐君毅先生以「朝徹」一辭爲心智的大澈大悟，亦即「虛靈明覺心」或「靈臺心」之興起，而形成內心心境上的「虛壹而靜，謂之大清明」，則無所持之拘執心，此也相應了〈庚桑楚〉所言：「靈臺者有持，而不知其所持，而不可持者也」。此句唐先生解釋更勝於原句，他釋曰：「此是言靈臺之心，如一能持之靈光之照耀，然此照耀中，另無所持之物。此照耀中，另無所持之物。此照耀之本身，亦初爲不可執持之物。」

（二）見獨

至於「見獨」一辭，較重被知面而言本體實相之朗現。「見道」就是「見獨」，「獨」就是「道」「一」。……可見「道」是獨立而無偶的絕對。

「見道」，站在能知的心識上言，是爲「明心見性」，站在所知境界上言，是爲「實相朗現」，在見道中，道體不再藉著物質表象來被象徵，也不再藉著名相概念來被意謂，而是直截地以其本來面目出現。此時，人既然不再依靠意象作媒介，他可以面對面地體悟道體爲「有情有信，無爲無形，可傳而不可受，可得而不可見，自本自根，未有天地，自古以固存」（〈大宗師〉），「天地與我並生，萬物與我爲一」（〈齊物論〉）；「安排而去化，乃入於寥天一」（〈大宗師〉）；「乘雲氣，禦飛龍，而遊乎四海之外」（〈逍遙遊〉）；或者是說以天道爲靈性位格絕對的你，可以精神往來，「上與造物者遊」、「獨與天地精神往來」（〈天下篇〉）。

這種「氣」就是展現「虛的狀態」，所謂「虛」：其消極義在於普通經驗上的能知主體與所知境界之被揚棄，其積極義在於至道的空性實相之朗現。若能滌除玄覽，則能使空靈明覺的心展現，即所謂「明心見性」，亦即「朝徹」、「見獨」，即靈臺心的虛靈明覺。能夠展現靈臺心虛靈明覺則普通經驗呈現無爲（普通經驗被淨空）而神祕經驗裏更達到無爲（神魂超拔）狀態。

「心齋坐忘」、「朝徹見獨」乃是「解心之謬」、「徹志之勃」的翻版說法，經過「參」、「七」、「九」歷程淨化，以致於內在則正——理智、意志等普通功能之平伏順正，心淨而靜——則普通經驗層面之運作與境界的沈寂靜止。

心齋的「而聽之以氣」指內在經過沈澱而止息所有爭辯，達到「道通爲一」，〔註73〕自然心靈活動到達極純精的境地。這就是「氣」——即是高度修養境界的空靈明覺之心，這是一份超越思辯推理、日常智巧的「智的直覺」（Intellectual Intuition）。〔註74〕「聽之以氣」，就是以更超越的智的直覺來把握道體之實相。

「心齋」、「坐忘」呈現出來即是「道化」境界，「道化」是享有時間的特權，展現時間刹那，可說是時空的跳越，這是深度的體驗，給人充實、豐富、意外、愉悅，這是純粹的當下，是種直覺觀照。道化可以說是不斷「喪我」，「喪我」在莊子裏誇張內容便是「形如槁木，心如死灰」。「喪我」偏重於「觀照」實踐層面方針，實行細則便是「心齋坐忘」。

所謂「心齋」，爲三步驟，分別爲耳聽、心聽、氣聽，也可以這樣說：耳止聽，是外馳於物的，是執著一定的對象；心止於符，是反於心的，雖是內反於心，卻仍是執著於境，是期於符合。至於氣，則是無所不在，而又廣大流通；按心體說，能虛是物來順應，合道之妙，而也合於心齋境界〔註75〕。

至於「坐忘」，「坐忘」偏重於「默觀」實踐效果，實質內容是「離形去知」（〈大宗師〉），忘等於外，外是指滌除所有內外束縛之待，也爲三步驟，即是外天下、外物、外生，此是由最低層的累贅到最後超越生死階段，透過此，可達覺醒的可能，因著靈明覺醒，人的靈識有如朝陽初起，而達到「存在的存有化」。

總結：當「存有者存有化」或者是存有者氣化聖靈化，存有之源向著我們彰顯，使人生命個體在萬物中既「超越又內在」，得以獲致保全的存在向度與生命向度，在「以明」、「兩行」所豁顯的互爲主體性的思維之中，向著「道通爲一」、「同乎大順」以迄「寥天一」的終極境界。

〔註73〕成疏：「氣無情慮，虛柔任物，故去彼知覺，取此虛柔，遣之又遣，漸階玄妙也乎。」
〔註74〕即在排除了感性的干擾，靜止思辯的轉折，而讓更高的主宰獲得抬頭，因而造就明心見性。
〔註75〕反省自張默生所著《莊子新譯》，頁106。他說：「耳只能聽聲音，只有感覺作用，……心只能辨察聲音意義，只有理智作用……」

四、無自我位格呈現位格際性交流

　　無自我位格呈現位格際性交流，在「道通爲一」觀點之一，呈現「同於大通」意即指與大道冥合，與道同體不單在知識上達到見道的直截通達，而且還是人個體整個地投融入大道之中，與道同化爲一，故聖人貴一，人在同於大通之中，並不寓意著自我個體的眞正泯滅，而是自我找到了一個更大的整體，找到了一個絕對的大我，從根源上回溯到自己最後的根基，這是一份更高的知識與智慧。「默觀」神祕經驗，在知識論與心理學立場言，就是意識的轉變（Altered State of Consciousness）在其中，〈人間世〉的「無聽之以耳」、〈大宗師〉的「墮肢體」及「離形去知」之「離形」，都寓意著感性的功能的靜止。〈人間世〉的「無聽之以心」，〈大宗師〉「黜聰明」、「離形去知」，就是指空掉理智的普通運作。

　　人接觸神祕祕經驗的功能是「氣」、「氣也者，虛而待物也」。「虛」的積極義在於一份空靈明覺心之呈現，可稱爲「智的直覺」，莊子稱之爲「靈臺心」。莊子〈齊物論〉也深刻的描寫這樣的無自我的位格性所呈現位格際性交流經驗：一種物我同體的共融經驗。進入爲道有德境界的人，就悟破有與無、實體與形相和自我與他物的對立，並有感宇宙同根，萬物一體，同屬眞如全體的道妙眞諦。按莊子觀點，生死皆不過是一氣的變化，莊子云：

> 生也死之徒，死也生之始，孰知其紀！人之生，氣之聚也；聚則爲
> 生，散則爲死。若死生爲徒，吾又何患！故萬物一也，是其所美者
> 爲神奇，其所惡者爲臭腐；臭腐復化爲神奇，神奇復爲臭腐。故曰：
> 「通天下一氣」。（《莊子・知北遊》）

　　整體而言，無自我位格即是忘我、吾喪我所達致的位格際性交流，這是透過虛無自身的工夫修養歷程，成爲眞正「默觀神聖位格者」。老子講到「致虛守靜」、莊子講到「心齋坐忘」「朝徹見獨」或者在十字若望當中「虛無」的概念。「默觀者」呈現無執無著的無主體性，當我們回想到莊子本身，從文字脈胳上，去看《莊子・齊物論》所言：

> 故曰至人無己，神人無功，聖人無名。

　　虛己所導致境界是超越言語向度，而指向那不可知的物自身——或者這應是這種狀態。這種空無的理論所講的也是一種死亡，一種生自我們內心的

死亡，一種有生命動力的工作——死亡（卻不是本體的死亡）。〔註77〕

五、無自我位格所產生的歷程描寫

無自我位格是需要修養工夫的，莊子「吾猶守而告之」，按成疏云「守」乃「持守」之義，即修持上的工夫，使自己心神收斂〔註78〕。而關鋒釋「守」字也指為修持工夫，用以「守住天性、天和，不為外物所擾」。

這工夫並非一蹴可成的，因此有所謂「參日」、「七日」、「九日」說法，「參日」、「七日」、「九日」，莊子，其中時日之長短，來寓意守持工夫之深淺，及所臻境界之高下。所指乃是修持工夫的消極面，即放下了自己對「天下萬物」、「資身之物」、「自我生命」的執著。分別來看：「參日而後能外天下」按成疏：「外、遺忘也。夫為師不易，傳道極難；方欲救人，故凝神靜慮，修而守之。凡經三日，心既虛寂，萬境皆空，是以天下地上悉皆非有也。」「七日而後能外物」按成疏：「天下萬境疏達，所以易忘。資身之物親近，所以難遺。子經七日、然後遺之。」「九日而後能外生」成疏：「隳體、離形、坐忘、我喪，運心既久，遺遺漸深也。」

所謂的修養工夫即是透過守住天性，守住天和，以致於可以忘掉「天下萬物」、「資身之物」、「自我生命」。此種「物我雙忘」的超越的，是透過靜坐正心、冥想修持之工夫來達致一份心神凝靜。

換言之，這種持守工夫，「參日」、「七日」、「九日」意謂著持守工夫是需要蓄積涵養，水之厚才能搏扶搖而直上，乘風而自在敖遊。

第四節　十字若望的「默觀」靈修工夫

西方基督教歷史中，最明顯的無自我位格，就是在聖經裏所到的耶穌基督福音「空虛自己」（kenosis），在「他雖具有天主的形體，並沒有以自己與天主同等，為應當把持不捨的，卻使自己空虛，取了奴僕的形體，與人相似，

〔註77〕Maritain,《知識的等級》，頁 548～49：Maritain 形容這是一種巨大黑夜的剝奪，但是這也正是耶穌基督所講麥子死落在地上卻結出果實的意義，我們認為十字若望的空無觀，可以與佛教的空無觀思想有所比較。

〔註78〕成疏「夫上士聞道猶藉勤行，若不勤行，道無由致。……女偊久聞至道，內心凝寂。今欲傳告，猶自守之，況在初學，無容懈息。」關鋒先生說到：「道教有所謂『守一』之術，謂『想像其物，精思固守之』。雖道教之術未必即為莊子的思想，但亦可作參考。

形狀也一見如人，他貶抑自己，聽命致死，且死在十字架上。」(《斐二 6～8》)

Cynn de Silva 的意見：

> 在基督的自我空虛裡，自我的痕跡全被煙沒……基督否定了自我，
> 然而並不失去自我。降生以後由於祂和有限的存在相認同，祂否定
> 了自我，但因祂同時又和無限者（神）相認同，祂並未失去自我。
> 基督之向雙方認同，構成了有限者與無限者之間的關係。這個關係
> 的獨特之處，係在於它仍是無條件認同有限者與無限者。這就是基
> 督自我空虛的原理。這個原理和佛教空的理論有相近之處。〔註79〕

無自我位格就是自我被淹沒，徹底否定自我，但不失去自我，在虛無之
中，讓真理場域入住吾人靈修的真宰中，換句話說，就是讓虛無展開自身，
看似不在場的，卻以在場方式無言的說話，而吾人只是去聽那發生的奇妙之
處，或說是一口氣吧！

比方海德格在《林中路》曾經指出：

> 「上帝死了」這句話包含著以下斷言：……虛無展開自身。「虛無」
> 在此意味著：一個超感性的、約束性的世界的不在場。〔註80〕

從海德格的話語中，我們重新思考西方「無我」的觀點是否與道家「無
己」的觀點類似，不同角度來切入思考道、真理、神、存有問題時，會面臨
的問題又是什麼？簡言之，「虛構」的意識哲學認識之路必須止息與超越，
要入更深刻的默觀之中，心境這時需要空無。西方歷史上許多人談「空無」，
如埃里傑納 Duns Scotus Erigena（810～877 AD）繼承筆名狄奧尼修斯思想，
他稱神是無，是神聖的虛無，也是一切。〔註81〕之後艾克哈（Meister Eckhart
1260～1327 AD）與弟子陶樂（John Tauler 1300～1361 AD）強調捨棄外物，
進到靈魂核心，以達到「精神赤裸」，陶樂更進一步說明，在「精神赤裸」
之前，天主對我們經驗與理解是空無。〔註82〕

〔註79〕 Cynn de Silva〈在佛教思想背景中重行思考基督神學〉，《神學論集，43 期》，
1980 年春，頁 63～64。亦見 Cynn de Silva，*The Problem of the Self in Buddhism
and Christianity*，Colombo，The Study centre for Religion and Society，1975。

〔註80〕 Martin Heidegger, "Nietzsche Wort 'Gott ist tot' " in *Holzwege*, Frankfurt am Main,
Vittorio Klostermann, 1965.（馬丁・海德格，〈尼采的話「上帝死了」〉，於《林
中路》，孫周興譯，台北；時報文化，1994，頁 199～202。

〔註81〕 西元二世紀興起的知識主義（Gonsticism）主張在神的根源有「原神」（Godhead），
而「原神」是無。

〔註82〕 Jordan Aumann O.P.著，宋蘭友譯，《天主教靈修學史》，香港：香港公教真理
學會，1991，頁 211。

一、無自我位格的黑暗經驗

（一）自我空虛的黑暗

無我，就是無自我位格，是透過虛己，以展開自身，與眞理、上帝、道接軌。綜觀來看，奧祕（Mystery）來自於希臘文 musteion，其義是閉上眼睛或嘴巴，也因此字與黑暗或靜默的經驗有關，這是屬於沉思冥想的經驗。無自我位格的「默觀」指向著一種神祕經驗的歷程。當我們回頭看基督教神祕經驗當中，其中也有靜默、虛無、黑暗的經驗。當我進入靈修狀態時，意謂我不再執著於虛假僵化的主體，使生命無法共流。

自我主體於是就此打破，唯有爲道者或者靈修者才能眞正體會，在聖格利果（St.Gregory of Nyssa 330～394 AD）在講道詞第十一號中提出：天主向摩西啓示自己的三個階段首先在燃燒的荊棘中；在出埃及時出現雲中；最後在黑暗中，這象徵著靈魂歷經具體顯象的荊棘、感性退卻後，在雲中默想天主，最後在黑暗中經歷天主爲「眞正知神」（Theognosis）〔註83〕

如老子明言：

> 故從事於道者同於道，德者同於德，失者同於失。同於道者，道亦樂得之；同於德者，德亦樂得之；同於失者，失亦樂得之。（《老子・二十三章》）

如十字若望（St.John of the Cross 1542～1591）在《登上加爾默羅山》和《黑暗》中說到：

> 在暗夜中，而且安穩，藉著祕密的階梯，隱藏著，──哦，純然的恩典！──在黑暗與隱蔽中，我的殿堂現在一切靜止。〔註84〕

普通理智限度內知識對神來講是無用的，但從神而來的知識卻因人的有限理解，以人對這些「默觀」知識是浩瀚黑暗無光。所以人得放下對神所知一切，丟掉一切感知、理解到的東西，丟掉可知覺、可理解存在物與非存在物；丟掉你的理解力；然後盡一切力量向上努爭取與那超出一切存在和知識的上帝合爲一。〔註85〕

〔註83〕Jordan Aumann O.P.著，宋蘭友譯，《天主教靈修學史》，香港：香港公教眞理學會，，1991，頁67。

〔註84〕St. John of the Cross,*The Collected Works of St. John of the Cross*,translated by Kicran Kavanaugh, O.C.D. and Otilio Rodriguea,O.C.D.: Institue of Carmelite Studies, 1979）,p67

〔註85〕Pseudo-Dinoysius,*Mystical Theology.*C1:1,1000A.

（二）空虛在黑夜中

在《登山》裡頭，他認爲「在所有事物上剝削自己的興味，就像生活在黑暗與空無」，而這種剝削對於靈魂來說是一種黑夜。〔註86〕在十字若望的著作中，「空無」（void）、「無」（emptiness）、「黑暗」三名辭交替使用，使得理智、意志、記憶三精神功能「空虛」在黑暗中，完成「理智在信仰的黑暗中，記憶進入希望的虛空裡頭，意志埋葬在一切情愛的缺乏中」而走向上主，並對一切不是屬於上主的事物之棄絕。〔註87〕

《登山》中十字若望說到一個神修歷程要經過三個夜晚，而這三個夜晚是一個夜晚的三個面向〔註88〕，這三個夜晚是玄之又玄的，玄代表黑暗，普爾其認爲十字若望與僞戴尼修關於「黑夜」所用語言並不相同。〔註89〕最主要因爲：一是《黑夜》所提到「夜」的概念，讓人聯想到「黑夜」觀念，但在早期教父哲學，「夜」只用來闡述教修的寓意性主題，這些是外在偶然的主題，卻被用來確定作對神神祕直觀的方式。二是在基督宗教神祕主來說，神性黑暗是被造物與直觀到的超驗對象並不相稱，也正因爲被造物是物質肉體的不完美，因此產生神性黑暗；〔註90〕三是普爾其認爲僞戴尼修斯的《神祕神學》是早期教父神學的產物，所以黑暗的概念，並無後來神祕主義所使用的情感性質，也似乎不能用煉道所經歷的愛來概括。

當然，十字若望的神修歷程，默想到默觀也會出現「明心見性」、「朝徹見獨」的靈臺心虛靈明覺重現，這種虛靈明覺彷彿是早上看見太陽一樣，早上之前的漫漫的長夜，《登山》中，十字若望說到一個神修歷程要經過三個夜晚，而這三個夜晚是一個夜晚的三個面向〔註91〕，這三個夜晚是玄之又玄的，玄代表黑暗，三個夜晚都必須講到淨化，也就是所謂「滌除玄覽」的工夫，因此這裏著重說明煉道（Purgation）的階段。換句話說，在神修歷程當中，人爲了朝向與神結合，人必須經由煉淨，煉道並非只是初階階段，也並非只在特定時間，而應該說是所有進行歷程當中必經的情形。

〔註86〕 Kavanaugh & Rodriguez，《聖十字若望選集》，pp.76～77，另參趙雅博譯，《登上嘉默羅山》，頁14。
〔註87〕 《聖十字若望選集》，p.119，趙雅博譯，《登山》，p.76。
〔註88〕 *Ascent*,I,2:5.
〔註89〕 以下普爾其的論點可以參考安德魯・洛思著，游冠輝譯，《神學的靈泉---基督教神祕主義傳統的起源》，頁241～243。
〔註90〕 異端認爲靠近神的過程中，那黑暗不但短暫，且有貶抑意味。
〔註91〕 *Ascent*,I,2:5.

（三）空無的效果產生愛的知識

對十字若望而言，「空無」與「黑暗」常常是通用的，這也是十字若望靈修的基本特徵：空無；空無到一切只爲耶穌基督。空無是一種靈修方法，從上主而來的能力；若從基督信仰的立場，基本上認爲「空無」、「無」並非只是修煉而來的工夫。空無既是靜觀的境界，也是靜觀的方法，唯獨空無才能產生靜觀之「愛的知識」；靜觀的被動與無區分特性，更襯托出空無的能力來自上主。用馬里旦（J. Maritain）的話，「我們要死亡於世俗，而一天天的變得更光明更輝耀。……我是在空無中，我也看到我一無所缺。」〔註 92〕這是對於十字若望的空無理論，頗爲深刻的一種注解。十字若望及莊子都假設必須虛己，或成爲虛無才能達到合爲一。

聖師認爲經過煉淨的空無心境，所產生虛靈明覺的心，使我們改變世俗觀點，轉眼注目耶穌基督，內在企望向上，不再沈淪於人間俗世的執著，藉由恩寵，我們被神救贖，沈浸於上帝是愛的大能中，〔註 93〕如同馬里旦所言靈修如同呼吸，越入境界所能感受的就越是被動，到最後，沈浸在上主的聖愛之中，靈魂自己幾乎是空無的空無，所存的只是一口氣、一聲歎息。

二、煉淨（Purgation）所達無自我的位格

煉淨常是第一階段的工作，十字若望的虛己或說是空虛是得經歷漫漫長夜，在長夜中，首先要務便是滌除洗淨不屬於靈性的雜質，煉淨在整個長夜中，必須都不斷在進行，不可懈怠，以便讓眞理呈現，煉淨的目標是爲了讓位格交流之前的隔閡去除，換言之，即是達到無自我位格，以利主體際性的交流，不管是在感官或是精神上都必須警醒，這是人與神冥合重要工作。

針對煉淨（Purgation）概念做察考，煉淨雖然有不同說明或描述，但是它是邁向神的旅行的初步工作。

十字若望所說黑夜第一階段是煉道或煉淨階段，也是進入默觀的第一個階段。〔註 94〕人在感官黑夜當中，爲了向人與神冥合目標前進，人的感官須先被煉淨。其次在精神黑夜當中，人的精神也必須被煉淨。

在希臘哲學早期就有所謂煉淨的起源，比方畢達哥拉斯學派認爲人必須克己齋戒，以淨化自身，而恩培克利多斯也發現這樣的想法。在柏拉圖的理型論中，靈魂必需透過道德修養的操練使自己返回理型世界。斐羅（Philo）

〔註 92〕Maritiain，《知識的等級》，p.550～551。
〔註 93〕Maritiain，《知識的等級》，p.550～551。
〔註 94〕*Dark Night*,I,8:1.

接受柏拉圖的影響，以為靈魂必需透過道德教化以使自己淨化，而才能走向神，這是第一步方法。之後，柏羅丁（Plotinus）理論中，仍採取用道德與理智的路徑，使得靈魂回歸於 Nous。在教父密契主義系統上，這樣觀念已成形，在奧力剛（Origen）和額我略（Grogory of Nyssa）中特別明顯。在二人的理論裏，神修有三個階段，而三個階段的第一個階段都是指人的煉淨工作。〔註95〕

在託名戴奧尼修斯（Pseudo-Dionysius）則得到完全地發展，特別是在《天階體系》與《教階體系》二書中，他清楚地指出走向神的第一步就是淨化工作。〔註96〕十字若望在《登山》中提出了兩條煉淨之道。第一條是積極主動之道（active），第二條道路則是消極被動之道（passive）〔註97〕：第一條道路說明人主動地進行黑夜方法；而第二條則是在人被動性，無法為自己做什麼，而只能交託神，由神主動將他帶領進入黑夜裏，人只是被動接受。

（一）關於人主動積極煉淨方法

第一個方法是希求為了基督在所有事上完全赤裸；虛空；貧困地進入世界。首先必須習慣性效法基督的言行，以便將人的生活帶與基督一致。而為了將人的生活帶與基督一致，人必需放棄並虛空感官的滿足，因為那不是榮耀神。〔註98〕十字若望甚至提出了格律以作這個方法最佳執行方式。〔註99〕

〔註95〕 參考黃克鑣著，〈早期希臘教父神祕思想〉，《神學論集》一一六期，台北：輔仁大學神學院，一九九八年七月，頁 227～281。在奧力剛當中第一階段是道德修養，要求信徒專心於內心的淨化與道德修養；而在額我略當中的第一階段，即他自己所說的「光」的階段，同樣是指人的煉淨工作，在此階段中人放棄自己錯謬的思想，轉向神的正義與真理。二人雖使用不同的稱呼來說明或描述，但兩者內容上相近，也就是說二者間雖有差異，但都以淨化為第一步的工作。黃克鑣更進一步指出：奧力剛是以一種淨化工夫漸漸進入不同等級默觀中；額我略則是由光明而至黑暗地漸漸進入超越認知與理智的默觀。

〔註96〕 E.Underhill,*The Mystics of the Church*,London:Clarke& Co.Ltd,1975.

〔註97〕 *Ascent*,I,13:1.《登山》與《黑夜》二書合為十字若望密契主義的整體，《登山》提出了主動煉淨之道，而《黑夜》則表達了消極煉淨之道，清楚表達人的被動性。甚至十字若望認為消極之道是《登山》第四卷工作，然而《登山》只有三卷，所以說明神主動，人被動的情形是在《黑夜》一書中。

〔註98〕 *Ascent*,I,13:3～4.

〔註99〕 *Ascent*,I,13:6.這裏提出了「不是最容易的，而是最困難的；不是最令人歡喜的，而是最嚴格的；不是最令人滿足的，而是最少歡愉的；不是那對而言意為休息的，而是努力實行；不是受到受慰，而是最少的安慰；不是最多的，而是最少的；不是至高與最貴重的，而是最低下與最卑微的；不是欲求某物，而是欲求無物；不去尋求世俗事物中的珍寶，而是尋求糟糠；並希求為了基督在所有事上所有事上完全赤裸；虛空貧困地進入世界。」

十字若望認爲初學者應該使用這些格律認眞練習,並嘗試克服意志中的反對,他認爲,如果一個人願意有秩序及謹愼地按照這些方式進行,將發現極大的幫助及歡樂。〔註100〕

第二個方法是十字若望人克服肉身貪慾、眼目貪慾及人生驕奢。首先努力嘗試對己輕視,其次在言語輕蔑自己,第三是思考自己的低下與被藐視;在這些步驟中,都要求別人如此做。〔註101〕這些方法將使人漸漸走向與神冥合的地步。

(二)被動消極煉淨

關於人被動消極煉淨方式,十字若望指出在黑夜,靈魂得煉淨。在此階段普通認識能力未失去其功效,但因著煉淨而準備得到神祕知識階段。十字若望提供了一套自處之道。〔註102〕默觀中的人應該保持心靈平安與寧靜,讓心靈完全自由,不再多掛慮,所有關注焦點應是神。〔註103〕此時靈魂應在神的懷抱中安靜,不憂慮有無熱情,甚至也不要有期望感到熱情或焦慮。所要經過煉淨,靈魂走向成聖之途,而被煉淨的靈魂會得到眞正自由。

十字若望在《黑夜》第一卷第八章揭示,煉道被分成兩個部份:一個是感官煉淨,一個是精神的煉淨。換言之,通向神修之路必須在兩者有所煉淨,顯然煉淨對於與神冥合的靈魂非常重要。

「感官煉淨」最主要是滌除靈魂無法走上與神密契的阻礙,特別是針對感官而言。

「精神的煉淨」在踏上靈魂進步的路途中,這是神修歷程當中,較少人經歷的,但也較困難與可怕。到最後是「與神合一」在感官與精神煉淨當中,並非單純的自我煉淨而已,最主要的目的乃是與神合一。

〔註100〕 *Ascent*,I,13:7.

〔註101〕 *Ascent*,I,13:8～9.

〔註102〕 *Dark Night*,I,10:1～6.

〔註103〕 *Ascent*,I,13:11.如同這所說:「若求事事得享樂趣,應該盼望一無樂趣。若求事事有分,應當盼望一無所有。若求成就一切,應該徹底虛空自己。若求認識一切,應盼望一無所知。若求獲取不感興趣的,要經由不感興趣的途徑。若求獲取一無所知的,要經由一無所知的途徑。若求獲取從未占有的,要經由從未占有的途徑。萬一你的心意逗留在任何事物裡,就不再使你自己與一切的一切認同。並且在完全擁有之後,更不應該貪求其它。否則用有一切還抓著任何事物,就不是把你的全部寶藏完全寄托天主。」

　　前面所提到黑夜第一部份是感性黑夜，此黑夜的主要目的為煉淨感官部份，以使靈魂能服從於精神部份，第二部份是精神黑夜。接著我們就要來說明兩者煉淨方面的不同：十字若望指出心靈的感官與精神兩部份都要完全被煉淨〔註104〕。感官在秩序上較後者優先，感官的煉淨是初步及基礎，而精神的煉淨較感官的煉淨為後〔註105〕。感官的煉淨主要針對感官的欲望為對象來作煉淨，這是非常普遍的，特別是大多數初信者；而精神煉淨最主要針對未來準備與神合一密契目的來作煉淨，精神性煉淨主要是煉淨靈魂精神方面，這種煉淨，人數較少，大多數是屬靈修路上已精進者。

　　十字若望在《黑夜》中強調此精神黑夜煉淨比感官煉淨更可怕、更恐怖，〔註106〕在此階段的黑夜，就是一般人所說的「默觀」階段。十字若望認為兩者煉淨雖有程度上的差異，但卻對靈修者而言非常重要，若沒有感官的煉淨，精神的煉淨就不能完成；反之，若沒有精神煉淨，感官煉淨就不可靠。〔註107〕

　　根據十字若望愛的密契的辯證過程：滌淨之途——第一夜為捨棄欲望，一體會到神愛，就會發現它與受造物的欲望無法相容。滌除過程使靈魂擺脫一個實在界，以便發現更深刻的存在。該棄絕的是欲望，唯一目的是表達它現在對上帝的愛。

　　基督徒傳統以「效法基督」為表現上帝愛與靈魂滌淨之間的關聯。因為基督不僅是上帝合一的之愛的理想，也是這種愛的對象，效法基督是種愛的行動。基督徒相信上帝親自臨現於基督身上，因此想要藉著效法基督態度，與上帝合而為一。

　　最後十字若望歸結全部滌淨態度規則：總是努力去選擇：並非最容易的，而是最困難的，努力到處尋找：並非暫時事物中最好的，而是其中最壞的；然後，為了基督的緣故，努力去渴望達成對於現世萬物的完全捨棄、空虛與貧窮。但主動淨化仍不足，這時需要被動之夜，其中一個是依戀神愛的的樂趣，那將使靈魂偏離所愛者本身，這種被動的滌除對感官而言是苦澀與恐怖的。這被動的淨化為死亡與煉獄，因為心靈在此階段時，無法繼續執行原先功能，同時也未準備好去接受新的功能。

〔註104〕*Dark Night*, I,8:1.認為感官與精神兩者應在一黑夜中同受煉淨。
〔註105〕*Dark Night*, II,1,2,3:1.十字若望在《黑夜》第二卷第三章中，有這樣的傾向，認為精神黑夜在感官黑夜之後。前面二章也是持此觀點。
〔註106〕*Dark Night*, I,8:1.
〔註107〕*Dark Night*, II,3:1.

三、黑夜經歷的無自我位格

　　無自我位格，在看見朝日初昇必然是經歷漫漫長夜，朝徹見獨前要經歷黑夜，十字若望在《黑夜》中指出，所謂黑夜對人靈魂上可以分成兩部份：一是感性的，另一個是精神性的。一方面可以將兩者分為前後兩夜，但另一方面，區分階段是將過程拆開以便說明及理解方便。

　　其實神修是一個整體，這點可在《黑夜》第一詩節中看到。〔註108〕

（一）感官黑夜

　　感官黑夜最主要在於煉淨人的感官，在感官黑夜當中，要煉淨的內容是三仇與七罪宗。

　　感官煉淨最主要對象是三仇：世俗、魔鬼、肉體。十字若望指出三仇將成為阻礙靈魂無法走上與神密契的關鍵，三仇最直接影響全都是針對感官而言。所以《靈魂》第三詩節中有一段詩句象徵這感官三仇及避開的方法。

　　　　花兒不摘取，野獸不怕懼，我要越過勇士和邊際。〔註109〕

　　十字若望在《黑夜》中特別提出七罪宗來說明感官欲望在煉淨前的具體犯罪行為。十字若望認為煉淨七罪宗對於進入黑夜中的初學者而言能有極有幫助。〔註110〕天主教傳統中的七種欲望主要指的是驕傲、嫉妒、忿怒、貪饕、迷色、懶惰與吝嗇，這七種欲望也被稱為是七罪宗，在向道的神修者通常會陷入這七大罪惡欲望當中。〔註111〕

　　小結：概括之，在感官黑夜中，需要煉淨，煉淨靈魂在官能潔淨。而無法使感官潔淨的三仇是：世俗、魔鬼、肉體；這三個敵人阻礙引礙感官偏離神的路；而感官受到誘惑所犯下具體罪行為驕傲、貪婪、淫欲、憤怒、貪食、嫉妒、懶散；若不加以注意則會產生嚴重影響與傷害：使人倦怠、使人苦惱、使人盲目、褻瀆人性。所以要值得注意的是在感官黑夜中，受造物本身並不是惡，反而是對受造物過度或失當欲望才是惡，煉道的目的乃是強調對這樣欲望的潔淨。〔註112〕

〔註108〕 *Dark Night*, II,1:1.

〔註109〕 *Canticle*,3: "I will not gather flower,Nor fear wild beasts, Iwill go beyond strong men and frontiers."

〔註110〕 十字若望將記載在《黑夜》第二至第七章，並且更強調靈魂上的作用。

〔註111〕 參馬竣聲，《神修學》上冊，香港：幼慈印書館，1950 年 5 月再版，頁 644 ～652。或參陳文裕，《天主教基本靈修學》，台北：光啟，民國八十年十二月二版，頁 865～102。

〔註112〕 L. Dupré, *The Deeper Life: An Introduction to Christian Mysticism*,New York: The Crossroad publishing Company 1981,p.70.

（二）精神黑夜

精神黑夜比感官黑夜更加困難與可怕，較少人經歷這段神修歷程。但它很重要。〔註113〕

為何會進入精神黑夜中呢？乃是因為感官黑夜的煉淨之後，靈魂雖在進步中，但仍會因人習性問題、偶發性問題等〔註114〕，而仍會產生一些毛病。特別是感官與精神在接受神恩典方面越來越豐富，有些人更容易被魔鬼所誘惑。〔註115〕精神黑夜對靈魂而言，充滿神的愛與智慧，是靈魂與神冥合所做的準備。所以精神黑夜比感官黑夜來得可怕以及充滿痛苦磨煉。這種可怕痛苦磨煉無法用言語描述，真實所經歷都與描述相差甚遠〔註116〕，十字若望提出精神黑夜將要來臨的徵兆：也就是當感官經歷如同過去一般枯、乏味、憂苦，甚至比以前更濃烈時。但這些徵兆不會比精神黑夜本身更長。〔註117〕

究竟靈魂為何要經過如此精神黑夜呢？在《黑夜》書中描述，靈魂必須經過如此黑夜，才能準備好與神契合。許多精神黑夜的痛苦乃是因為靈魂不完全，沒準備好，以致於接受默觀神光感到痛苦折磨。而透過精神黑夜的煉淨，使靈魂潛移默化〔註118〕，為與神契合作準備。

精神黑夜默觀的神光使靈魂明白自己一切景況，將過去靈魂依戀剝奪，以致於他能真正看見超越事物，追尋上主，進一步潛移默化。在神貧與神枯當中，靈魂會純粹，更具辨識力，而使靈魂得到真正平安。

據十字若望的解釋，精神黑夜所帶來另一項益處，即給予使靈魂去愛〔註119〕。雖然靈魂在精神黑夜感受到自己被所愛刺傷，感到疼痛，但是卻因為精神被神的愛焚而使靈魂處於愛中。這促使靈魂只能依靠神，如此一來，理智因著超性之光的照耀與神結合，意志因著神的愛轉愛成為以神方式去愛，記憶已完全隨神安排。這時精神黑夜將靈魂的三司轉成屬神的，使靈魂三司煉淨而屬神〔註120〕。

〔註113〕 *Dark Night*,II,2.

〔註114〕 *Dark Night*,II,2:1.除了兩種主要問題外，十字若望認為還有一些其它問題，例如心神遲鈍，魯莽等，這些犯錯型式並不同。

〔註115〕 *Dark Night*,II,2:3.誘惑的內容，例如妄見神或是聖人向他們說話等，神修要特別小心。

〔註116〕 *Dark Night*,II,7:2.

〔註117〕 *Dark Night*,II,1:1.

〔註118〕 *Dark Night*,II,9:1～11.

〔註119〕 *Dark Night*,II,11:1～7.

〔註120〕 *Dark Night*,II,13:1～11.

整體而言，歸結《黑夜》第二卷第五至第八章中，十字若望認為有幾項黑夜痛苦：包括人的三司不再作用〔註121〕，此時人不依賴三司來過人的生活，他的理智、意志、記憶失去普通知識運作，這些三官能必需被默觀之光照澈，靈魂要放下對受造物的知識與愛好，以便向與神結合路途前進。

四、無自我位格者默觀神光所呈現的位格際性交流

（一）默觀神光

在黑夜之後，「能知默觀者」所達到的境界，彷彿在此有「默觀」光芒出現，「默觀」之光的強度，會剝奪理性之光的自然知識、以及官能本性與超性能力，來使靈魂進入精神黑暗當中。而且這光超過靈魂能耐，當「默觀」的神光透照未完全煉淨的靈魂時，超越靈魂能耐，使靈魂失去理解能力，阻礙靈魂行動，在此靈魂感到進入精神黑暗。靈魂難以承受的原因是因為一方面默觀神光注入而精神黑夜，另一方面自己靈魂內心深處藏污納垢〔註122〕。

靈魂這時面臨來自本性、倫理與精神缺乏。使得軟弱靈魂無法承受神光猛烈照映，他覺得失去神，被神拋棄與懲罰，神光猛烈使靈魂一方面處在強大壓力下，一方面卻又相信已不再被神所愛，不再有人眷顧幫助，他覺得失去神、被神拋棄、懲罰。他甚至覺得被所有受造物，是他的朋友所遺棄。〔註123〕而這種結局無法法改變。他經歷人與神兩極結合痛苦，覺得神在摧毀他〔註124〕，因為煉淨的默觀是屬神的，但卻必須進到人的血氣肉身裏，所以靈魂經歷來自於人與神兩極的結合，感到十分痛苦，這時好像是神在摧殘他，使他在精神黑夜毀解，這種痛苦比我們所想的更為可怕。

默觀神光，使得靈魂發現自己貧乏，發現自己在精神黑夜當中是一無所有，無論是在今世、身體或精神方面都是發現在今世、身體或精神處於無底深淵〔註125〕，自己滿身毛病、三司失去功能、精神一片黑暗。

（二）默觀神光的提醒

十字若望提醒人：這種光照可能隱含的欺騙。然而在靈魂準備妥當之前，可以成為靜默的祈禱者，亦即一切推論行動都被上帝臨在之完全覺知所

〔註121〕*Dark Night*,II,7:1～7.
〔註122〕*Dark Night*,II,5:3～5.
〔註123〕*Dark Night*,II,5:6～7,6:2～3.
〔註124〕*Dark Night*,II,6:1.
〔註125〕*Dark Night*,II,6:4.

取代之前，這種意象性臨現是必要的。黑暗的沈思前有些被動介入及無法控制認知，通稱爲景觀。這些景觀只有描述，不能帶有偏見（或者說是舊有知識）去認知它本身，就如同它們本身對於超越臨在越是顯示多少就越是隱蔽多少，這是相當清楚的，超越臨在的景觀，常是象徵符號的掌握，因緣不同文化體系、思維模式、社會架構，所以會有不同的解讀，所以密契家在做不可見者的記號之物時，立即出現重大詮釋學問題。依十字若望之見，上帝的語言，非人的悟性所即，以致於我們無法確定私人預言及啓示的意義。困難不在於景觀的位置，而在於它是實際被人經驗到，以及隨後它如何被翻譯爲日常語言。

（三）對欲望的解讀

人的靈魂意欲排除人對慾望的執著〔註126〕，十字若望在感官及精神的黑夜寫得很明白，十字若望以微小欲望像一雙腳上纏有細絲的鳥一般，看似不會傷害到與神契合，然終究無法向天空自由飛去。所以，十字若望勉勵人不應爲這樣微小事物失去對神的愛。十字若望認爲不同欲望有不同的結果，每種不同欲望都會直接傷害靈魂，雖然欲望看起來是分開不同類型，但每一種欲望都會給人極大的傷害與攻擊。〔註127〕

欲望的傷害是整體的，〔註128〕每種欲望的確有不同傷害，看起來不同，各有各的傷害，但任何欲望都全面帶給人極大的傷害與攻擊。透過欲望解說，強化說明經由煉淨，人才有辦法繼續在與神契合的路程上前進。在這並非消極地限制罪惡，更是積極朝向默觀能力的開始。〔註129〕生命終極實有並未否認世界實有價值，十字若望從未否認世界的實存性，但肯定靈魂價值較肉體高，他也常引用世界存在象徵來形容神與神的屬性，所以十字若望是個實在論者，不是虛無論者。

總而言之：虛空之後，出現光照之途──新的覺知實在界出現了，這是罕見的密契景觀，就馬雷夏而言，他認爲這是對神明臨在之豁然覺知的密契現象。信仰中光照如同夜晚中的光明，這宛如莊子所言的「心齋坐忘」、「朝徹見獨」，在黑暗中乍見光明。這種神性光照並不只照亮一般事物，甚至遮蔽

〔註126〕 *Ascent*, I:11:1～12:6.十字若望在這兩章中以問答方式提出三個問題，並提出他的回答與說明。
〔註127〕 這五種影響分別是使人倦怠、苦惱、盲目、軟弱和褻瀆人性。
〔註128〕 *Ascent*, I,11:1,12:2.
〔註129〕 R.Burrows, *Ascent to Love, The Spiritual Teaching of St.John of the Cross*, p.55.

人原有對知識認知，使之形同無知，有如無知之雲。光照可以出現在不同認知上，比方在感官知覺、想像、悟性理解上。

十字若望指出，在得到自由，靈魂才能眞正與契合。〔註130〕所以，在此，普通知識會轉向神祕知識，如此靈魂才有辦法朝向與神冥合的階段前進。〔註131〕所以，首先三司失去功能：這種經歷在一開始時，三司失去功能，靈魂經驗對神的期待，但落在黑暗中，在普通知識中所提供對於知識的部份無法讓靈魂思考神，甚至三司推理默想不再如往日一般甜美，心靈所體驗到只有黑暗與虛無。其次靈魂日白唯有煉淨進入神祕知識，才能與神冥合：然而因爲任何感性羈絆現已脫去，黑夜使他明白心靈是自由的，運用任何普通知識無法自由認知神，唯有透過黑夜的煉淨才能在神懷抱中，進入神祕知識的認知過程；以及透過煉淨滌除後，心靈才能得到神恩。

所以靈魂可以唱出：「啊！奇妙之恩」〔註132〕。十字若望在《黑夜》中認爲靈魂可以歌唱「吾室現已全然安寧」的原因乃在於在黑夜中，人認識到自己的貧乏，而且對神謙卑，再加上七罪宗的煉淨，一切德行被鍛鍊出。所以心靈的情緒，包括喜樂、哀傷、希望與恐懼因著煉淨而平靜下來。〔註133〕無自我位格的「默觀神聖者」因爲不斷煉淨虛空所呈現新覺知境界，會使得視域融合，有如昇上地平線的那端，仰望上主的無限延展開來，而這是滌除屬世的雜質而得到純粹新生命的覺醒，化除不同生命的隔閡，而達到精神的合一光明之境。

五、無自我位格的「神祕階梯」描寫

整體而言，成爲「默觀神聖位格者」，是無自我位格旅程，十字若望以「神祕階梯」來論述這段旅程內容。

（一）階梯的意義

就整個靈神學史而言，梯子或是其它類似比喻，如聖女大德蘭的樓台，主要是表達「上昇」的概念。在梯子上昇的概念中可見三個共通特色：一是自世俗的低處向屬聖高處漸漸上昇，在越高處必然具有越高的價值；二是這

〔註130〕 *Ascent*,I,15:2.在經過黑夜之後，靈魂從被身體欲望監禁的情形下得到釋放，所有感覺部份都得到眞正平靜，不再任由欲望所牽引及影響。

〔註131〕 *Dark Night*,I,11:2〜4.

〔註132〕 *Dark Night*,I: "Ah, the sheer grace！I went out unseen, my house being now all stilled;"

〔註133〕 *Dark Night*,I:12:1〜13,15.

種上昇的象徵也與三個神修階段有相應關係；三是這區分與基督徒分類有關。對中世紀信仰來說，天梯代表有條理進取，一步一步通向先存高度。它代表拯救靈魂秩序，按此可使靈魂昇華到上帝的不可思議境界。〔註134〕

（二）歷史上的階梯〔註135〕

自哲學史角度來看，柏拉圖的知識論中已有這種梯性，他將知識的等級分成四級，自下而上分別為幻覺、感官知識、數學知識與理型。而只有理型才是值得追求的真實存在。柏羅丁認為世界自下而上區分為太一與 Nous，神的份量依序而逐漸增加，最後靈魂所回歸終點就是太一。

在教父哲學中，克萊門（Clement of Rome）以「靈魂大廈」為基督徒生活階段作為區分：分為敬畏、信仰與愛的階層。同期的諾斯底主義（Gnosticism）則以三種階層來作區分：分為注定得救的特選屬靈階層、需要神助才能得救的屬心階層、永遠沉淪的屬身體階層。

在奧古斯丁（Augustine）書中可發現他所列出七個步驟：從人的生理、知覺、理性（前三階段）、德性與淨化（第四階段）、寧靜（第五階段）、進入明悟（第六階段）、習慣與神密契且住在神裡面的階段（第七階段）。

十三世紀波拿文都拉在《心靈邁向神的旅行》中指出：人依序從外在世界，首先捨棄自己並在所有的受造中認識自己，這能使基督徒在謙卑及悔改中轉向神；再者，由人自身形象，當基督徒越來越轉向默觀，對自己認識越來越深時，此時靈魂也越來越轉向神，他將發現本性及恩寵中的張力；最後是看見神的形象，這是基督徒對於神的力量及神對人的關愛、仁慈與美善已有深刻認知。

與十字若望相交甚深的大德蘭的《七寶樓臺》與十字若望的《黑夜》第二卷神祕十階梯和《登山》有相輔相成的意義。第一樓台時靈魂還世俗中；第二樓台聽見神的呼喚，無法做出回應；第三樓台時已痛改前非，開始默觀；第四樓台時，因著愛而進行更一步的默觀，易有超自然現象出現；第五樓台

〔註134〕 歐文‧辛格著，高光杰、楊久清譯，愛的本性（第一卷）——從柏拉圖到路德，頁193。

〔註135〕 高士傑，〈基督徒靈修傳統中的默禱方法〉，《輔大神學論集》，第44期，頁217～236，台北：光啓出版社，民國69月10月；歐邁安（Jordam Aumann）著，香港公教真理學會譯，《天主教靈修學史》，香港公教真理學會，1991年7月；范明生，《晚期希臘教父哲學與基督教神學——東西方文化的匯合》，上海：人民出版社，1998年9月二版；安德魯‧洛思著，游冠輝譯，《神學的靈泉——基督教神祕主義傳統的起源》，北京：中國致公出版社，2001年2月初版。

時，靈魂不再認識自己；第六樓台時自上而來的痛苦出現在人靈魂裡，伴隨超能力的出現；第七樓台，靈魂已與神合而為一。〔註136〕

（三）十字若望的神祕智智慧階梯

　　神祕智慧為何是階梯的理由，十字若望在《黑夜》第十八章提及：〔註137〕首先梯子可以比擬神祕默觀使人不自覺地到達並占有天上至寶——永遠的真福。〔註138〕其次是梯子是用來爬昇或下降，而默觀中也可比擬靈魂上昇或下降。所以在默觀境界中，靈魂還未完成前，會不斷地上上下下起降不定。最後，十字若望認為稱神祕默觀為神祕生活的梯子，因為它有如被灌注愛神的知識，愛火不斷照耀靈魂，也讓靈魂拾級而上，直與神結合、聯繫。十字若望階梯的十個等級〔註139〕十字若望在《黑夜》第二卷十九、二十兩章提出向上攀昇的十個等級。而在《黑夜》第二卷八章中提到，他對階梯的區分是聖伯納（St.Bernard）與聖多瑪斯（St.Thomas）兩人而來。

第五節　「默觀」第二次對話比較

一、相似處

（一）無自我位格的空無說法

　　十字若望與莊子的「神聖默觀者」都是強調無自我的位格，是無自我位格的典範，所以「神聖默觀者」是無自我的位格，所達到位格際性的交流，是去除小我以完成大我鏡智圓融。「神聖默觀者」所達到這種位格際性交流，乃是人與神聖的會晤。人與神聖神相遇的角度而言，我們或許可以稱「默觀」的經驗為一種「空」或「無」的經驗。所指的「空」或「無」，不是空無一物，乃是超越形、相，悟破文字傳統規限的真知灼見。

　　事實上，十字若望與莊子都講「空」或無，當然基督教有神論所強調的，是神的存在、認知和愛是以超越的、卓越的方式向人表達，並不是局限於人從人性經驗出發而投射於上主或道的形相描述。在這樣說法底下，更進一步說，

〔註136〕請看 E. Underhill, *The Mystics of the Church,* London:Clarke & Co,Ltd,1975.
〔註137〕*Dark Night,* II,18:1～2,5.
〔註138〕梯子可以讓人藉以爬上堡壘並且占領其中的財富，何謂天上財富，天上財富是指永遠的真福。
〔註139〕*Dark Night,* II,19:1～20.

基督教靜觀的奧妙經驗可以用佛教《心經》的名言表達:「色不異空,空不異色,色即是空,空即是色。」

意思是「默觀」經驗中所謂的沒有神的形象正是神眞正的形象,這是有如否定神學所做的宣示是一樣的。「默」這個字可能就是對神最確切的描述。事實上,西方就有學者從這角度研究十字若望的著作。十字若望在《登上迦密山》卷一中這樣形容進入靜觀經驗的途徑:

> 要在萬物中得到滿足,渴望什麼都不擁有;要認知萬物,渴望什麼都
> 不知道;要得到萬有,渴望無所擁有;要成爲萬有,渴望成爲無有。

〔註140〕

東方靈修中爲達到完全「空無」的目的,要盡力「無慾、無我」,「涅槃」或者,特別是像老子所言以「損之又損,以致於無爲」也是一個自我消失的空無境界,這種說法召喚我們進入體驗道的層次,這種神祕體驗,它使我們聯想到《老子》中所說的「致虛極,守靜篤」、「爲學日益,爲道日損」,莊子所說的「心齋」、「坐忘」〔註141〕,周敦頤之「主靜」,〔註142〕陸象山之「易簡工夫」,王陽明之「循理之謂靜」〔註143〕。

爲道者或靈修者互爲主體性的溝通與交流,藉由語言所展現的有與無境界,應是在「視域融合」觀點上達到合一,這是神祕經驗,沉思冥想的經驗,這種語言詮釋,必須進入詩意或存有呈顯的返眞狀態,它是主體際性交流與溝通,它必須是虛無自身,才能自由開展無限可能性,虛無自身意謂著上帝或物自身,或不可言語的存有,不再經由佔有的形式阻礙上帝與人或道與人的交往,相反地,它成爲有所容受,更是一貫性、統一性的基礎。

〔註140〕Saint John of the Cross,《登上迦達默羅山》,同前,第110頁。
〔註141〕比方心齋中的「虛」字較詳細地說,「虛」的消極義在於去除感官經驗──「無聽之以耳」、「耳止於聽」、「徇耳目內通」;以及去除思辯理解,「無聽之以心」、「心止於符」、「外於心知」。而虛的積極義在於開發更高的智的直覺。循著「聽之以氣」、「氣也者,虛而待物者也」,人將會達致見道的成果「瞻彼闋者,虛室生白,吉祥止止」。對基督信徒而言,他們也講「空」,他們空虛自己,是爲了讓眞善美的天主進入和充滿愛。
〔註142〕周敦頤《太極圖說》:聖人定之以中正仁義而主靜,立人極焉。
〔註143〕《二程遺書》卷十五:學者先務,固在心志。有謂欲屛去聞見知思,則是「絕聖棄智」,有欲屛去思慮,患其紛亂,則是須坐禪入定,如明鑒在此。《王陽明全集·答倫彥式》:心無動靜者也。其靜也者以言其體也,其動也者以言其用也,故君子之學無間於動靜。循理之謂靜,從欲之謂動。

參與存有，讓自己靈魂轉化，或者說是轉識成智，成爲神性智慧或成爲大知者，意謂著讓存有的生命說話，不是肯定或否定方式，不是爲學或者爲道方式，或是其它有形象的痕跡所拘執，而是進入虛靜無己的心境中，展現生命實相氣度，如此一來既兼具生命個体性又具有心靈主體性的存在，並由此總攝人與他人，人與萬物及人與其自身。

這節，我們將從無自我位格的默觀神聖者來看待整個修道歷程是如何，簡言之，整個修道歷程是空虛自己，使成爲一個容器，以便能夠容納大我，成爲無我主體自由逍遙之境。

（二）「體驗」與身體實踐說法

道與神其實都有位格的靈智面，也具有超越且內在幅度，如莊子言「夫道有情有信」「同於道者，道亦樂得之」。問題是：「道與神本體的本體如何被體認而說出」。所以當人從事於道修或靈修，轉化自己氣質向神聖邁進，則道與神也在超越而內在被人體認而強說之，後人得以有幸，按圖索驥來獲得終極生命藍圖。中國人當然講求作工夫以達境界，有眞實之工夫實踐才有眞實之境界達致，工夫之實踐是需要知識引導的，工夫之實踐的知識引導即是就著理想人格的本體論觀念與宇宙論的知識所提供的來作操作依據，這是由「存有到知識的身體實踐」智慧，西方過去也由過重知識剖析到實存經驗重新理解，因此建立「知識到存有的身體實踐」智慧，兩者身體實踐的智慧，都是側重知識與形上結合的「知性形上學」的理想進路。

這裏我提出馬塞爾的反省，二十世紀法國思想家馬賽爾（G. Marcel,1889～1973）在三十年代發展出第二反省的學說。第二反省是對第一反省之反省。簡單來講，第一反省是過去西方所重視的對於存有的論證，較側重於純粹理性思考，也重視客觀和普遍性，如此說來此種第一反省基本上是知識論之工具，然而這類知識論之廣泛使用，侵佔及取代了存有論，致使人性眞理無法洞見。〔註144〕

〔註144〕以笛卡爾（Descartes,1596～1650）爲第一反省的代表。笛氏之「吾思故吾在」中之「吾思」變成第一反省之代名詞。笛卡爾從懷疑存在到肯定存在，尋找的是客觀的、抽象的眞理。懷疑表示採取距離，客體化、物件化。然而「存在」是懷疑和一切思想之預設條件，因此證明是多此一舉。第一反省把個別性解消，而平面地以類的角度檢查物件的合格性，純爲知識論的進路。馬賽爾，《是與有》，陸達誠譯，臺北：商務，1983，頁87。

「第二反省」及是針對第一反省的流弊，也是整個西方存有遺忘的問題，來加以思考反省，希望人此在出發來反省，「人」是理解此先於主體與客體之分化「存在」的關鍵，海德格爾稱之爲「Dasein」，一般譯爲「此在」來理解詮釋海德格爾的思想「Sein」（「在」「存在」「存有」）等。換句話說，馬賽爾用存在經驗出發，返回主體，藉內斂工夫觸及存有底基，而使知識回歸存在。所以「第二反省」著重在「體驗」概念上，應用自我凝斂工夫，去看發生了什麼？自我凝斂乃成爲第二反省的核心。進入凝斂之自我從經驗世界往後退一步，把一切不屬於自我本質的「所有」、「所作」都暫時放下，而以「純是」進入「純我」。這「體驗」是證成知識與宇宙修養工夫，當代新儒家牟宗三先生，綜歸整個中國人的修養核心概念是「逆覺體證」〔註145〕，這「逆覺體證」就是馬塞爾的「第二反省」，兩者都是著重「體驗」面向，是身體實踐的智慧。

二、相異處

「默觀」中常出現「光」的象徵，這光是眞理之光，十字若望有「黑夜與光明」的比喻，而莊子也有「朝徹」的比喻，這是與道、神合一的神聖感受，在此默觀密契中是人與神、道相遇的光景。光與暗對立彷彿聖俗的對立般，在對抗張力中，更吸引人對神聖嚮往，對彼岸的追求，希望達到人與道、神融合的之神聖境界。

人在光與暗之間對比，一方面人意識到人不可能以視覺方式進入此密契之境，一方面又不得不依此視覺經驗，進入神聖之域，正如莊子所言「五色令人目盲」。

「光」暗示著神祕、變化、不確定、無限，人在黑暗中被光的所吸引，光的變化不斷引人入彼處幽冥交會的地方，玄之又玄的黑暗冥明處，暗示著前方不遠處尚未顯示的「某物」，一種未解無知的神祕之境界，彷彿一再提醒爲學者或神修者必須作好準備，以進入神聖之境界而靜默等候。

總體而言，十字若望以爲「全福神視」的聖神之光難以逼視的，這樣的光的描寫較屬超越的層面，然而莊子則講「天府葆光」、「朝徹見獨」，這樣的光較接近內在的光的描寫。

〔註145〕「逆」來自反，反即返，返回眞實自我，是自覺和覺悟，牟先生說：「『逆覺』即反而覺識之、體證之之義。體證亦函肯認義。言反而覺識此本心，體證而肯認之，以爲體也。」牟宗三，《心體與性體》，臺北：正中書局，第二冊，1978，頁 475。

　　十字若望側重於黑夜痛苦，《登山》中，十字若望說到一個神修歷程要經過三個夜晚，而這三個夜晚是一個夜晚的三個面向〔註146〕，在黑夜之後，「能知默觀者」所達到的境界，彷彿在此有「默觀」光芒出現，「默觀」之光的強度，會剝奪理性之光的自然知識、以及官能本性與超性能力，而且這光超過靈魂能耐。靈魂難以承受的原因是因爲一方面默觀神光注入而精神黑夜，另一方面自己靈魂內心深處藏污納垢〔註147〕。軟弱靈魂無法承受神光猛烈照映，他覺得失去神，被神拋棄與懲罰，神光猛烈使靈魂一方面處在強大壓力下，一方面卻又相信已不再被神所愛，不再有人眷顧幫助，他覺得失去神、被神拋棄、懲罰。他甚至覺得被所有受造物，是他的朋友所遺棄。〔註148〕而這種結局無法法改變。他經歷人與神兩極結合痛苦，覺得神在摧毀他〔註149〕所以靈魂經歷來自於人與神兩極的結合，感到十分痛苦，這時好像是神在摧殘他，使他在精神黑夜毀解，這種痛苦比我們所想的更爲可怕。

　　莊子則偏喜樂境界描寫，這與馬塞爾相近，馬塞爾認爲存有的基調是喜樂，是存在之喜樂，這是在主體際性中充分發揮出來的喜樂〔註150〕不同於齊克果（Kierkegaard,1813～1855）和海德格（Heiddeger,1889～1976）之焦慮。這種喜樂在莊子中發揮得很多，如莊子「虛至生白」，此說明從事於道業開展，則產生空明心境，心至虛之時可以生出明光，此明光，可照見諸微妙處，可見莊子則側重內在的光明與喜悅的展現。唐君毅先生以「朝徹」一辭爲心智的大徹大悟，亦即「虛靈明覺心」或「靈臺心」之興起，而形成內心心境上的「虛壹而靜，謂之大清明」，則無所持之拘執心，此也相應了〈庚桑楚〉所言：「靈臺者有持，而不知其所持，而不可持者也」。此句唐先生解釋更勝於原句，他釋曰：「此是言靈臺之心，如一能持之靈光之照耀，然此照耀中，另無所持之物。此照耀中，另無所持之物。此照耀之本身，亦初爲不可執持之物。」〔註151〕

〔註146〕*Ascent*,I,2:5.
〔註147〕*Dark Night*,II,5:3～5.
〔註148〕*Dark Night*,II,5:6～7,6:2～3.
〔註149〕*Dark Night*,II,6:1.
〔註150〕《馬賽爾》，頁235～236，其中二句引馬賽爾的話，可參：《是與有》，頁91；及 Entretiens Paul Ricoeur –Gabriel Marcel, Paris: Aubier, 1968, p.87.
〔註151〕唐君毅著，《中國文化之精神價值》，台北：正中書局，1994年，p126。

第五章 「默觀」的第三次深層對話——
莊子與十字若望「結合」的境界

　　當我們進行結合境界的探索時，我們的理解與詮釋進入深層的對話，對此境界體認時，都發生在知識的認識進路上，當我們進行無自我位格時，神祕知識的意識轉化也正在進行，當步入這結合境界時，很難化分主客觀的知識分野，因為所有一切都呈現曖昧不明的混沌，又是本體又是知識的體認，在靈修與道化歷程中，不斷進行對話與交流，最後只剩詩意呈顯，那結合性的告知我們那是美境，只能「默觀」這一切的發生。

　　「道」或神可以說是自行開顯的存有活動，人可以與道或神合一，參與道或神的存有的活動。如莊子言：「與造物者遊」、「上與造物者遊，而下與外死生無終始者為友」、「遊於無窮」，「澹然獨與神明居」（《莊子‧天下篇》）。莊子在道的遍在性中並不特別強調道的超越性、本根性與統一性，相反地，他將道由無到有，由一到多的生成之路放入了變化以至於大化（或謂「物化」）之中，於是莊子斷言：「道行之而成，物謂之而然」（《莊子‧齊物論》）。

　　顯然，這樣的存在論與宇宙論的緊密結合使得「存有者存有化」，向著存有之源彰顯，參與宇宙大化洪流終極狀態，使人生命個體在萬物中既「超越又內在」。最終生命個體得以獲致保全的存在向度與生命向度。而終能在生命與存在互為一體的基礎之上輻輳向「道通為一」、「同乎大順」以迄「寥天一」的終極境界，這終極圖象是為道者或靈修者所企求，心所止息處。

　　關永中教授將密契主義分類為四類型：自然論密契主義、一元論密契主義、有神論的密契主義、巫祝論密契主義。〔註1〕神祕主義眾多型式，但歸納起來，可以有四大型態。

　　當然，一般認為莊子是自然論神祕主義：〔註2〕其特色主張萬物一體，體驗自己與大自然是一體。這種與萬物為一的經驗為「萬物為一」（All in one）的型態，他是屬於 Pan-en-henic（all-in eneness）等於萬物為一型態〔註3〕，自然神祕家體驗宇宙萬物彼此間沒有顯著分野，共同是一個整體。〔註4〕如莊子言：「天地與我並生，萬物與我為一」。而西方十字若望則是有神論神祕主義（Theistic Mysticism），也就是相信一至高神的存在，祂是萬物之根源，既超越又內在，既超越是指超越現象世界，既內在是指內在受造物之中。神祕家以這位神為結合的目標，在溝通中達致圓滿的結合，按天主教的神修學說法，這段旅程分為三部分：煉道、明道、合道。

　　此兩者的結合都是達到位格際性的交流，換言之，絕不像一元論代表佛教中的密契主義一樣，以現象虛妄，強調自力修行。佛家講的結合比較是是 unity，而不是 union。十字若望與莊子的結合境界是 union，而不是 unity。佛

<hr />

〔註1〕見關永中在〈神祕主義及其四型態〉一文中提出密契主義的四種類別，頁41～47。另外在〈神祕經驗知識論及其三大型態〉一文中，他認為自然論的密契主義在知識論討論不彰，因此僅列出三種型態。自然的密契主義，例如：面對大自然景物，而心馳神往，體會自己與萬物有著更深的連繫，體會個體四週環境沒有絕對的分界。如柳宗元「心凝形釋，與萬化冥合」；又如莊子「天地與我並生，萬物與我為一」，當密契者進入與萬物合一的境界，他感到自己與萬物溝通，自我也不在為存在中心，此外，他超出道德善惡分別，體驗到不朽，即便死亡也不害怕。〈神祕主義及其四型態〉見《當代雜誌》，36期，1989.4，頁41～47；〈神祕經驗知識論及其三大型態〉見《臺大哲學論評》，17期，1994.1，頁31～55。

〔註2〕cf. Zaehner, *Mysticism: Sacred and Profane*, p28.

〔註3〕在整體中，自我引退，人不再以自我作為存在的中心，而向一個更大的「中心」，就好像投奔大自然，以至我可以說：我就是這個大自然。他能夠返樸歸真，在神祕體驗中意識自己，返回孩童時期的純真。從童真中，超出善惡範疇，其善惡不等於不道德，而是等於超道德（處在道德抉擇以外，道德問題不在此層面出現）。cf. Zaehner, p50.

〔註4〕Zaehner 回應說，此經驗並非究竟的神祕經驗。此種經驗，很接近精神病 Manic-Depressive，人在服食迷幻藥，也可以導致這種經驗，與萬物一體的感受，不必透過修行，不必有高道德人格，而可獲致，可以是與生俱來的，也可以是透過吃藥來達致。Aldous Huxlen, *Doors of Perception*（London:chatto & Windus,1954）

教結合，是合一的結合，在合一中個人隱沒在整體中。十字若望與莊子的結合強調個人與整體仍然有別，〔註5〕當然莊子也有所謂的「見獨」說法，但道與人終究仍有分別，人仍有位格其尊嚴價值。

第一節 「結合」的哲學性理解

「能知默觀者」所達到的結合境界，事實上就是去除本位主體，化除障礙，呈現與存有共動共融的「位格際性」交流，而「位格際性」指出了原本本體論中的位格面向，由無自我的位格性強調去除主體的的位格際性交流，以犧牲小我，完成大我圓融境界，將是「能知默觀」位格者所希冀做到的境界。

馬丁・布伯強調「存有」即是生命，生命絕對不能是孤獨的存有，他在《我與你》中有言：「你（Thou）與我相遇，而我步入與你的直接關係中。因此關係即指被選擇與選擇，以及受動與施動的合一（suffering and action in one）。」又說：「一切真實的人生都是相遇（meeting）。」〔註6〕在面對自我之基礎上，尚有我與他我（你）的互動，吾人因著對自我之存在價值的肯定下，同時肯定了他我的存在價值，而之所以肯定他我的存在價值之原因，乃他我（你）與我具有相同的結構，而為另一個我，這就是一種深刻的結合境界。

莊子以「莊周夢蝴蝶」來說明主客觀已全然無分的結合境界，使吾人不再因分別而忘記道之大全，十字若望也以婚姻當中戀人比喻，來說明感情濃烈，已然不分彼此的結合境界。

由於人能體合於道，而又不以自己為中心，在此境界，真人自亦能展現一種獨特的人格之美，構成其身體與風度的獨特美質。莊子對此有具體之描述：

〔註5〕我們若以佛教唯識宗為代表來介紹此一元論的神祕主義：1、人與「絕對境界」合一：如吠檀多（Vedanta）——梵我不二，大梵天（Brahman）與個體（Atman）是一體合一，unity不等於union，而 如一滴水（個體）消失於海洋（絕對境界）；2、以現象世界為虛幻：現象世界不等於永恒不變的自體。有如佛家三法印：諸行無常、諸法無我、涅槃寂靜——用以判定某思想是否為佛家的真諦；3、涅槃寂靜：涅槃之體不生不滅，修行人入涅槃等於出離生死，與究極實體合一。有餘依寂滅：見道未死；無餘依寂滅：見道死亡；4、自力修行：修行分為消極與消極面。就消極面而言修行：破執乃是破煩惱障，擺脫虛幻世界的束縛；破所知障乃是破除對世界的執著。其積極面言修行：致力與絕對境界合一。可參看玄奘《八識規矩頌》，明，釋廣益，《大乘百法明門論、八識規矩頌》纂註（台北：老古文化，1982）。護法等造：玄奘譯《成唯識論》（台北：老古文化，1981）。

〔註6〕Martin Buber, *I and Thou*，trans. by R.G. Smith, Charles Scribner's Sons, New York, pp11.

> 若然者，其心忘，其容寂，其顙頯，淒然似秋，煖然似春，喜怒通四時，與物有宜，而莫知其極。

> 古之眞人，其狀義而不朋，若不足而不承，與乎其觚而不堅也，張其虛而不華也。邴邴乎其似喜乎，崔乎其不得已乎。滀乎進我色也，與乎止我德也，廣乎其似世乎，與乎止我德也。警乎其未可制也，連乎其似好閉也。悗乎忘其言也。（《莊子·大宗師》）

　　在專心凝志的的狀態下，去看或者去聽一切的發生，去看或者去聽，此「結合」需要凝神用志，透過「持而守之」、「心齋坐忘」、「朝徹見獨」、「煉道」、「明道」爾後能達道顯的境界。眞人或聖人均是無自我位格所達到位格際性的交流，這交流呈現合一的聖境。

　　而基督教靜觀的深度經驗被描寫爲「神婚」：表達神人聯合，二者成爲一體的深度靜觀經驗。這個象喻所強調的是靜觀者的「我」被轉化。在愛的密契經驗中，觀者與全愛的神成爲一體，靜觀者的「我」好像不再存在。十架若望除了用「老我死去」的類比來形容這種神人合一的更新經驗之外，他也用「木頭化成火」來表達純愛的靜觀生活。密契靜觀的結果全愛的上主在靜觀者生命中具體地活現。按靜觀者本身經驗而言，他/她自覺愛如活泉湧現，他/她深愛周圍所遇見的每一個人。

　　由此，我們進一步去探討「結合」到底是什麼意思？

一、結合性

　　神或道和人之間存在著一種詮釋的循環（Hermeneutic Circle），有如海德格所論存有（Sein）與此有（Dasein）的關係，但這並不表示眞人即是道：正如同存有雖賴此有而彰顯，但此有絕非存有本身。神或道與人的「結合性」，而這脫離不了人的存在的本眞性以及人邁向眞理的生命實踐歷程。「結合性」其實隱含著人向著神聖，或者神化，或者說是氣化，以致於終極實有顯現在吾人自身自我對話，最後以沈默，去看待那一切大妙變化本身。

（一）由下灌與返本來說之莊子的「結合」

　　人存在本眞性，在莊子而言稱爲「眞君」、「眞人」〔註7〕。眞君或者眞人，

〔註 7〕〈天道〉篇的「水靜則明……水靜猶明，而況精神」，以及〈刻意〉篇的「精神四達并流，無所不極。上際於天，下蟠於地……其名爲同帝」等語，其中的「精神」一辭，就兼具「靈智體」、「靈智力」、「靈智活動」的義涵，尤其〈刻意〉篇所欲表達的靈力義，還暗寓著人靈智活動的超越潛能，指其爲無可限量的一份精神能力。

意謂已進入與道合一的階段，就莊子的「結合」概念裏，其實蘊含著道心「下灌」與人心「返本」的雙向溝通。

下灌──從上而下的角度言：天道化育人的精神生命。天道精神在人的精神內獲得具體落實，而有限地透顯，這是天道精神的有限化與內在化；換言之，道的精神在人的精神內閃耀其靈力；無限的道體在有限的個體身上部份地呈現以至我們可藉著接觸人有限的精神及其活動，而體會天道那無限玄奧。

返本──從下而上的度看：人的精神本來就是天道精神的有限呈現，人精神分享了道精神的精髓，是為道心的具體落實，以至人的精神只須往上提昇，自然能與天道精神遙契，成就有限心靈與無限心靈間的冥合，此為人精神的返本歷程。

在這份「返本」歷程中，我們尚可分辨出分享、冥契兩個面向他代表上下的迴向，也代表中國人的道無所不在，潤澤萬物，以及修道者下學上達，以知天道之常。分享：任何人的精神都在分享著道體的絕對精神，因為人精神以道心為其最終本源。

冥契：人的精神並不止於分享道的精神而已，人仍然可以與道有更進一步的融通；人可藉修道而得道體道，與道心靈冥合為一。人心與道心在互相的融貫之中，超出了對立的張力與彼我的封界，而冥合為一。〔註8〕我們可以說返本──人精神冥合道心，人在見道中回歸本源，而下灌──道化育人精神生命，且道為人心靈之本源。

（二）由下灌與返本來說十字若望的「結合」

「結合」在十字若望看來，也有這些意義：化除一切對立、使物各顯其性、透過不斷靈修才得以達致。而在十字若望解釋「結合」時，他講到「我們進入其中」時指出：

> 心愛的和我要進入，她藉此說明，她不再單獨行走，而是新郎和她一起進入。此外，由於靈魂和天主已經在此神婚之境結合，如我們所說的，靈魂不能沒有天主而單獨行事。

〔註8〕人從沒有受到外物牽累之心所發出超分別相的直觀、智慧，……這種直覺、智慧，是不受一切形體、價值、知識、好惡的限隔，而與無窮的宇宙，融和在一起，這是莊子在現實世界之上，所開闢出的精神生活的世界，莊子……把自己安放在這種精神生活世界中去，這即是把自己所說的「獨與天地精神往來」。

「我們進入其中」，就是說我們在其中被神化，亦即藉此神性和歡愉的愛，我將在你內被神化。〔註9〕所以靈魂無法單獨行事，一定要有神與他同在，十字若望稱此「結合性」爲神婚，在神婚概念中也隱含著神與人之間「下灌」與「返本」的微妙溝通。

下灌——從上而下的角度言：首先需知靈魂是精神體，是以一種強或或弱的程度接受光照。彷彿空氣之被光照，是按其所受光照的程度。靈魂的中心點是神，靈魂在人具體落實，是有限透顯，所以會感到神枯或神貧，抑或是痛苦，這也是個體有限性與內在化，然而透過靈修，無限的真聖美的神聖之光在有限個體身上呈現以致於我們可能藉此接觸人有限精神及活動，來體會神那無限玄奧。

返本——從下而上的度看：聖十字若望，講到的人的靈魂，必須靈修成爲神化，神化意謂著雖說人的靈魂是神的有限呈現，然人卻分享了精髓，而靈魂是整體不可分割的，在攀爬神祕階梯時，靈魂是整體在爬，必須漸階向上，如同焚燒木頭的比喻，只要有潮濕就無法完全燃燒一樣，人的精神只須往上提昇，虛無自己，攀登加爾默羅山，才能與神天主合而爲一，這是愛德聖化，以成就有限與無限心靈間的冥合，此乃人靈魂返本歷程。

在這份「返本」歷程中，我們尚可分辨出分享、冥契兩個時份。

分享：十字若望提出了日光與玻璃的比喻，日光即是神本體的真光，而玻璃就是靈魂自己。靈魂若煉淨後與神結合，則神與靈魂之間是種分享的關係的結合，這種結合，使靈魂與其說像自己，不如說像神。十字若望認爲，因著分享使靈魂變成神。〔註10〕這種結合仍是有不失自己的本體。〔註11〕

冥契：人的精神並不止於神性而已，人仍然可以與神有更進一步的融通；人可藉靈修而與神結合爲一。人與神在互相的融貫之中，超出了對立的張力

〔註9〕 *Canticle,* Stanza 37:6.

〔註10〕 但十字若望仍強調，不論如何改變，靈魂與神之間仍不會彼此混合，一如日光照射玻璃仍不失自己的本體。

〔註11〕 歐文‧辛格（Irvin Singer）著，高光杰、楊久清譯，《愛的本性（第一卷）——從柏拉圖到路德》，雲南：雲南人民出版社，1997年3月2版，頁245。在此書指出即使是非正統的艾克哈（Master Eckhart）都可以看出基督宗教的結合不論如何都強調在神與人中間有巨大的分離。但爲了避開靈魂因存在等級上差異導致的對神的無法接受，杜普瑞（L.Dupré）認爲在這種結合中，神性實體與靈魂的結合迂迴地避開了不適合接受靈魂的部份，而直接進入適合的部份。見 L.Dupré,*The Deeper Life:An Introduction to Christian Mysticism,*New York:The Crossroad Publishing Company, 1981, p83.

與彼我的封界，而冥合為一。在下灌與返本當中，我們發現這個「結合性」是以化除對立差異，可以保存物性，但仍需凝神用志的。

（三）神化或氣化的結合

神或道與人之間「下灌」與「返本」的微妙溝通在十字若望來講是「神化」，在莊子來講是「氣化」，透過神化與氣化可以達到「達道為一」及「神婚」主客視域融合的結合之境，這種主客體視域融合，所傳達出來的那份「結合」，是化除一切差異，也不礙各物的顯現自性，更是人持而守之，聖化自身而後已的歷程，而這歷程是止息在那安然的一，呈現默觀那身體所體現的道存或神存境界，以致於在冥合當中，化除所待，成就那「是」的所以然，而不知其「所以然」的生生不流，就在那瞬間，自我也超越對立及封界，在那一中，一即一切，一切是一，故莊子說：

> 古之人其知有所至矣。有以為未始有物者，至矣、盡矣，不可加矣。
> 其次以為有物矣，而未始有封也。其次以為有封焉，而未始有是非
> 也。是非之彰也，道之所以虧也。道之所以虧，愛之所以成。
>
> 其分也成也；其成也毀也。凡物無成與毀，復通為一。（《莊子·齊
> 物論》）

這裏說到物無論分別與成毀，一切終究由道所貫通為一換言之，此「結合」乃是道的開顯，故能化除一切價值差異。而十字若望則是靈魂感到心愛的神就在他的內在，靈魂完全浸潤在愛中，在愛中，靈魂覺得心愛主就是他的一切，所有萬有均是神，即便在受造物中也感受到神的愛與榮耀。〔註12〕換言之，在道中或神中，一切均是真、善、美、聖，存有價值默識中，歸而合一。

二、神化或道化的結合可能性基礎

「結合」的合法根據在哪？簡言之，即是說明人與道與神的之間的溝通的可能性在哪？我們可以說是「成就位格適然性」〔註13〕，「神聖默觀位者」所成就乃是「位格典範」，這是在虛靜沈默中進行，所以在此有存有者，人能回返成為「實有是」狀態，則能化異為同，成就「是其所」，將存有提昇，

〔註12〕 *Canticle*, stanza 14～15：5～8.
〔註13〕 所謂適然的（contingent）的位格，是指一個具體、有限制、有如此性格，但卻有無限潛能，同時又必須與其它位格共同存在的存有者。人可以完全掌握存在的方向，這就是決定自己命運的「存在」人是有形器的理性存有。

以致發揮人之所以爲人尊貴處。

我們講到神化與道化，將人的存有提昇，以致於與絕對終極的一有著溝通交流的可能性，這溝通交流的可能性用拉內的話來說即是人是存有的奧祕之所，當空虛自己，成爲有所容受，則道與神呈現去蔽顯眞的狀態，無所執著順乎自然，合於天性，使各物能各顯其性。

> 牛馬四足，是謂天；落馬首，穿牛鼻，是謂人。故曰：無以人滅天，
> 無以故滅命。無以得殉名，謹守而勿失，是謂反其眞。（《莊子・秋水》）

如此一來，人仍能盡其感官、理智、意志、情緒的正當發抒，在位格的適然性上，成就人之所爲人的尊貴之處，在十字若望裏，強調所感官、理智、意志、情緒煉淨，在莊子也強調形、神的虛損修養，在在都是使位格在虛靜空靈的智的直觀下，呈現位格的適然性，使位格發揮正用，正用的結果，便使得參與大化歷程的個體聖化，或說是神化，或說是道化，這是存有的奧祕，必須眞實體驗者才能描述出。

第二節　十字若望的「默觀」與「結合」

合道是黑夜中與神密契的最高境界，而在煉道中就已經出現〔註 14〕。究道合道對十字若望有什麼意義呢？十字若望又如何應用神祕階梯來說明合道意義？而合道的密契景觀又是什麼呢？

一、結合

（一）意義

對十字若望而言，結合是爲何意義呢？關於結合意義，十字若望在《登山》中特別以一章的篇幅來加以解釋。〔註 15〕結合是不常發生的狀況，即靈魂在神裡面的結合與變化。這種結合發生條件必需要彼此以愛作根基才能產生。所以這種結合他稱爲相似的結合，即所謂超自然的結合。神在此結合中與靈魂的意志完全符合不相違。〔註 16〕十字若望認爲這相似結合爲

〔註 14〕 *Canticle*,Stanza1:1.十字若望指出「靈魂在這首詩歌的開始，已經逐漸曉悟她的責任」。這是最初級的合道，靈魂對神已有的知曉。

〔註 15〕 *Ascent*,II,5:1～10.首先，他說，神與靈魂間的關係是，神已經在一切靈魂上居留著。這是限於本質的意義。因爲所有受造物本來就已分享神的光榮，有此居留關係，受造物將化爲無有。

〔註 16〕 *Ascent*,II,5:4.不僅不在現實情況不相違背，在靈魂的習慣上也不相違，換句話

「這等人不是從血氣生的，不是從情慾生的，也不是從人意生的，是從神生的。」〔註 17〕十字若望認爲，神給人成爲神的子女的權力不是從血氣、情慾、人意而生的。人可以變化爲神一般，卻非指人在本質上變成爲神〔註 18〕，而是指分享神的結合成爲純潔的改變，在純淨面向上與神相似。

十字若望以日光與玻璃的例子來說明結合意義。當日光射入玻璃時，若玻璃是潔淨的，則日光自然能照亮它，玻璃與日光不同，玻璃只是因爲分享了日光才使它變得光亮。〔註 19〕在此例子當中，日光即是神本體的眞光，而玻璃就是靈魂自己。

（二）結合的原動力及分類

基本動力來自於純潔與愛，沒有純潔就不可能改變，而沒有愛則變化則不可能。愛與純潔的程度越高，則與神結合也越高。十字若望在《活燄》第一詩節中提出兩種結合方式：一是單單愛的結合（Union of Love Alone），另一是與愛的活燄的結合（Union with an Inflaming of Love）。〔註 20〕前者，即單單愛的結合，被象徵爲戰鬥中的教會，其愛火尙未達到頂點，後者，即與愛的活燄相結合，象徵和平的直觀，爲勝利的教會。就十字若望而言，前者高於後者。無論如何，兩者必然地涉及最基本結合動力：愛。這是整個天主教靈修系統的核心。〔註 21〕

說，靈魂必將內外不完善拋離。因爲靈魂越與外在自然物、或自己能力或自己心情習慣上執著，他與神密契程度就低。這裏指出基督教的密契主義並非消滅個人個體性，而是指要消除人與神的結合障礙，必須去除人的不完善。東方密契主義比較傾向消解個人於無限的神明中，這樣的觀點易流入泛神論中。西方強調人與神愛契合。我們可以看到日光透過玻璃的例子來說明。

〔註 17〕 *Ascent*, II,5:4.這是從〈約翰福音〉第一章第十三節經文來說明這種結合。亦指出人不生自錯縱複雜組合、也非來自自己或自然能力、更非智力範圍內思考所能掌握。

〔註 18〕 張奉箴，〈神祕經驗與天主教〉，《輔大神學論集》，第 93 期，頁 429～456，台北：光啓出版社，民國 83 年 10 月。

〔註 19〕 *Ascent*, II,5:5～7.玻璃因乾淨而反射日光。日光無法透過光本身照亮或改變玻璃，若玻璃塵土較少，則自然會比較乾淨。

〔註 20〕 *Living Flame*, I:16.十字若望以以賽亞書第三十一章第九節來比擬：「這是那有火在錫安，有爐在耶路撒冷的耶和華說的」。愛的活燄可比作錫安山上屬神的火燄或是耶路撒冷屬於神熔爐。

〔註 21〕 高士傑，〈基督徒靈修傳統中的默禱方法〉，《神學論集》第 44 期，頁 217～236，台北：光啓出版社，民國 69 年 10 月，頁 232。他在這文中說到愛能產生行動，這行動即一種意願，是純內在的，也能流溢於外。「祂愛我，祂愛我。我求祂出來，叫我看到祂。祂如果遲遲不出來，我還是愛祂，我等待祂。」「愛使我

二、婚姻的合一

合道景觀並非是完全不可言說的部份，但其中含蓋了神祕部份。整個密契的最後進入合道景觀。靈魂此時與神彼此結合，在愛中完成了整個工作。十字若望以「神婚」為代表。其實合道是屬於整個靈修過程中的一環，不可分割，進入煉道時，其實已產生合道情形。整個合道景觀為予方便說明，於是分為煉道、明道、合道三個不同階段討論。合道中的極致景觀，以婚禮為喻，作出了三種類別，這三種類別可在《靈歌》中找到，分別是：靈性訂婚、神婚與榮福婚禮。透過三類別可反應出後順序及重要性。以下是對三類別婚禮描述進一步說明：〔註22〕

（一）靈性訂婚〔註23〕

在《靈歌》第十四、五詩節的注釋中，出現了「靈性的訂婚」。在靈性訂婚狀況中，靈魂與神結合，而且感覺到萬有都是天主。

另外，在《活焰》中，靈性訂婚的境界，苦難已結束，因靈魂已煉淨，不再受苦，然而這還未登峰造極。靈性訂婚的開始，根據《活焰》中所記載，當靈魂切慕渴望神，就占有神的。換句話說，當靈魂越愛神，他便占有神越多〔註24〕，因此他的喜樂與愉悅就越多，勝過他所受的苦。在靈性訂婚中，痛苦已消，但靈魂仍受攻擊。

根據《靈歌》描述，靈魂已通過煉淨，魔鬼仍以兩種方式對靈魂進行攻擊：一是兇猛地煽動靈魂內的欲望，其次是藉著身體折磨進行攻擊。

魔鬼最直接的就是在想像內製造許多形象，這甚至有時是靈魂感官許多活動之因。〔註25〕除了魔鬼之外，感官也會攻擊。〔註26〕

忘掉一切，也忘掉我自己。在我的意識中只有天主，祂愛我，我也愛祂……我的意願與天主的意願結合為一。」

〔註22〕這三類別可透過《靈歌》與《活焰》中拼湊出來。

〔註23〕*Canticle*, stanza 14:1～15;*Flame*,Stanza3:24～26.

〔註24〕*Living Flame*, III:23.

〔註25〕*Canticle*, stanza 16：2,6.

〔註26〕*Canticle*, stanza 18：7～8. 十字若望的詩節中提到：「猶大女郎啊！……去外邊，留在城郊外面」以寓意方式說明這種感官攻擊方式。猶大代表靈魂的下層部份，而城郊外面則是內感官，即記憶、幻覺與想像的形式，幻像所匯集之處。猶大女郎正是這些形式的代名詞。與代表內唐官的城郊外面相反的是城市，即指靈魂的部份：最理性，也是與神交往地方。來自感官的女郎若進入猶大的城邦，即靈魂中的話，靈魂則會被打擾而破壞她在神內的寧靜與幸福。

　　進入靈性訂婚的靈魂，其內在有些特徵可發現〔註 27〕。此時靈魂已通感官煉淨，所有痛苦已停，而唯一的痛苦是來自體驗神的不在場。若靈魂與任何一種受造物交談或交往，則會騷擾加深痛苦。〔註 28〕靈魂感到心愛的神就在他的內在，靈魂完全浸潤在愛中，在愛中，靈魂覺得心愛主就是他的一切，所有萬有均是神，即便在受造物中也感受到神的愛與榮耀。〔註 29〕

　　就認識的方面：靈性訂婚對神認識可能來自被動理智，這理智被動地領受神的認識，且屬於理智的認識活動〔註 30〕。而在這理智認識活動中，靈魂所理解不是清晰的。如「偽戴奧尼修斯所言，在今世中默觀是一道黑暗的光」〔註 31〕

　　此時進入「默觀」狀態，「默觀」完全是愛神的行動。所以靈魂的行動不在身體內，也未捨棄身體或感官生命。雖然「默觀」在今世像是對神驚鴻一瞥般。但仍能由「默觀」神而認識奧祕的事。〔註 32〕此時靈性訂婚代表靈魂與神之間的關係進步到一個高峰，但仍比不上神婚。在《活焰》中，十字若望更指出新娘與新郎的訂婚雖美，但缺乏兩人的結合。靈魂訂婚所指的是靈魂以其潔淨的本性回應神發出的呼喚之聲。

（二）神婚

　　神婚是在此生中靈魂與神結合最高表現。這種結合也可以稱為「神化的結合」〔註 33〕（The transformation union）。這種結合表達了最親密、熱愛及穩固性的狀態。在神婚中人與神結合是整個密契高峰。

　　此時靈魂擁有神的同在，寧靜安詳，且不因渴慕神而煩惱，另外，靈魂希望能在此世之後與神永遠結合，但也甘於完成神所交付的地上使命工作。

　　由靈性訂婚到神婚，是代表密契的高峰。

　　神婚的意義是主內的完全神化，這是以某種愛結合的極至所在。靈魂因

〔註 27〕 *Canticle,* stanza 16：1.

〔註 28〕 *Canticle,* stanza 17：1.

〔註 29〕 *Canticle,* stanza 14～15：5～8.

〔註 30〕 *Canticle,* stanza 14～15:14.

〔註 31〕 *Canticle,* stanza 14～*15*:16. " Although the knowledge is stripped of accidents, it is not for this reason clear, *but* dark, for *it* is contemplation, which *in* this life , as St. Dionysius says, is *a* ray of darkness."

〔註 32〕 *Canticle,* stanza 13-：10～11.

〔註 33〕 陳文裕，《天主教基本靈修學》，台北光啟出版社，民國八十年十二月三版，頁 311。

而成為神性的，而在今生享有與神同行的祝福。在神婚中，一方面捨棄自己的全部，一方面完全順服於對象的一種結合。靈魂因而成為神性。〔註34〕

　　神婚的意義最主要以愛情方式表達出神與人親密關係。基督教密契主義在聖經找到相關經文的支持：最明顯例子是《雅歌》〔註35〕。神婚與人的相互的愛有相似之處，是相互的，而且愛到深處將自己交託對方〔註36〕，這在世界諸宗教密契主義可以找到。這是最深刻體驗與最完美狀態。

　　《雅歌》甚至以性來象徵人與神之間的關係。這是基督宗教的密契主義常用的象徵來說明人與神結合的關係。〔註37〕未達這神婚時，靈魂需考驗、痛苦及默想中不斷修鍊，當通過煉淨的階段，使他對神的愛到達高峰，希冀神是他此生所有及一切。

　　所以在《靈歌》中說到「開始需要淨化下層部份的所有不成全、叛亂和不成全的習慣，亦即是脫去舊人，降服且順服上層部份……」〔註38〕

　　神婚的敵人有三種：分別是神師、魔鬼及靈魂自己。

　　神師：此一問題在《活焰》〔註39〕中有極長篇幅談論。神師的最主要問題在於不瞭解神引領人走上「默觀」一途的奧祕，特別是當靈魂在「默想」與「默觀」間轉換困難時，又需以神師所希望的迫切進行靈修時會產生。

　　魔鬼：魔鬼主要是使靈魂分心，並使靈魂離開靈修生活；進一步以微不足道的事讓靈魂魂損失慘痛；更以外在的痛苦、內在打擊使靈魂害怕恐懼，因而離開靈修。因此，準備進入神婚的靈修者，仍要繼續進行煉淨工作。〔註40〕

〔註34〕 *Canticle,* stanza 22:3; *Living Flame,* III:24.

〔註35〕 當中的情色描述被寓意性的解釋為耶穌基督與教會間的關係。這種比擬王瑞鴻指出密契主義渴望是最深刻的體驗，而兩性的結合正是世俗中最親密、最熱型的關係，它不只為肉體帶來極大歡樂，也帶來心理上的飽滿。見王瑞鴻，〈試探神祕主義的不衰之祕〉，《宗教》一九九九年第二期，頁16～20。北京：中國人民大學，一九九九年五月二十七日，頁18。

〔註36〕 Rob Faesen，〈何謂神祕體驗：歷史和解釋〉；趙敦華編，《歐美哲學與宗教講演錄》，頁126～158，北京：北京大學出版社，2000年5月第一版，頁142。

〔註37〕 嚴曼麗，〈從神祕到愛——與英國倫敦大學宗教哲學教授冉天恩談神祕主義〉，《當代》第三十六期，頁68～73，台北：當代雜誌社，民國78年4月1日出版，頁71。

〔註38〕 *Canticle,* stanza 20～21:1；22：3.

〔註39〕 *Living Flame,* III:30～62.關於神師的問題的章節主要集中在41～62節。

〔註40〕 *Living Flame,* III: 63～65.

及靈魂自己：靈魂可能只知感官與推論反省方法，因此進入「默觀」時官能無法使用而浪費許多白工，這是因為靈魂不了解自己，以致於自我擾亂及損害情形。〔註41〕

三官及四情緒的滌除〔註42〕：三官能即理智、意志與記憶相關對象，四情緒即快樂、希望、怕懼與悲傷的感覺。靈魂需要留意官能及情緒的攻擊，經由煉淨後，靈魂進入神婚的階段，十字若望認為在神婚的景觀下，有重要徵象：比方她的靈魂已經超脫並離開萬物，魔鬼已經被征服和驅逐，情緒已經被馴服，本性欲望已克制，是感官和低級部份已經革新、淨化且和心靈部份和諧一致。感官各按其能力，分享已經擁有的幸福。〔註43〕為此他在《靈歌》第四十詩節中，用詩的形式來表達這個景觀的內容：「**悄無所見，亞米納達也沒有出現；城垣平靜安寧，觀望諸水，騎兵降臨。**」十字若望說明這時候的景觀內容是靈魂已遠離所有受造物，並享受在神之內歡愉；而因著到達完全的境界，以致魔鬼不敢出現；理智的情緒與欲望已然平息；本性作用降低，感官也停止作用。靈魂沉浸於神結合境界中。〔註44〕

（三）榮福婚禮〔註45〕

榮福婚禮，已非今世所能經歷到。那是靈魂離世才經歷。很少有人可以在今世中經歷這等美妙。在此狀況中，靈魂與神之間不再有阻隔而能面對面結合為一，這是最高等級。若從神祕知識角度來說，此級已進入榮福神視（beatific Vision）的等級中。靈魂將平息過去一切的不滿足，而且能夠以直接的方式面見神〔註46〕。十字若望只提出這種經歷而沒有對之多作分析。〔註47〕榮福神視或榮福婚禮的寫景，十字若望在《活焰》中第一詩節的第二十九節到第二十四節有進一步描述，總體而言十字若望以撕破紗的比喻來說明這種

〔註41〕*Living Flame,* III: 66～67.

〔註42〕*Canticle,* Stanza 20～21:4～10.

〔註43〕十字若望在注解《靈歌》第四十詩節中，寫了引言，指出他要表達的主題，*Canticle,*Stanza 40:1.

〔註44〕*Canticle,*Stanza 40:2～6.

〔註45〕*Canticle,*Stanza 40:7.

〔註46〕*Living Flame,*I:27.

〔註47〕關永中老師提出榮福神視只能被期待，而沒有進一步在十字若望著作當中被分析。見關永中，*Knowledge of the Transcendent-Acomparison of St.John of the Cross and Carlos Castaneda*（katholieke Universiteit Leuven:Faculty of Theology, 1983），p.192.

屬天福份的內容。十字若望用「紗」的比喻與「撕破」比喻來說明障礙和對障礙的排除。**紗的比喻——用紗比喻障礙**：可以指精神與肉體間的結合，這種結合使靈魂與神分離，而且這層紗是透明的，它會讓光可以透過。**撕破的動作——用撕破表示將障礙排除**：撕破並非切斷或毀壞，這詞更適合靈魂與神在此相遇；它代表這是愛與愛強勁接觸，以撕破來說明；而且因為愛所渴望這個動作簡潔快速，使得愛火焚燒的靈魂渴望快速撕破；相反地，切斷或破壞需要花較多心力，遠不如撕破的比喻。

靈魂與神結合時，將有三層紗阻擋這種結合工作。〔註48〕**三層紗分別是現代的紗（Temporal Veil）**：包括所有受造物。**本性的紗（Natural Veil）**：包括純本性的傾向與官能作用。**感性的紗（Sensitive Veil）**：包括靈魂與身體的結合。前面兩層紗在進入與神結合生命前，已經被撕破了，它們是藉著心靈煉淨的緣故。十字若望指出：為了達到與神結合，前面的二層紗一定要撕破。在此結合中，世物完全被捨棄，一切性的欲望和情感已被克制，而靈魂本性作用也被神性化了。〔註49〕現在只有感性生命的第三層紗有待撕破，《活焰》在此寫道：「撕破此紗甜密相遇。」十字若望認為這層感性之紗又薄又細，因著結合而神化。但在結合中與愛的活焰相遇時，是甜蜜美味而非粗魯的方式來撕破這層感性的紗。而越嚐到甜蜜美味的滋味，靈魂將感受到越快撕破這層紗。當靈魂到達這境界時，她同時也準備結束此生旅程。他們的靈魂不會被強奪；這等人的離世與其它人不同〔註50〕，他是在溫和甜蜜中離開，而且是在與愛的歡愉中相遇而過世。靈魂她清楚知道自己的純潔與富有與充滿德行。她自覺站在分離點上，除了撕破這層紗外，她別無所求。而當神為靈魂撕破這層紗後，靈魂得以進入神的國度中。在那，她完全圓滿進入天國，得以與神面對面同在。再也無法與神分離。〔註51〕

一個合道的靈魂常遭受世間的責難，或是批評他們隱居或是奇特生活，或是指責他們不在乎世人看重要事。然而，就一個與神合一靈魂展現的生活：其行事為人是符合聖經的教導，也留下典範使後人景仰，雖然其神密契的靈修者行為是不同的，易遭受到攻擊中傷。

〔註48〕 *Living Flame*,I:29.
〔註49〕 *Living Flame*,I:29.
〔註50〕 *Living Flame*,I:30～31.
〔註51〕 L Dupré,*The DeeperLife:An Introduction to Christian Mysticism*,p.84.

　　十字若望在《靈歌》中針對這些攻擊提出辯護：〔註52〕靈魂的回答是：靈魂找到了天主自身這樣重要的事，所以他甘願爲了神的緣故，而失去所有不是神的事，所以靈魂不再追求屬於世界一切，靈魂會說出：「你們會說我已失落」，而藉由詩句來說明：「失去我，而找到了我」。換言之：靈魂不再注意自己，全心注意屬神的事，而失去一切屬於受造物的。神是他所有一切，他失去了所有不是神的，但他專務在向神邁進的靈魂身上，不再用過去的思慮、形式、感受等方式及道路來接近神，而是用直接面對面與神會面。

第三節　莊子的「默觀」與「結合」

　　道家所講的理性超越，說的便是「無知」，「無知」並非完全沒有理性，而是超越理性。正以由於「不我知」（《老子・七十章》），「是以不病」（小知成見之知），拋棄「成心」、「師心」的自我爲中心的病，生命自然流露如實展現，靈明自覺真知，有如「光」、「鏡」般，映照出超越有限，得絕對、無限的終極根源──道。

　　「默觀」是超越理性的能力與境界，非透過「知」、「學」而來，它可直入事物本質，正如禪宗所言「返源自照」〔註53〕，此意謂著剝落人受縛知欲塵埃污穢，還復歸於「素樸之道」來。若深入了解莊子的話，可知「觀照」並不能用所謂意識型態去把握，如同道境一樣，玄冥逍遙無待智境是無法用非境界語言來把握，莊子心靈意境，若用分析之法可能著於字義語詞，辯析繁瑣，如此不能還真本原生命，也因此莊子一再強調要境界超越，才能「視」下。

　　換言之，唯有工夫及本體合一直觀之下，才面整體存在的要義，以觀天地萬物，歸言之，莊子以爲「返本自照」作用能破虛妄的我，達生死一如的了知境，既能如此照破，則不復隨他顛倒，返妄歸真，與道合一。

一、與道結合爲一

（一）「一」即「獨」意義

　　「獨」代表「道」或「一」。這字詞「獨」有一份神祕經驗中的認知體會。

〔註52〕 *Canticle*, Stanza 29:5～11.
〔註53〕 禪宗詞典，袁賓主編，湖北人民出版社，頁277。〈臨濟語錄〉：「大德！時光可惜，只擬傍家波波地學禪學道，認名認句，求佛求祖求善知識意度，莫錯，道流！你只有一個父母，更求何物？你自反看。」

在西方哲學也不約而同使用「一」或「太一」來做爲宇宙根源探討。在莊子當中使用「獨」字很多次,

如:

朝徹而後能見「獨」(〈大宗師〉)

又如〈山木〉篇中:

向者先生形體若槁槁木,似遺物離人而立於「獨」也

又如〈天地〉篇當中:

冥冥之中,獨見曉焉,無聲之中,「獨」聞和焉等語。

事實上,「獨」除了宇宙及形上根源探討之下,也揭示了顯出得道者之「見道」與「明心見性」境界。就一個「見道」與「明心見性」自由無礙的大自在心態而言,「獨」〔註54〕是無待的絕對自由境界。

在魏晉時代,宇宙論探討上,郭象甚至以「獨」來詮釋道,而「獨化」甚至就是「道化」的代言。我們以莊子〈天下〉篇「獨與天地精神往來」一語,來說明默觀冥契思想,就修道者而言,「獨」意謂著「獨自」、「單獨」意謂,也就是說人必須獨自努力修道,沒人可替代實踐你的修行,最後仍須個人「獨自」與道邂逅,「獨」自詮釋、理解、對話交流這冥合爲一的經驗。「獨」的存有體驗,揭示著存有去蔽顯眞,去「我執」爲中心的意識哲學,而回歸原始體驗,以身體語言爲基準,去看去聽這境界本身說了什麼,所以說最後「大道無言」,唯有天籟如風般,人心必須沈淨,才能聽到道化的美妙韻律。眞正道化者,參與宇宙大化之流,化生死爲一如,其生命能與存有脈動爲一,以成就其大也,如此生命呈現動態活水源頭,不再是陷入死水的僵局裏。如〈在宥篇〉:

人其盡死而我獨存乎。

另外,「獨」意謂著「專一」、「專心一志」的意義,即「精神凝聚」、「心不旁鶩」之意。此指人修道時須精神專一,始能得道。靈明智慧直觀那道本身,需要「專一」、「專心一志」、「精神凝聚」、「心不旁鶩」。道所呈顯現象是

〔註54〕徐復觀先生在《中國人性論史》當中說到《莊子》一書,最重視「獨」的觀念,……而莊子則指的是人見以後的精神境界。……莊子之所謂「獨」,是無對待的絕對自由的精神境界。郭象也往往用「獨」字來詮釋莊子所談的「見道」義,如釋〈大宗師〉「與乎其觚而不堅也」爲「常遊於獨而非固守」,釋〈大宗師〉「而況其卓乎」爲「卓者獨化之謂也」,釋〈大宗師〉「在太極之先而不爲高」爲「外不資於道,內不由於己,掘然自得而獨化也」,釋〈知北遊〉「不以生之死,不以死之生」爲「夫死者獨化而死耳,生者亦獨化而生耳」。這正足以揭示出莊子的「獨」字對詮釋者心靈的震撼,與其所能引致的迴響。

變化萬千的，然而就道本身是不變的，人若不能收歛心神，而專注於對道本體詮釋體驗上，恐怕流於現象之變化，而不知現象之常也，，知道現象之「常」，意謂著「明心見性」，以直觀鏡智智慧去返其眞理之居，進行存在的詮釋中。

（二）由道體、相、性來看道的冥合為一

以道體立場來看：「獨」也指謂著絕對本體的至尊無對、獨一無二的本性。〔註55〕那是說道是獨一無二、無待、無對立的，沒有任何絕對本體可以與祂抗衡。「獨」就是道、就是一、所以道是獨立無偶的絕對。祂是最終極的太一。〔註56〕

以道相立場來看：「獨」代表道雖是一，但呈現的面向卻是多重的，一中有多，多中有一，道是最廣闊的外延，也是最單純內涵，現象的多與本體的一其實並不相互違背。這說明了道的無所不在。

以道性立場來看：「獨」化表示了道就是道本身，其性徵並不明顯，道視之不見，聽之不聞，搏之不得，如《老子・十四章》：

> 無狀之狀，無象之象

《老子・十四章》：

> 道之爲物，惟恍惟惚。惚兮恍兮，其中有象，恍兮惚兮，其中有物。
> 窈兮冥兮，其中有精。其精甚眞，其中有信。自今及古，其名不去，
> 以閱眾甫。

站在「與道冥合」立場上言：「見獨」即是「見道」。即得道者在「與道冥合」中參透了道體的「獨一無二」的本質。人所能做，只是專心一致，守一修持自身，使道呈顯，自然而然而無所爲也。

如〈在宥〉篇：

> 滅其賊心，而皆進其「獨」志，若性之自爲。

在冥合爲一的境界中，不再用文字符號，不再用默想方式掌握它，而是用心去看、去聽發生了什麼？如〈天地〉篇：

> 冥冥之中，「獨」見曉焉；無聲之中，「獨」聞和焉。〔註57〕

〔註55〕可見從見道者立場上言見道者體會至道的至尊無對。另一方從道體立場上言道體冥冥中呈現其獨一無一的實相。

〔註56〕關鋒先生在《莊子內篇譯解與批判》一書中釋「朝徹而後見獨」一語時說「獨即是道」，宣穎說：『獨，即一也』，於此，亦可見『道』是獨立而無偶的絕對」。

〔註57〕此語向我們說見道者立場言見道者體會至道的至尊無對，也可以從道體立場上言道體冥冥之中呈現其獨一無二的實相。

也在「冥合」中，人精神融入道體，與之結合爲一，不再分彼此。〔註 58〕這是「獨」的最核心要義。「見獨」乃是「合道」，「合道」之後，人精神「獨來獨往」，逍遙自在，如鵬展翅高升，境界不可同日而語，登高而望遠，凡塵只能在視野之下，滾滾煙雲醉狀，而我獨醒也。

所以「**獨**」字顯示人在見道後的逍遙自在、自由的心境。〔註 59〕

〈在宥〉篇：

出入六合，遊乎九州，「獨」往「獨」來，是謂「獨」有。

以及〈庚桑楚〉：

明乎人，明乎鬼者，然後能「獨」行。

終結來說：以上都能透顯出「**獨**」字那份逍遙自在、通行無礙，從解脫中而獲得逍遙的精神狀況。可見在體道的歷程裏「**獨**」爲體道者必須獨自修行，力求上進，也須「專心一志」持守，矢志不懈，成就心靈靈明直覺，才能參透道體「獨一無二」，也展現了「與道冥合」要旨〔註 60〕，最後才能逍遙自在。海闊天空，「**獨**」來「**獨**」往。

二、光照物化爲一

（一）光照

人與道的合一，此誠然包括了人在認知上的參透，即人展現了其空靈明覺之心性，明心見性地體道，成就了神祕家所欲求的的「光照」（Illumination）、見道（Enlightenment）、或智的直覺。

光照的說法意指精神意識心須蛻變，用「莊周夢蝴蝶」、「鯤化爲鵬」來說明莊子認爲人必須蛻變以至於物化的觀點。

〔註 58〕所以這是「獨」字的最核心要義，而其它意義都環繞著此核心義而展開。如〈大宗師〉「朝徹而後能見『獨』」與〈天下〉篇的「『獨』與天地精神往來」等語，也以此爲中心要旨，而展現神祕家與道在精神上的契合，以至化除彼此間隔閡的封界，誠然「獨」字投射，是小我融入大我，與道同體的整一整全的意含。

〔註 59〕徐復觀先生以「獨」爲「人見道以後之無待與絕對自由的精神境界」。

〔註 60〕尤其以第四重「見獨」爲「見道」爲核心要旨。人與道合一，誠然，包含了人在認知上的參透，即人展現了其空靈明覺之心性，明心見性的體道，成就了神祕家所欲求的「光照」（Illumination）、「見道」（Enlightenment）、或「智的直覺」（Intellectual Intuition）。

（二）物化

物化，並非指向人要物質化往下沈淪，而是指出，既然人是參與道存在大化之流，那末「道之爲物，惟恍惟惚」，既然道是眞實實有，其中有精，則基於吾人對宇宙的信心，信任存有的展現狀態，吾人只能默觀之，去看道的動態變化樣貌，來掌握道的眞存性。如此展現的生命樣態是美，爲達致天地的大美，人的精神尚須歷經蛻變，有如鯤鵬寓言所示。

人的精神蛻變必須「同於道」「同於道之爲物」，此一蛻變的最終結果就是在無限之道中的仍能保持心靈攖寧，呈現完整自由，此一情狀，莊子稱之爲「物化」。

「物化」實爲人與自然在道中交融的狀態。莊周夢蝶的寓言最生動地表現出此一理想狀態：

> 昔者莊周夢爲蝴蝶，栩栩然蝴蝶也，自喻適志與。不知周也。俄然覺，則蘧蘧然周也。不知周之夢爲蝴蝶與，蝴蝶之夢爲莊周與？

在〈逍遙遊〉中，由鯤化鵬意味著由在水中之自由提昇至空中之自由。然而，在〈齊物論〉中，莊周化爲蝴蝶，或蝴蝶化爲莊周，則意味著人與自然（美麗而自由）交融的黃金時代，有如萬物在道中的神秘之一（Unum Mysticum），消融了人與自然的一切差異與區別。

就物我有分而言：「不知周之夢爲爲蝴蝶與，蝴蝶之夢爲周與？」，就物我合一而言，莊周夢蝴蝶之形象具體化了莊子所謂「道通爲一」。在此時，有分亦可，不分亦可；莊周可爲蝴蝶，亦可不爲蝴蝶；蝴蝶可以爲莊周，亦可不爲莊周，此亦「兩行」「喪我」之旨的生活化。

莊周所言物化爲蝴蝶的意境，大大不同於當代文豪卡夫卡的《蛻變》（Die Verwandlung），在後者中，人轉變爲一可怕之動物，此正表示人在科技時代「非人化」（De-humanization）的處境，人只關心自己的親人和工作，但終究因爲無法與他人溝通而死去。至於莊周所夢之蝶，乃美麗而自由之自然，象徵著人與自然合一的狀態。

（三）見「獨」合一的美

見「獨」合一的美，其中合而爲一的原動力，來自於生命本質本身就是道，就是美，回到道，返回性命之眞，就是回到存有之居，詩之故鄉，在道自我言說，吾沈默無言，以觀道的本體時，自然而然的美感體驗就出現了，

可以說是見「獨」合一之後的境界，是見道境界，是美的境界，有如柏拉圖所言：「生在美中」，

　　莊子以「美」指稱人的生命合於道，遊於道的歡悅至境。在〈知北遊〉篇中，莊子既謂「聖人者，原天地之美以達萬物之理」，隨後立即加上：「攝汝知，一汝度，神將來舍；德將為汝美，道將為汝居」。換言之，一旦以道為居，生活其中，便可以德為美，也就是在道中展現美之本性。享此本體之美，自可超越美醜之相對，以後者為出自人的愛惡所區別之性質，率皆將在道通為一歷程中獲致統合，

　　為此莊子說：「故萬物一也，是其所美者為神奇，其所惡者為臭腐，臭腐復化為神奇，神奇復化為腐，故曰：通天下一氣耳。聖人故貴一」。由此可見，本體之美就在人與自然在道中合一時顯現。

（四）見「獨」合一的知識角度分析

　　「見獨」知識論面向可以說是「能知之心與所知之境之絕對境界冥合為一」〔註61〕。

　　我們可由知識論立場言「獨」字三個面向：即「被知境界」、「認知心境」、與「能知與所知冥合」這三個面向。

　　就「被知境界」是指道體朗現，獨立不改，沒有任何事與祂對立。「見獨」即「見道」。

　　就「認知心境」而言是指心靈獨立活動的顯現。可見「見獨」即精神上的獨立無待。〔註62〕

　　就「能知與與知冥合」而言，是指「能知之心與所知之境之絕對境界冥合為一」〔註63〕，再者，這份「見道」之知，不單不是人心靈的失去知覺，

〔註61〕如徐復觀先生言：「自我的封界取消了（無己），則我與物冥」；「去掉形骸之己，……而上昇到自己與萬物相通的根源之地」。如同〈大宗師〉所言之「遊於萬物之不得遯而皆存」，如〈齊物論〉的「道通為一」，如〈德充符〉的「一知之所知，而心未嘗死者乎」，「自其同者視之，萬物皆一也，而不見其所喪」。

〔註62〕徐復觀先生言：「莊子之所謂『獨』，是無對待的絕對自由的精神境界，……由虛靜之心所達到的效驗……」「從形器界各種牽連中超脫上去而無所待」「精神上無一物與之對立」

〔註63〕如徐復觀先生言：「自我的封界取消了（無己），則我與物冥」；「去掉形骸之己，……而上昇到自己與萬物相通的根源之地」。如同〈大宗師〉所言之「遊於萬物之不得遯而皆存」，如〈齊物論〉的「道通為一」，如〈德充符〉的「一知之所知，而心未嘗死者乎」，「自其同者視之，萬物皆一也，而不見其所喪」。

而且是心智更高活動的呈現，使人在直觀之下，能看出物的本來面目。

「見獨」即「見道」，「見道」之知，不單不是人心靈的失去知覺，而且是心智更高活動的呈現，使人在直觀之下，能看出物的本來面目。可見「見道」乃是就道性本然呈現狀態，來把握之。

若我們硬就主客觀立場來說明：

主觀主場乃是就「認知心境」而言：為道合而為一的人是指此人認知心境上，處於心靈不拘執的獨立認知活動，這種認知是逍遙無待的，無差等，也就是此等心靈是無限自由的的靈臺真宰，不為物所役也。

客觀立場乃是就「被知境界」而言：為道合一的人所展現認知道體狀態，根據為道者描述現象為：此道體朗現，獨立不改，沒有任何事與祂對立。

「見獨」者是與道合而為一，就知識層面而言，它是「能知與所知冥合」，就「能知與所知冥合」這面向代表「能知之心與所知之境之絕對境界冥合為一」，這份「見道」之知，使人在直觀之下，能看出物的本來面目。

三、轉識成智

（一）能知心識

能知心識在普通運作上，分別有其感性功能、心智功能、意欲功能、與情緒功能：人藉外感官攝取外物，產生感性經驗，如〈人間世〉，就以「聽之以耳，……耳止於聽等」。

理智在普通運作上不能脫離感性經驗而有所認知；它是藉著感性功所把握的與件作為反思質料而達致理解，理智上運作包含理解、判斷、推理作用，人們在求知欲無窮的前題下，常是不斷地推進，企圖致廣大而盡精微地在知識上邁進，「知」不但蘊含著理解與判斷，並且涵括著推理、思考、計慮權衡、思辯等活動，通稱為思慮。成疏就正確詮釋為「知慮」。

當人的認知牽涉著實踐活動時，人便透過意志作出抉擇，此即〈庚桑楚〉「取與」，意志很自然的趨惡避善，此即〈庚桑楚〉「惡欲喜怒哀樂六者」其中的「惡欲」，說明當意志產生渴求或厭惡之時，其傾向勢必左右理智今後對此事物的理解，莊子欲以「喜怒哀樂」四者作代表來涵括知識情緒面的表現。知識情緒必須要止息此乃〈人間世〉所謂「聽之以心，……心止於符」。

〈人間世〉「心止於符」，理解上是從具體事物上把握那符應外物之「觀

念」、或稱「概念」、或稱事物之「本質」，莊子簡稱爲「符」，它「符應」外物。〔註64〕

廣義地說思維存在脈動，並非是站在矛盾立場來言說，而是貌似正言若反，二律背反的路徑上來進行詮釋、說明與理解。

（二）就物論來言明此心識

心所帶來心識，是讓我們能夠依緣外在文字、符號表徵而掌握道呈現現象樣貌，然這並非究竟，所以心要止於「符」，「止」代表停止「默想」，特別是理智因爲「默想」之後所產生的「就」之或「去」捨之的攀緣執著態度，如〈庚桑楚〉「去就取與知能六者」，其中之「去就」二者，凸顯了理智的判斷運作，當有了攀緣執著態度就容易執是說非，是則說是，非則說非，以至往往產生「非其所是，是其所非」，這也是〈齊物論〉所要針砭的。

人在日常之知中，其感性功能、心智功能、意欲功能、與情緒功能共同合作無間，爲我們開出了普通經的所知的境界，有其有形之事象；另一方面也有其無形的事理，包括心理狀況、莊子分別稱爲：「物」與「論」：

在「物」方面，〈庚桑楚〉「貴富顯嚴名利六者」的物質事物，以及「容動色理氣意六者」的人物事象，在消極面上言，它們足以叫我們「勃志」與「謬心」；在積極面言，我們到底須「與世俗處」，食其人間煙火，從中修得「安時處順」。

在「論」方面，〈齊物論〉爲我們提供了眾多的「大知」、「小知」、「大言」、「小言」。從消極面上言，它們足以惹是生非，叫我們勞形傷神。從積極面言，我們又可藉聖賢之言論去依循〈大宗師〉所提示的「副墨」、「洛誦」、「瞻明」、……等步驟來修煉，以順利入道。就能知心識上，若處於坐馳的心境上，則是非在，所知境界是相對不齊，然得道者已然爲我們揭示能知與所知合而爲一的視域融合之境。

他要我們持而守之，能夠「心齋坐忘」、「朝徹見獨」才能破執顯道，提昇心境到「攖寧」狀態，真正擺脫是非庸擾，到達凡物無成與毀的齊物論智慧，所以在工夫修養上，他告知我們轉識成智的修行方法，從閱讀得道者的書籍言論；這是修道指南，也是得道者悟道的心得教誨。〔註65〕如〈大宗師〉

〔註64〕郭慶藩，《莊子集釋》，台北：萬卷樓，2007。

〔註65〕這主要得自與道同體的親身體驗，以至人依循著他們的指引，而「照之於天」，則「莫若以明」〈齊物論〉，可以到達他們所曾臻至的境界。

所提示「副墨」、「洛誦」、「瞻明」……以至「參寥」、「疑始」等步驟，再者，他要人能有德行，如此一來行為正直，心境純正，合乎天道所賦予的德性之純真，可以仰合天德，與道同體。如〈庚桑楚〉教人「徹志之勃、解心之謬、去德之累」，以至「四六不盪」；最後，人還須修習守持入定工夫，如〈大宗師〉借女偊之曰而透露「守」的重要性。〔註66〕〈人間世〉所指的「若一志」、「徇耳目內通而外於心知」，以及〈知北遊〉所談的「若正汝形，一汝視」、「攝汝知，一汝度」等言論，皆在強調靜坐入定的形與神方面的修持，人是需要藉著此等工夫來打通天人之間障礙，以達心靈上的密契。人若能堅持求道的意向，穩定修道的途徑，則將會有見道的希望，達到神祕經驗之知。

（三）神祕體驗的知識

神祕經驗，就是意識的轉變（Altered State of Consciousness）；在其中，人的意識從普通經驗之知，轉變成為神祕經驗之知。而能知意識的轉變，也寓意著所知境界的轉移，最後才能主體際性的交流與深刻合為一。

1、其中包含了「感性功能的引退」

〈人間世〉的「無聽之以耳」、〈大宗師〉的「墮肢體」及「離形去知」之「離形」，都寓意著感性的功能的靜止。感性功能充其量只能接觸其象徵表象而已，只能作投奔道體的一條階梯而已，最後仍須藉著放下感性功能的運作，而只以純靈方式來達致與天地精神往來。此外，人不單須藉揚棄感性功能來達致神祕冥合，而且還須終止心智上的普通運作，

2、「心智普通功能沉寂」

〈人間世〉的「無聽之以心」，〈大宗師〉「黜聰明」、「離形去知」，就是指虛空掉理智的普通運作，其中包括理解、判斷、推理，使得那份超越的智的直覺功能冒出，亦即莊子〈庚桑楚〉所言的「靈臺心」，「靈臺心」意謂著展現心靈自由自在，虛以應物的的境界，正如〈人間世〉「聽之以氣」，人接觸神祕經驗的功能是「氣」、「氣也者，虛而待物也」。「虛」的積極義在於一份空靈明覺心之呈現，當代儒學稱為智的直覺，莊子稱之為「靈臺心」、為「朝徹」。

〔註66〕人若要「外天下」、「外物」、「外死生」、便須守持入定，靜坐正心；體認天理。人在守持入定中，目標在乎使正形體，使心智專一，讓心智的超越功能得以抬頭。

3、意識轉換

這是意識轉換的提昇，提昇至「明心見性」的地步，使我們因為「朝徹」而「見獨」，「見道」，站在能知的心識上言，是為「明心見性」，站在所知境界上言，是為「實相朗現」，換句話說，當參與道的大化之流，使道存有化顯現在吾人自身時，則在道中，道體不再藉著物質表象來被象徵，也不再藉著名相概念來被意謂，而是直截地以其本來面目出現。〈齊物論〉的「天籟」一辭來形容其脫俗，〈大宗師〉以「見獨」一辭來寓意其獨立無偶的絕對。此時，人既然不再依靠意象作媒介，他可以面對面地體悟道體為「有情有信，無為無形，可傳而不可受，可得而不可見，自本自根，未有天地，自古以固存」（〈大宗師〉）。

四、見道境界

人見道後，產生質變；他已體驗到高妙境界，經歷「與道為一」的圓滿，所以不再被世俗所拖累，這是見道所生的效果：人在「朝徹」、「見獨」後，心靈便獲致全然解脫與釋放。〔註 67〕〈大宗師〉所講的「見獨」，又如〈知北遊〉：「德將為汝美，道將為汝居，汝瞳焉如新生之犢，而無求其故。」見道後，由心靈改變，行為也改變，此時他可以不為物役，隨心所欲不踰距。〔註 68〕能「因是」善與世俗處，如〈天下篇〉「不譴是非，以與世俗處」，「不敖倪於萬物」，且能「與外死生無終始者為友」，他所關注目標在於「獨與天地精神往來」、「上與造物者遊」。見道得道境界所觸及境界，非凡人言語所能領會。所以對世人而言，其說是「謬悠之說、荒唐之言、無端崖之辭，時恣縱而不儻，不以觭見之地」，得道者「以天下之沈濁不可與莊語。」〔註 69〕

總結：就一般而言，人只不過是天地寄旅，但若為道，則能擺脫所謂感官、情欲、理性，而能「默觀」。那末，所謂「默觀者」應能展現道體特性於己身。「默觀」是使道與我不二，意謂人與我亦為不二‧其間，必經身心的淬礪以成就人我共融，如此便是圓善的人格顯現，這是卓越超凡入聖所在，是兼顧個體與群體的完成為一。

〔註67〕如〈大宗師〉所言：「見獨而後能無古今，無古今而後能入於不死不生，殺生者不死，生生者不生。其為物，無不將也，無不迎也，無不毀也，無不成也。其名為『攖寧』」

〔註68〕如〈庚桑楚〉所言：「此四六者，不盪胸中則正。正則靜。靜則明。明則虛。虛則無為而無不為也」。

〔註69〕又說「以巵言為曼衍。以重言為真。以寓言為廣」。「其書雖瓌瑋，而連犿無傷也。其辭雖參差，而諔詭可觀。彼其充其實不可以已。」

第四節 「默觀」的第三次對話比較

一、相似處

（一）結合境界說明著與神聖結合的存有關係論

莊子與十字若望講結合圓融境界，在此境界，分別用婚姻的比喻以及蝴蝶夢莊周來說明能知與所知者視域圓融，人朝向神聖，以致於與神聖契合爲一，是所有靈修者與修道者的企盼，不管是愛的神祕智慧，或是大知神祕智慧，都提醒我們這是一場存有關係場域論，是圓融的，是和諧的，更是邁向整全人文關懷的核心所在。

人邁向神聖，乃是對生命永恒的超越。徹底合一，呈現理想的位格典範，誠然也揭示原始存有的神聖狀態。這是相互主體性，或說是位格際性交流的合一狀態。象徵著人與神聖會晤，對著世界開放自身，邀請神聖進入吾人生命核心，以與之共舞。

1、神聖境界的異在

聖與俗的張力有如本質與現象之間的張力般，如此俗已非純俗，聖亦非純超越，高不可攀，玄中之玄了。神聖境界啓示一個「異在」，異在乃是相對於「世俗世界」，在回返神聖之域，神聖本源臨在場域，與道合一或與神合一，回到神聖本源，彷彿回到「家」，這「家」宣告世俗的背反，一個就俗絕俗的「異在」。德國詩人荷爾德林言：「人之居也，如詩」，詩召喚人，迎向大地；按神學美學言：「神之居也，如聖」，神聖感召人，神召喚人回家，家乃是道之所存，神之所存的居所，啓示著人原初生存本質無污之域，進入此神聖之居必須接受神聖轉化的力量，正如死對生的否定，神聖也是以否定性力量而存在，這個否定性力量不是黑格爾的方法否定，乃是本體性的的否定，反映了人生存的限定，所以神聖之境界的否定對人而言是本體的否定，此路徑成了通往終極「在」的必要的「在」。〔註70〕

2、聖與俗對立中的彰顯

簡言而之，這境界，可謂神聖之境：神聖是相對於凡俗，它具有辯證性神聖顯明乃是無限透過有限來彰顯，神聖境界，稱爲聖，應具有內在超越性，內在使吾人與其同在，超越性使其不被現象吞沒，聖與俗之間有此張力關係，沒

〔註70〕曾慶豹著〈真理之光的神聖居所〉http://life.fhl.net/Art/05.htm

有貌似矛盾與對立的張力，則揚升無法發生，因為聖與俗的辯證不斷出現嶄新的可能性，聖藉由於俗可被覺知，而俗藉由聖可被超越。最初原始是聖凡不分，然而人意識聖凡是有區別的，而聖與凡對立拉距張力使人產生傾向淨化，進而進入統合的獨一性，人具有向終極目標邁進的宗教向度，使人回到神聖生命源流，由隱晦黑暗經驗中達到原始的合一，並賦予它詮釋新的轉化。如德日進在現代科學大幅度見解之下，所做對人自身與周圍世界產生深刻的奧祕感解釋。

3、由死來說明神聖境界的嚮往

所以十字若望與莊子都不約而同談到本體否定，神聖本源作為「異在」，必須通過死來說生，以企求終極目標達成，達道密契轉化生死執著，至死生一如，在全福神視中，視死如歸，一個新生命氣度展現出魄力，過去已然忘記，如今都變成新的了。神聖是種「異在」，如同死也是一種「異在」，人面對存有，進入默觀密契，深深進入道與神顯示「在」的場域中，進入純粹「在」，此「在」對俗來講是「異在」，人總是在此時此刻中，置身於祂的「在之中」，人置身在此「異在」居所中，強化人對神聖來臨渴求，彷彿已然有家的感覺，如今只想回家，那開放著一個世界，一個通往神聖之境界的世界，這超越了哲學思辯的形象思維，以冥想的直觀，直接揭露出存有脈動。

4、光的關係論

所以這光闡明了一場「關係論」。光的關係論，提醒我們位格際性之共享共融關係，光的關係論提醒有關係存有學面向，LaCugna 認為：

> 關係存有學從上帝經世與上帝自身的合一當中發展出來，它的焦點是「位格性」、「關係」與「共享」作為所有存在物的生存模式。……。它使神學真正有意義，從對上帝自身（God in se）的純粹思辯轉變為對「為我們的上帝」（God-for-us）之啟示的思考反省。這啟示是在創造界中，在耶穌基督裡，以及在這位帶來神與世界之共享共融的聖靈裡賜給我們的。〔註71〕

〔註71〕 她主張：「三一教義指向上帝奧秘，這位活的上帝是與受造物和人類在不間斷與進行中的關係裡的，」上帝是「行動的上帝」（*walking God*），她並且向過程哲學借用上帝與世界之間的動力關係（*dynamic relationship*），用來解釋這位永恆的上帝如何在時間當中行動，並與之互動。潘鳳娟著《思辯的（Theoretical）或頌榮的（Doxological）三一神學？評 Catherine M. LaCugna, God for Us : The Trinity and Christian Life（New York : Haper Collins, 1991）《台灣基督徒通訊》第五期，出於 http://www.ces.org.tw/main/fcrc/fcrc introd/introd-7a.htm

默觀的光的關係論啓迪人由普通的知識進入深層智慧本身，使智慧之光開啓，並且「照之由天」，此神聖之光將是聖靈所賜，也是「聽之以氣」工夫探討。

（二）「默觀」結合境界的位格際性交流不混淆道與人，道與神的分別

就十字若望而言，「神婚」（spiritual marriage）或者「結合」（union）所指的是靈魂在上主之內全然的變形（total transformation），〔註72〕在如此的變形中，相愛的情人不會喪失其人格特徵，靈魂與上主在愛中結合爲一體，「在榮耀與顯現中靈魂似乎相似成爲上主，」，也就是說靈魂活出了上主的形象、位格，但是創造者與被造物的區別仍然存在。

靈魂若煉淨後與神結合，則神與靈魂之間是種分享的關係的結合，這種結合，使靈魂與其說像自己，不如說像神。十字若望認爲，因著分享使靈魂變成神。〔註73〕這種結合仍是有不失自己的本體。〔註74〕所以十字若望說明靈魂與神合而爲一，是透過分享方式，兩者仍保有自己本體。

人與神結合的描述中，十字若望認爲這種結合關係，是如此崇偉，但堅持人與上帝這兩者實體不同，但在光榮與外表上，靈魂與神彼此相似。〔註75〕而且所謂結合關係是指靈魂與神直接面對面，不再有阻礙，所以就十字若望的結合意義並不會產生泛神論的問題及困境。〔註76〕

〔註72〕關於十字若望的作品英譯本中 E. A. Peers 的譯本相當其分量，Peers 也就是《西班牙神秘家研究》（*Studies of Spanish Mystics* 計三卷）的作者，這三卷由倫敦 S.P.C.K.，1951 年出版。Peers，《西班牙神秘家研究》（卷一），p.211。

〔註73〕但十字若望仍強調，不論如何改變，靈魂與神之間仍不會彼此混合，一如日光照射玻璃仍不失自己的本體。

〔註74〕歐文・辛格（Irvin Singer）著，高光杰、楊久清譯，《愛的本性（第一卷）——從柏拉圖到路德愛的本性（第一卷）》，雲南：雲南人民出版社，1997 年 3 月 2 版，頁 245。在此書指出即使是非正統的艾克哈（Master Eckhart）都可以看出基督宗教的結合不論如何都強調在神與人中間有巨大的分離。但爲了避開靈魂因存在等級上差異導致的對神的無法接受，杜普瑞（L.Dupré）認爲在這種結合中，神性實體與靈魂的結合迂迴地避開了不適合接受靈魂的部份，而直接進入適合的部份。見 L.Dupré,*The Deeper Life:An Introduction to Christian Mysticism,*New York:The Crossroad Publishing Company,1981,p83.

〔註75〕*Canticle,*Stanza 31:1.

〔註76〕事實上有些學者指出神秘主義的錯誤就在於泛神主義。見侯士庭著，趙鄭簡卿譯，《靈修神學發展史》，台北：中福出版有限公司，1999 年 4 月初版三刷，頁 64。他質疑靈魂完全投入神的懷抱中，並得到神完全的愛。這關係必然導致被貼上泛神論標籤。且神化後的靈魂進入神的裡面，那麼靈魂是否分享了神的性質而具有神性呢？不過可惜的是他並未對此有所發揮。

　　同樣地，眞人綜合人性與自然，體合於道，因而能貼切的開顯道，但這並不表示眞人即是道：正如同存有雖賴此有而彰顯，但此有絕非存有本身。道雖內在於人與萬物之中，同時亦超越人與萬物，爲此亦不能完全被吸收在眞人的經驗和成就之中。

　　相反的，當眞人在其眞知之中開顯道之時，道卻顯示出具有一些完全獨立於萬物及人類經驗規定以外之性質，例如：「無爲無形」、「不可見」、「自本自根」、「時空無窮」等等。眞人在遊於道之時，能體得天地之大美；但道之超越性與無限性更使此種美感不至於停滯不前，卻有無窮的可能性，道就是眞人在實踐中所體得者；何謂眞人？眞人就是在那體得於道的實踐者。「且有眞人而後有眞知」，而眞人者應已能綜合天與人。如莊子言：

　　　知天之所爲，知之所爲者，至矣。知天之爲者，天而生也；知人之
　　　所爲者以眞知之所知，以養其知之所不知。（《莊子‧大宗師》）

　　總結：默觀中常出現「光」的象徵，這光是眞理之光，十字若望有「黑夜與光明」的比喻，而莊子也有「朝徹」的比喻，莊子與十字若望結合圓融境界，在此境界，我稱之爲「神聖境界」，神聖境界啓示一個「異在」，當我們說到徹底合一，或說是位格際性交流的合一狀態，象徵著人與神聖會晤，對著世界開放自身，邀請神聖進入吾人生命核心，以與之共舞，這是一場的光的存有關係論，不管莊子強調「獨」的結合，或十字若望強調靈魂仍保有個體的結合，都告訴我們這是位格際性交流的結合關係。

二、相異處

　　十字若望與莊子這部分最大的差異乃在於十字若望只交待個人經歷的「榮福婚禮」，而莊子卻是透過很多人修道境界來仔細描寫。十字若望認爲「榮福婚禮」這已非今世所能經歷到，那是靈魂離世才經歷。很少有人可以在今世中經歷這等美妙，在此靈魂可以以直接的方式面見神〔註77〕。榮福神視或榮福婚禮的寫景，十字若望在《活焰》中第一詩節的第二十九節到第三十四節有進一步描述〔註78〕。針對「默觀」合道景觀，十字若望很多就「紗」、「婚禮」、「訂婚」等描述，然而莊子卻不斷從個人的形、氣、神來說明，嚴格說

〔註77〕 *Living Flame*, I:27.
〔註78〕 關永中老師提出榮福神視只能被期待，而沒有進一步在十字若望著作當中被分析。見關永中，*Knowledge of the Transcendent-Acomparison of St.John of the Cross and Carlos Castaneda*（katholieke Universiteit Leuven:Faculty of Theology, 1983），p.192.

起來，這種境界的說明，莊子偏重很多人境界內在層面，而十字若望側重個人的超越層面經驗來說明。

我們舉〈知北遊〉的寓言「齧缺問道於被衣」，來對入定到見道一事作一個具體的描述，這寓言分為二部份，一是被衣對修持的解說，二是齧缺入定的情狀。〔註79〕

被衣談修持入定工夫分為三個焦點：形體上的修持、心靈上的修持、修持所得的效果。

形體上的修持：「若正汝形，一汝視，天和將至」。即一方面端正體態〔註80〕，另一方面則是專一自己的感覺，尤以視覺為最；感官專注某一焦點，則外境之繁擾不易影響身心。〔註81〕心靈上的修持「攝汝知，一汝度，神將來舍」人在收斂形軀感官之同時，也須在心智層面上注意對理智、意志方面的守持。〔註82〕如同〈人間世〉言「徇耳目內通，而外于心知」，則可望達到更高的進境。修持所得的效果「德將為汝美，道將為汝居。汝瞳焉，如新生之犢而無求其故」。人藉修持而能見，與道同體，以致人心靈冥合天道，天道也內化於人心，致使人的德性充份顯露其完美。人在見道時的外貌徵兆，即外感官停止運作，以至眼目視而不見，其它感官也一無所求，全然寂靜。瞳如無知直觀呈露虛靈樣貌。〔註83〕

又如〈知北遊〉篇描述齧缺入定的情狀如下：

> 言未卒，齧缺睡寐，被衣大說；行歌而去之，曰：「形若槁骸，心若死灰，真其實知，不以故自持。媒媒晦晦，無心而不可與謀。彼何人哉！」

「形若槁骸，心若死灰」此二語出〈齊物論〉「形固可使如槁木，心固可

〔註79〕被衣告訴齧缺，要正襟危坐，排除知識，耳目向內通達，不要接觸外物，也不用心智，齧缺照被衣吩咐地去做，結果得道。齧缺得道的狀態就是莊周「心齋」、「坐忘」的具體描繪。這神祕主義的味道是十份濃厚的。

〔註80〕如靜坐、靜立、端跪等；人的形與神既屬一個整體，身體端正，則心靈更容易收斂。

〔註81〕為此，成疏：「汝形容端雅，勿為邪僻；視聽純一，勿多取境；自然和理，歸至汝身。」

〔註82〕理智上的修持在於收攝心神，「無聽之以心」，蓋因「心止於符」，更「不譴是非」，以達至平齊物論的地步。意志方面的修持則在於精誠專一，止息捨欲，不使放逸物外。苟能做到這地步，人的心神就能凝聚。

〔註83〕成疏：「瞳焉，無知直觀之貌，心既虛夷，視亦平直。」

使如死灰乎。」乃一方面描繪形體感官上的暫時沉寂、另一方面形容心智在普通經驗層面上的靜止而放棄運作的情形，它是智的直覺所達致的明心見性、了悟真道，只是人在此時不自矜持於事故而已。故是「真其實知，不以故自持」故得道者在見道時那份晦昧的外表，實非凡人所能洞悉。

上述的描述，有幾句可以分別探索：「齧缺睡寐，被衣大說」齧缺「睡寐」，所謂的「睡寐」，乃指形體與心智在普通經驗層面上的沈寂，是為人在入定見道時那份心凝形釋的外在表現。神祕學家通常稱之為「出神」或「神魂超拔」（Ectasy）。

我們看到在十字若望裡面，並沒有提及很多人對此境界的領悟，這裏可說明的是在莊子之前可能就有前例的經驗可循，但在十字若望之前，可能此種經驗較少為人所知悉，或者較少被討論，我想這些都蠻符合東西方對於神祕體系的基本態度了解，也就是一方是公開表達，然另一方可能是封閉的。

第六章　東西方文化交流與對話再思考
——以「默觀」爲例

第一節　東西方文化原型思考模式探討

　　我們從東西方莊子與十字若望「默觀」理解、詮釋與對話，發現「默觀」定義解讀，也了解了體驗詮釋的重要性，讓「能知默觀者」不斷自我對話，讓眞理不是躺著理論眞理，而是以知識論結合宇宙論、形上學、倫理論、修養論來體驗眞理在吾人身上而活。讓我們再回到典範源頭去探討二者之間的不同，或許可以更清楚了解其重要「默觀」意涵。

　　過去討論中國哲學義理理解及詮釋，在傳統哲學方面：有柏拉圖哲學中的理型說及亞理士多德哲學中的形式因概念與宋明理學的理範疇之類比、基督教上帝概念與中國傳統天命觀的類比、史賓諾沙倫理學上帝即自然的形上學命題與老子道論思維的類比、康德哲學的實踐理性批判與儒家道德形上學的建立之類比、柏格森的創化論和懷海德的歷程說與易經生生哲學的類比。這種類比可以幫助我們理解，但也有可能是理解錯誤。

　　無論如何，我們不從如此差異性大的「類比」或「對比」方式進行，而是從關於對話與詮釋的觀點，來說明兩者不論是神化或道化均從「默想」進入「默觀」，不同語言文化型態，有不同的境界的描述，不同象徵符號使用系統，然而若涉及最終那不可知道的境界，均是無言的詮釋，因此我們從人所能掌握的象徵符號知道隸屬於那特定文化系統的脈絡後，去除象徵符號牽連的根蒂，更重要的是回到知性形上學，以上學而下達的精神勉勵自我更上一層樓。讓我們分析東西方哲學特點吧！

一、東西方思維特點

（一）中國哲學思考模式

中國哲學的特質是企圖表述中國人生哲學本位的問題意識的蘄向，是一個內蘊外顯的心性之學，基於此而表現出文字表述形式的特有風格，重直覺體悟、不重邏輯結構、不重客觀思辨。

莊子的「默觀」是表述中國哲學當中內蘊外顯的的哲學思維，他著重人有限無待的生命體悟，這「默觀」概念特有文字風格，正足以表現中國中重直覺體悟、不重邏輯、不重客觀的思辨的中國哲學特質。

基本上中國哲學是以「以工夫理論與境界哲學為中心的基本哲學問題詮釋模型」〔註1〕，我們說過在老子而言，仍側重形上實體的描寫，然在莊子已轉化成為人生哲學的表述。如此道化的生命型態，緊緊結合了宇宙實體、人生觀、終極價值觀、形上學本體論、境界論、工夫論，這種環節轉換乃是以人作為思考起點，要人關注終極存有展現生命至真狀態，這乃是以典型的「工夫理論與境界哲學為中心詮釋模型」，對莊子而言，解決無待物化的不流動的生命情境，乃是得從精神修養著手，而「默觀」乃是工夫、境界和修養語言，人投入存有召喚，以「默觀」宇宙造化之功，成為真正最完美存有狀態。

（二）西方基督教靈修的思考模式

西方原本也是著重肯定說神是什麼的論述，此表現在知與信的態度上。知與信合與分裂困擾西方一段時間，然合與分裂的討論，在今日來看，終究是支端末節，不是圓滿的解決之道。

回顧教會世俗化發展，導致教會權力與財政淪落，使得教會向上精神完整性就出現衝突與分裂，因此就出現了與教會結構無關的神祕色彩，而這些神祕色彩，或說是奧祕本身，可以在知與信問題，另啓一片窗，遺留廣大無限的思維空間，奧祕本意是閉上眼睛或嘴巴，乃是靈修者本身黑暗與靜默的經驗，如艾克哈說到「上帝看到我的眼睛就是我看他的眼睛；我的眼睛與上帝眼睛是相同的。」這代表靈修者與上帝內在會合，而非聖禮與崇拜的需要，也非理性與信仰分離或結合的觀念耗力琢磨。宗教所帶來的組織架構俗化的

〔註1〕參見杜保瑞著〈工夫理論與境界哲學〉，《紀念馮友蘭先生誕辰一百週年國際學術討論會》，北京清華大學主辦，1995年12月。

宗教，是建構神學理論的問題解決性質所需，但對大多數信徒而言，信仰乃是生命之全面統合力量，這統合力量必須是主觀的，但又卻不是絕對主觀，他必須反省隱晦經驗，並賦予它詮釋新的轉化。

　　「默觀」知性形上學中，值得注意的是「聖靈」的說法，「聖靈」與「虛空」、「回歸內心」、「克己淨化」說法常擺在一起，它是絕妙體現「中介動態呈顯」，是三是一，是一是三，我們無法在特定語詞概念下去框架它的意涵，所以三與一不斷擺盪迴旋，但總不礙「聖神」呈現於自身存有的眞實性。換句話說，當我們體現神聖境界在吾人自身時，存有脈動便藉由我「默觀」此絕妙的身體顫動而突顯出來，此刻感受的是聖神爆炸充滿，以致於我覺得喜樂倍致，無以復加，「聖靈」既然是如此，它表現的「概念」當然必須要是模糊的，在是與不是當中表現其張力，「聖靈」臨在吾人自身乃張顯出人必須學習基督樣式，「道成肉身」，去默觀存有奧祕，「聖神臨在」。「聖靈」論也表明了基督教知性形上學「整體大於部份」、「內涵單純外延最廣」、「共時性貫時性」、「超越內在」的思想特性。

二、東西方形上世界觀的本體論述

　　莊子與十字若望二者理解溝通對話，首先遭遇的是本體論問題，

（一）西方本體論

　　在西方，本體論的論題，從古希臘時代起就是哲學的主要論題，那就是亞里士多德所謂「作爲存在的存在」的問題。「本」原來指草木的根，引伸指事物的根源或根據，「體」原來指形體或實體，「本體論」（ontology）（或 ontologie 等等），意爲「關於存在的論說或理論」，但既然「存在」被視爲一切「存在物」的根，當然也被視爲與本質同一的「第一原則」。

　　亞理士多德是最早使用實體概念的西方哲學家。在古希臘文中，存在（on）是動詞是（einai）〔註2〕既然有 on，有「是」，便有「是什麼（ti esti）」的問題。在《形而上學》中，他通過「是其所是」（to ti en einai）來規定第一實體的本質，是其所是即是本質（essence），基督教的實體論確實強調世界本源即上帝乃是「純實在」，是「創造行動」，是本質與存在合一的「存在本身」。所謂存在（Being），是與本質（Essence）同一的，它在西方語言中的意義，除了包含漢語的「在」或「有」的意思之外，還包含「是」的意思，也即是肯

〔註2〕參見餘紀元：《亞理士多德論 ON》，載《哲學研究》1995～4（頁63～73）。

定性和同一性意義上的「是」（Affirmation）。〔註3〕

如果我們回顧一下亞理士多德之後到黑格爾為止的西方傳統哲學，便會發現實體概念是大多數大哲學家的核心概念之一，儘管其含義有所差別，但基本規定仍然是本質或主體；尤其重要的是，真知識必定是以關於實體的知識為基礎，〔註4〕從實體角度看，關於它的知識是關於「有」的知識，而不存在「無」的知識，而且，對這樣一種西方傳統主流哲學來說，「無」是不可思議的。〔註5〕所以海德格問到：「究竟為什麼在者在而無反倒不在？」〔註6〕。所以後來才有海德格反省形上學的遺忘，以致去知識中心的想法出現。

（二）東方本體論

道家以及道教也有其本體論說法，本體論講到「道」，它是道家和道教的最高範疇，相當於儒家所說的「理」或「太極」。道是「萬物之母」，即所謂「道生一，一生二，二生三，三生萬物。」，它既「無為」又「無不為」，既「常無」又「常有」，又由於它「先天地生」，而且「常有」，即永恆存在，它當然比世界更加根本而實在。總之，道作為「天地根」和「萬物之宗」的這種「綿綿若存」、「似或存」以至「有情有信」、「自本自根」、「生天生地」、「自古以固存」、「若亡而存」和「無所不在」的本體論特點，是任何人都不會忽視的。

哲學的根本宗旨是如何作人而不是建立什麼理論體系，具體講就是如何成為聖人、賢人、神人、至人、真人、仙人和成佛。要實現這一根本目的，只能靠主體自身的實踐，不能靠別的什麼力量，只能靠意志行為，不能靠理智能力和知識多少。歸根究底，這是一個實踐的問題，不是一個理論的問題。正因為如此，中國哲學思維以實踐為特徵，就不難理解了。

〔註3〕因為耶和華即雅赫維的原文是 Jahweh 或 Jah，與希伯來動詞 hyh 或 hwh（是、在）有關，這個動詞有運動的內涵，有「導致……存在」之意，所以世界的本源即耶和華本身，就是一種賦予存在的活動，即創造活動。它本身不是任何事物，但作為一切事物的本源，它當然就比一切事物更實在；它既然不是事物，也就「不有」（不存在），但作為「萬有之源」，它就是有（存在）本身；由此，它作為一切肯定性的事物及性質的根源，也就是最大的「是」（肯定）

〔註4〕而休謨正是因為消解了形而上學意義上的實體概念，從而否認了人類知識的客觀必然性，因而被稱為「不可知論者」。在他的啟發下，康德把實體作為知性的一個範疇，才真正離開了亞理士多德主義傳統，這也是休謨和康德在現代哲學中具有崇高地位之所在。

〔註5〕Heidgger ,*Basic Writtings*, Haper &RowPublishers, New York ,1977, p.199.

〔註6〕海德格爾：《形而上學導論》，中譯本，商務印書館 1996 年版，頁 3。

三、東西方哲學基本差異

　　兩種哲學形態的興趣點、問題及解決方式有很大差別。中國通過境界去看世界，而西方只願意通過知識去看世界。從某種意義上說，境界觀與實體論的差異深刻地影響了中西傳統哲學之間的氣質差異。境界總是內在的、個人性的，具有內在超越的傾向，境界層次的提升需要修養、涵養、磨練和覺悟，由此可以詮釋何以古之學者爲聖。如何成聖是中國哲學關注的中心。換言之，境界的內容並不以知識爲核心，而是聚焦於修養，修養的目標不但是個人性的，而且是指向天下的，所謂「內聖外王」、「知行合一」就清楚地表明了境界修養的雙重指向。

　　更進一步說，東方道家哲學強調個人與世界、內在境界與天地萬物之間並沒有不可超越的原則性的隔閡，而對西方哲學而言，實體總是獨立的、客觀的、非個人性的，是作爲對象才與主體發生關係，這一關係的結果是知識，無論是思辨的、還是經驗的知識。西方基督教的神祕主義發展，在當時就是因爲著重內在超越，而使當局大爲緊張，因爲不符合傳統重邏輯、思維、知識的脈絡。

　　Jean Gerson（1363～1429）在其鉅作 *On Mystical Theology* 曾指出經院神學和神祕神學的不同：經院哲學由上帝的「外在果效」——聖經、教會史、註釋——來研究上帝及信仰，而神祕神學則由上帝的「內在果效」——心所體驗到神聖臨在做爲起點。經院主義的方法論是由問題進而辯論（disputation）；而神祕主義則是由沈思式的祈禱（meditative prayer）再到默觀（comtemplation），經院哲學依賴理性，不信任情感，而神祕神學則以受正確教義規範的情感爲依歸。

　　經院主義與神祕主義代表教會歷史中「愛（行動）」和「理性（反省）」之間的張力。神祕神學認爲「愛」應該比「理性」延伸更遠，且能幫助心超越它的自然限制；知性的足跡（pes cognitionis）應能跟隨愛的足跡（pes amoris）走向新的領域。

　　神祕神學帶來了本質上的自我實現，因爲相對於經院主義所提供的技術性「知識」，神祕主義所主張的「愛」不但使心靈也使心智得以滿足。相信人的信仰所告白的宗教現實是可以經驗到的。就和上帝的神祕聯合（union）而言，強烈傾向「相似」（likeness）原則——與上帝相似（similitudo,conformitas）。這似乎也可以與基督教靈修肯定與否定的傳統，或是知與信的諧調工夫來比較看看，不過，在此先不做比較。

　　按此，筆者也綜歸東方道家爲學與爲道的不同，爲學強調「外在果效」——經典史籍來研究天人問題，而爲道則由道的「內在果效」——心所體驗到神聖臨在做爲起點。爲學依賴理性，爲道則反對理性所帶來的桎梏與僵化。

　　爲學強調知識重要性，可以格物而得。爲道則認爲實踐之體道更爲重要。爲道認爲化除理性對立，則能達致天鈞的和諧，呈現出大愛，所以人心應該要超越，以大道爲出發點。爲學強調經國治世外顯工夫，而爲道則強調內聖的蘊育工夫。爲道強調技術知識層面遠不及道本然的發散。

　　爲學與爲道分別代表中國哲學中「理學（格物致知）」和「心學（知行合一）」之間的張力。爲學的方法論是由格物進而致知；而爲道則是知「道」，再到默觀（comtemplation）。所以爲道的特性：回歸內心的素樸之道。相信道不遠人，而人只要能心齋坐忘，就能體道。就與道聯合（union）而言——與道、萬物合而爲一。

四、差異中的的統一

　　其實，當人們重新返回最原初的體驗神或體驗道的經驗以致於把這原初經驗言說出來時，很難去嚴格去除任一路徑。

　　這是形上本體體識經驗表述部份，在西方來說，這是最大的矛盾與衝突，是介於知識論與形上學之間的盲點。就知識層面而言，我們很難說盡「本體是什麼」，只能肯定存有是「實有是」，「實有是」具有實在性、存在性與肯定性。人參與存有脈動中，共同體驗在大化歷程中神或道的作爲，並且將其說出，這是很重要的部份，西方存在主義之後，高達美的「眞理與方法」，梅露龐帝的知覺現象學，都設法重新回到對「存有的體驗」，以爲這似乎可以解決這盲點，不過這樣的努力都不若過去傳統中國哲學所言修養境界那樣的天衣無縫。

　　中國人講知識，不是講身外事，而是身內事，以致於齊家、治國、平天下。這一貫直指天心與人心的相合將爲學爲道的路徑相連結，換言之，雖然中國也講爲學日益與爲道日損的肯定與否定之路，但中國人的心理衝突不大，因爲中國人強調踐行方式來把生命的知識之原則，大抵都體現中國人思維方式，較偏重融合、統整、直觀，所以特色上也趨於混淆曖昧之言語，甚至只偏重修養論一方，而未發展出強猛的理性科技思維辨析模式，不過在面臨科技過度膨脹的同時，胡塞爾不斷大聲疾呼科技文明的危機已到來，過去西方的強勢已然化爲人生命空洞與虛無化，而這急需切重生命感受的東方修養思維來體現。

換言之，這正是今天回到東西方文化對話詮釋之可能超越起點。我們需要重新回到終極關懷點上，重新思考人類命運的未來，在面臨人類精神危機崩盤同時，操持著對宇宙──人──神、宇宙──道為一的大信心之下，強調最原初體驗神及體驗神的默觀，能夠化解不同文化傳統的詮釋，達到超越性的對話，以致於能深入生命核心直指人的體悟那原初的經驗──不管是東方的天人合一或西方的神人合一之境。

其實，這樣的理解與詮釋，乃深信內在泉源能產生對話，達到生命交流與共濟，以致於化除能知與所知的隔閡，回應形上召喚，直契生命本源，達到一種和諧之境。

第二節　東西方哲學互補與交流

一、重新思維，企盼建立完整人學

（一）西方缺陷探微

中國人講述修身的觀念，與西方講知識觀念相異，歸結最後，近代列維那斯批判西方的哲學人觀特別對人的身體（body），未有足夠的重視，綜觀整個西方哲學的發展，可以發現，西方傳統哲學雖然早就開始研究人，但主要的觀點卻是採取身心二元的理解結構，以致忽略了人的基本生活體驗，受這種理解結構的影響，造成身心的疏離，人們與自己的身體失去了緊密的聯繫：或有人視肉體是罪惡、痛苦之源，肉體是心靈的牢籠而不重視肉體，列維那斯指出，西方傳統卻將身體與自我對立，這種二元論（dualism）令西方哲學誤入歧途，不知道與身體合一的我，才是哲學反思的真正起點，也是人的完整基礎。西方過去崇尚抽象理性與靈魂，兼抽離世界的人觀，讓人太過自由地可隨意拒絕或選擇任何可委身的傳統與真理，最終弄至人的身體漂泊無依，什麼都不想委身，也缺乏對任何精神價值的認知與創造。所以他要西方知識分子重新考慮一種新的，建基在身體經驗，及一種以他者的脆弱性（vulnerability）為基礎的人觀。

（二）對身體重新重視──回到「默觀」

從現象學的角度出發，先於人的理性認知經驗，往往是一種身體的感官經驗。廿世紀以來存在主義的發展，促使人們重新開始重視人的基本生活體

驗，到了廿世紀中葉，法國哲學家梅洛‧龐蒂（M. Merleaau-ponty）創立以身體爲基礎的存在現象學，詮釋了身體在世界構成中的基礎，更進一步提昇了身體在當代思想中的地位，引發了人們轉回對身體的關注，並意識到身體是人構成世界的原型這一事實（梅洛‧龐蒂，2001）。梅洛龐蒂指出，現象學的任務是要揭示任何先於科學理論過濾的人類原初生存經驗。

透過身體觀照是傳達出智的直覺的（Body wisdom、Body knowing），它更是動態、流動不斷變化的載體，它說明身體是一個有不同情緒感受的、一個動態的、流動的和一直改變的活體（A moving, flowing and changing organism）。默觀沒有客觀觀象，而是在流逝的現象當中，不斷去看。所以身體不是一個的物件（object），而是一個過程（process）。換言之，透過默觀可以補西方知識的缺陷，進入東方的精萃，以理解、溝通、對話，關於人與人、世界、自然、神的沈默之地。

（三）迴返身體場域

觀察神話、巫術與宗教信仰瀰漫下的人類，就是以自己身體的原型去構想宇宙的形態、社會的形態、乃至精神的形態，西方人卻到了十九世紀末、廿世紀才回頭重新開始注意到這種現象；在中國傳統思想中，所謂的「身體」是包含：感官、心知、百體在內的，身心合一的整體。所謂的「察身」，並不是把人從具體的生存情境中抽離，所掌握到的是人相應生存情境而產生的一種互涉的動態關聯，所以「以身觀身」（《老子》）不是從外部來觀察自己的身體，而是，迴返身體本身，從內部感受，「察身」不只是對身體作對象化的觀察，「察身」也可以指人們在自己的生存情境中，對自己身體活動的整體知覺，或稱之爲身體的知覺在存在脈動中。去觀照不僅只是教人揭示性的和理性的去接近身體無意識的生活體驗；更要進一步的教人在生活情境中調整無意識的身體活動，使其能展現理想的活動狀態，構成理想的、身體化的總體生命藍圖；同時也教人開發身體的各種感知能力，向著存在本身的召喚開放。

在存在脈動中的身體知覺是必須收斂凝定的狀態才能很敏銳地去看去聽，在行動中去找出原初經驗。所謂的單純「知識」路徑不足以提供康莊大道，而且人卻容易陷入此「知識」的陷阱中，陷於小知而不知返也，這也是揭示了西方經院神學的缺點，東方道家所指爲學的害處。

（四）由身體默觀進行對話溝通交流

在西方檢討經院之缺失時，其實暗含著由默想到默觀的明路，正如老子所言不由爲學，而由爲道來進入這樣的神祕體驗知識。

人參與在這樣宇宙創化之流的道中，可參贊萬物的化物，與物同爲一體，而同樣地，由神祕神學的進路，人在靈修歷程中聖靈充滿，徹底靈化自身，成爲一個活的靈化歷程。

默觀啓示人不論在爲道或靈修的場域上期許人們向著神聖，那終極價值根源前進，換言之，他們都規劃人類理想藍圖，向著道化或聖化的路徑而奔跑。這整體目標只是啓示或啓蒙而已，絕非是一個保證，因著人不同的面向展向，人會有著很大的差異性，譬如強調人的努力、強調恩寵的被動性等，總之，不能只是執著表面字義，而忽略了深層的對話的可能性。

就這點來看，我們可以說道家與天主教都是講到默想到默觀，默觀也暗示人從不完備狀態到完備的狀態，從事於道修或神修，意謂著，對形上本體體認經驗分享人邁向神聖的道路，道教倡導者薩索（Michael Saso）就促請道家與天主教就神祕形上本體體認經驗展開持續的對話。〔註7〕假如「拯救」暗喻「一種墮落的狀況再重新變得完美」，那麼道教徒長生不死的終極目標就是一種拯救，這種「拯救」意指個人和他人性質的終極轉化，並藉此達到位格際性的交流與共融。

形上本體體認識經驗，到最後兩者都指向「默觀」。默觀的語言向度，因此我們越來越清楚默觀做爲東西融通與對話的可能性是極高的，通過神化或

〔註7〕薩索最近修訂他全面介紹中國宗教的著作時，強調學術界承認羅馬天主教的神祕祈禱習俗跟道教和中國佛教的 "apophatic"（"negative"）和 "kenotic"（"emptying"）默觀傳統有類同之處，已有一段相當的時間。係託名戴奧尼修斯（Pseudo-Dionysius）、聖特雷薩（Teresa of Avila）、聖十字若望（John of the Cross）、愛克哈特（Meister Eckhardt）著作中的形象，展露了在上帝面前祈禱式冥想／默觀中的「靈魂的黑夜」，提出與道教神祕主義者所描述的類似經驗的不悖之處。雖然薩索批評官方教會組織在承認〔這〕對宗教間的祈禱和對話的意義，行動緩慢，但中外道教圈子裏幾乎沒有人研究這個問題。薩索接受耶穌會培訓後才懂得這些來自希臘文以及表示基督教神祕習俗的專門詞彙，這些詞彙在他 "Chinese Religions" 一文中研究〈中國的神祕傳統〉（The Mystic Tradition in China）問題一章的篇首出現。此文載於 John R. Hinnells 編，A New Handbook of Living Religions（Oxford: Blackwell, 1997），頁 462～470。他就這方面對宗教間的祈禱和對話的重要性的精闢批評，見於同一文章的註釋 3，頁 474。

氣化的歷程，人走向神聖，呈現詩意的存有開顯狀態，人得以轉化有限心靈成為無限心靈的展現，人的精神靈魂既然有所承契，那麼，自然也分享所有形而上的眞善美聖，只不過在時空偶然存有者並未完成其神聖使命，內在眞理呼召，結合趨力使人意欲冥契那不可知的神妙，以成就人之所以爲人的奧妙，所以人與道或神都是位格際性的交流溝通共融。

二、詮釋對話的身體觀

（一）以身體為當體來詮釋

詮釋與對話成為二十世紀末的重要趨勢，同時也提供我們破斥歐洲文化盲點，來創造多元而整體的詮釋之路，這條道路突顯了詮釋的形上學，當身體與存在的基礎活動產生對話與張力時，可以得到一種形上學的安慰，我們暫時變成原始存有，體驗到生命的永恆。換言之，身體本身不是知識的來源，而是各種力量的發生及開展的基本空間場域，如同曖昧交織的各種鮮活意義，所以我們可以由身體想像所依循創造性想像和圖象思考來回歸最原初的奧祕為何。

身體想像不是停留在表面的話語和形象上，而是在行動中投入認識不同的生命語彙和形象，從而體現那不斷超越的永恒。這也就是現今語言學爲何著重那曖昧不明的語言，如隱喻（metaphor）、象徵（symbol）、神話（myth）等著手的原因。身體想像正如十字若望認爲的：默想的方法對於開始進入神修的人是重要的，但人應明辨何時離開推理默想，進入默觀：〔註8〕身體是文本的基礎脈絡，它視其它概念表達爲幻象，在概念思考與邏輯思考之前面的應是以身體想像爲基礎回歸到最原初存在經驗，最深核心奧祕中，這文本脈絡是以想像爲悟性理性別開生面，創作新形象，不再執著於主客體概念的區分。〔註9〕在概念思考步入圖象式思考中，身體想像是處在語言模糊地帶，這是不得已的語言資藉，然而進入深層默觀核心時，這些語言或方法都必須丟棄，換言之必須進行去語言，直接進行對話的本源，以身體直接面對存有所產生的場域對話來作爲終極詮釋與對話。正如卡西勒所言，人是最佳象徵（homo symboloicus），在眞理的顯或顯中，象徵是宣稱眞理最好方式，人如

〔註8〕 *Ascent* ,II,13,1～4.

〔註9〕 康德是停留在主體與客體中作概念局部區分，執著於知識上的懷疑論，然而身體想像的認識在可以將此執著作超越。《登山》書中，十字若望針對已熟練靈修的人，而非像《登山》書中的初學中提出進一步的三個標記。十字若望提出相類似的三個特徵，人可由此知道何時由默想進入默觀中。

果不藉記號、符號、隱喻等，人無法認知和了解神聖自己，人的身體是實在象徵（real symbol），不只在人外在的臨在方式，而且是人本身可以運用身體想像來表達看不見且內在的一面。

默觀屬於神祕經驗知識，這是身體與之詮釋與對話最直接的經驗，未經扭曲或變形的最原初經驗，當還原原初的現象本身，或許真理在此顯明。默觀經驗，並不是作為詮釋者的個人主體具有主動的能力去獲得，而是宇宙根源的存有——您說是道或上帝，都可以，以「遊戲」方式來彰顯，而詮釋者前進這場遊戲之中，而分享了真理。

所以在默觀經驗中真正的主體是道本身，或上帝本身，而非詮釋者，亦或說沒有主體，一切都是道的呈現，上帝的呈現，那麼自然的發生，以致於沒人發現區分。所以這樣的經驗的本性乃是對存有的開放，或隱或顯都礙於這種經驗本身，並且指示人在默觀經驗需要成長，這樣的詮釋經驗要求與對象保持一種互相交流的交流，亦即一種「你的經驗」。〔註10〕

我們透過身體原初文本對世界的描述，回到意識之前最原初的基本脈絡，來進行在概念思考和邏輯思考之前的身體圖象思考。〔註11〕這種圖象思考最後會形成動力或衝動。也就是說想像力超越悟性與理智限制，也鼓勵在悟性與理智在源源冒出之認知，不斷有自由未被開展過的主動動力。〔註12〕默觀指出一條不同的認識路徑，這認識活動的起初文本在於身體，而這個起始文本的基礎認識活動是創造性想像和圖像思考，而認識活動乃是以此身體想像展開的。

身體想像認識觀，就是超越對「不可知的物自身」「主體的認識條件」這些範疇劃分下，將屬不可測知的概念所蘊生的話語放下括弧，而回到知性認

〔註10〕 這是馬丁布伯所言對話哲學的真諦，他認為人有整全生命原理，在對話世界乃是藉以定立自身，踏入與存有者之間係的存有學領域，從人踏入關係，與臨現的你之對話歷程作為線索，闡述人在關係世界的具體生命情境。更從決意對關係中採取態度開始，回應刹有者之召喚，而進入對話，在生活中真實的片刻與他者相遇。

〔註11〕 身體原初文本對世界的描述，是在本能推動和知覺作用之下形成「圖象思考」或潛意識推理這統稱為「身體思考」，主要中介是「形象」（image），而生產形象的作用是想像（imagination）。這是對意識層面分析運作所採取的方法學上的對策與迂迴。

〔註12〕 這裏接近康德所言想像是比悟性更廣闊的認識能力。Immanuel Kant, *Crtique of Judgement*, J.C. Meredith tran ., Oxford: Oxford University pres,1952.見宗白華、韋卓民譯，《判斷力批判》，台北：滄浪，1986，上卷，〈審美判斷力的批判〉，第一部份，第 49 節，頁 168。

識脈絡中，去還原原初與存在狀態接觸的經驗。這裏使用胡氏現象學的目的，作為尋找宇宙眞理的嚴格途徑，作為一個方法，胡氏堅持依循笛卡兒（Rene Descartes, 1596～1650）的積極懷疑路徑，胡氏稱之為 Epoche 或稱放在括弧，又稱為現象學的還原（reduction）。〔註 13〕身體想像認識觀也希望將過去所有的知識與現有的想法全部括弧，使其完全自由而專注認識並描述所關心的對象，也就是現象學所說的「關注事物」（Zur Sache Selbst）本身透顯的意義。這樣的關注，成為對話式對話的開始，也呈現眼前對象仍具體存在，成為我體驗的現象，我們就從身體想像開始。

所以認識活動應回到比主體意識更原初狀態，這迴異於傳統意識哲學的意識之路，而密契默觀就代表著對身體原初文本的脈絡，作為與世界接軌的根本迂迴詮釋之起點。身體是先於概念、潛意識，非思想層面的部分，身體與經驗的緊密關係，更接近人原初存在狀態，而意識通常只出現於某個整體希望將自己屬於更超卓的整體時，卻不能反客為主，來取代生命存有的最高嚮往。身體是文本的文本，脈絡中的脈絡，是人頂天立地面對存有時一個世界意識之間的根源迂迴，也是詮釋的起點。所以「我們意識的一切，都是東拼西湊的、簡化的、模式化的、解釋過的……也許是純粹想像的。」〔註 14〕，所以根本的問題必須回到身體，並以身體為出發點。

從笛卡兒的「我思故我在」，人們開始將注意力放在主體上（Subject），然而主體可能是「概念上的虛構想像」〔註 15〕，更何況這個主體較關注到自我意識，身體是介於世界和意識之間的根本迂迴，如果只是把「主體」簡化為「意識」，同時也就是簡化了「身體」這個原初文本。

（二）身體對話詮釋呈現視域交融

中國人講心、氣、形，西方人講聖神三位一體，其實都在使身體與自然、人文、超越界，達到對話，以致於回復感通交流，這是凝然觀照涵攝活動。在此凝然觀照涵攝活動中，身體主體是互為主體性，默觀經驗使主體互為主體性意涵，得以獲得深刻存在關連。在默觀經驗中，人向神聖經驗達致所圖畫出存有根源之所與人的認知獲得的一種視域融合，這是一種結合理性與非

〔註 13〕見胡塞爾著，李幼蒸譯，《純粹現象學通論》，台北：桂冠，1994，頁 113。

〔註 14〕F. Nietzsche, *The Will to Power*, Walter Kaufmann and R.J. hollingdale trans ., New York: Vingtage Books,1967,p250～268.

〔註 15〕F. Nietzsche ,*The Will to Power*, Walter Kaufmann and R.J. Hollingdale Trans. , New York: Vintage Books ,1967,p.246.

理性交流與會通，也是一場去除本位自我，藉以體驗到萬物爲一的存有狀態。

　　默觀代表言語止息，以身體場有與原初存有經驗接觸，一切在沈默中發生，此時身體知覺所展現的即是最原初的發生經驗，身體並非只是對立下精神工具而已，不是眞理爲開顯自身而透過它來利用的工具而已，身體所體現的就是沈默的內在對話境界。過去透過對身體理性的分析，缺乏深入理解詮釋，使得想像表達成了技術，更使存在成了技術的奴隸；道與言、眞理與方法產生分裂分離，文字的理解成了斷簡殘篇，如今回到默觀，重建人原始的結合，知覺即現象，現象即知覺在人存有場域中視域融合，成爲逃離分裂的反省解釋。

　　默觀知覺能夠把握任何先於判斷的可感形式之內在意義，也能突破一切的可能懷疑，將已安置更完備眞理的終極關懷中。所以不管是類比、想像轉化成有形信號、記號、符號、神話、儀式，都必須進入無形圖象的默觀當中，這是在語言去除，直接面對存在的詮釋，換言之，這會談交談對話脈絡設法使我們與存在實然打照面的遭遇，這就是海德格所言「詩」乃是存有之居的眞章。

　　默觀的理解對話與詮釋、不僅指涉出眞理與方法，也爲我們建構出一種密契經驗，這密契經驗必須深化默觀的程度，以致於這種經驗可以超越人能化除知識的差異，進入生命核心，的確是的，看看奧托對努曼經驗或者內在、外在神祕經驗的表述時，都會發現以感受爲出發點，而這感受，用梅洛龐蒂的話語而言是知覺的顯現。這種知覺的顯現光景爲何呢？它是突然的，爆炸，以致於難以化約，忘懷。這感受與外在現象十分不相稱，被形容成一種遭遇。這種經驗是從靈魂深處自然發出，有不同表現形式，之後又回復平常狀態。在此經驗中人會感受領會某種意義，唯然這些意義可能還是含糊不清、潛藏。所以這經驗可以是純感受，停留在人心中，不用對此經驗作更進一步的釐清。澄清這經驗所使用的語言或概念，則受到經驗者所處之時代、宗教、文化傳統之經驗。〔註16〕

〔註16〕奧托用「先天神聖範疇」來解釋一切宗教現象，在努曼經驗之下，可以分爲「一般性的努曼經驗」與「神祕經驗」兩大類。而「一般性努曼經驗」包含位格際性交流與結合性交流。而在「神祕經驗」中，則包括「外向型神祕經驗」與「內向型神祕經驗」。奧托認爲「努曼經驗」是以「受造感」爲主要，這是一種因爲「努曼」所產生的「自我泯滅」以及「努曼才是唯一」的感受。其內含涵蓋：戰慄、著迷與神祕三大元素。「內向型神祕經驗」，是以個人感官抑制爲出發點，透過除去對感官與外物的依賴，而直接發現「自我」的眞實本性。「內向型的神祕經驗」則是透過感官與外物，直接在雜多世界中體驗到萬物爲一的整體性。

知覺超越觀念、心物對立危機，透過身體想像，深觀其象，「自我宛若它者」的神祕交流知識就此展開。默觀所達致的境界，是需要透過密契語言剔祕。在可道與不可道之間交換運作。語言圍繞著意指之意向在摸索著，摸索著那環繞著語言之下沈默的內容，我們必須在稱為眞理的模糊象徵語言背後，去靜觀一切事物的發生。

這樣看來，莊子所表現的默觀，的確與天主教十字若望有相似處。天主教代表人物甘易逢（Yves Raguin，1912～）明確指出這些道教和羅馬天主教儀式中所表現的某些默觀方式和神祕主義目的之相似地方。〔註17〕

（三）詮釋的遊戲

藉由文字咀嚼，來進行一場遊戲，這乃是詮釋、理解默觀的任務，要求在參與這場遊戲的眾人來進行對話，得以將眞理在存有場域中顯明。在理解、詮釋與對話中參與這場對話遊戲。當默觀發生時，存有之眞即此對話遊戲中展現開顯自身，而參與這場對話遊戲，詮釋者與詮釋對象也進行一場視域融合。因此也在遊戲中分享其眞。這場由理解到詮釋，由詮釋到對話，試圖建構出整體生命實有場域的嚮往。

默觀提醒了人存在意義，以及如何在關係世界中，貞定自身，找出終極存在的意義，所以它關乎知識、眞理、方法與實踐。當人參與這場對話創作遊戲當中，期盼人由此入階，因此對默觀的理解、詮釋、對話，乃在於重新建構出人對奧祕的眞理與方法的向度，用現今分科來看，這是哲學人類學功課。換言之，人藉默觀，得以走向那未知、未被定義完全的那種奧祕當中，跳入這場與存有者會遇交流的對話遊戲。這場對話的詮釋遊戲，從決意是否回答存有之召喚開始，進行對話，最後與他者重逢，臨現對存有者交流對話，最後默觀展現出與那神聖者結合神祕性交流，以致於位格與位格也能夠充斥這樣的交流本身，自足圓滿了起來。

〔註17〕甘易逢著，李宇之譯，《道家與道教》（台北：光啓出版社，1989），頁 140～142。Raguin 這裏指的是他在 Richard Wilhelm 的翻譯 *The Secret of the Golden Flower*（中文本名爲《太乙金華宗旨》）中看到的默觀技巧。另一要注意的是，"Taoism" 一般用作指古代道家哲學，而 "Taoist religion" 則指一般所稱的「道教」。有關這個主題的其他回應，參考 Raguin "Non-Christian Spirituality can Deepen and Enrich our Christian Spirituality" 一文，載 Ching Feng 30:4（12/1987），頁 255～262。

（四）與他者遭遇進行詮釋的對話

目前全球化與地球村現象加劇，已成為這場文化會遇交流必須迫切面臨存在境遇，隨著會流與交遇的境遇交互運作，相信這底蘊存在著對宇宙存在根源的根本信心。默觀是這場理解、對話與詮釋的主角，經由默觀可望整合這東西文化差異，由差異來指點這場會遇對話中終極實有的追尋是存在有價值的他者之境。而在自我理解、詮釋所產生的對話式對話也圖畫出對存在之境嚮往，在宗教領域說到交流與會通直指出超越性或根源性「他者」或作為根源的存在。當人在追問這場會通與對話時，已然將生命投入創進的洪流裏，是詮釋，也是理解，也是對話，也是對生命的探尋。從當代詮釋學的觀點而論，「理解即是詮釋，詮釋即是對話」，所以在十字若望與莊子的會通對話進行理解，有意識地以詮釋者的角色，對此場會通對話展開追問的互動歷程。這場會通對話所產生的視域融合為何，也是理解此場會通對話的重要關鍵，換言之，這不只單純是筆者此會通對話的追問、理解與詮釋；而是詮釋者與詮釋對象所造成的視域融合，生命互動交流，也在此對話式對話展開。

第三節　默觀深刻精神向度對話

在廿一世紀初期，人類已步入新紀元，各自在堅信自己信仰的同時，必須清楚，有更高層次的信仰，那是超概念、超範疇的、超教義的，又或許說是對終極價值深層信任。這深層信任是真理之源，真理之源是在密契那裡，換言之，密契的確給我們開出一個廣大的對話天地。而這密契之要務關鍵乃在於默觀。默觀會遇作為後殖民多元主義世界的實然現象。

胡塞爾不斷大聲疾呼科技文明的危機已到來，過去西方的強勢已然化為人生命空洞與虛無化，而這急需要切重生命感受的東方修養思維來體現。換言之，這正是今天回到東西方文化對話詮釋之可能超越起點。我們需要重新回到終極關懷點上，重新思考人類命運的未來，在面臨人類精神危機崩盤同時，操持著對宇宙——人——神、宇宙——道為一的大信心之下，強調最原初體驗神及體驗神的默觀，能夠化解不同文化傳統的詮釋，達到超越性的對話，以致於能深入生命核心直指人的體悟那原初的經驗——不管是東方的天人合一或西方的神人合一之境。其實，這樣的理解與詮釋，乃深信內在泉源能產生對話，達到生命交流與共濟，以致於化除能知與所知的隔閡，回應形上召喚，直契生命本源，達到一種和諧之境。

一、建立人的宗教向度

這是多元主義的時代，是一個對話的時代。歷史的發展已經進入後殖民階段，在這個階段，對話不是傳教的新方法，而是一種雙向互動、使彼此更豐富的過程。基督徒的身分意味著活出一個人的宗教性格（personal religiousness），一種建構「人的向度」（a dimension of Man）之宗教態度，這個向度是神聖的一個面向。「人的靈命生活，在其中我們在一個共享交流卻不混淆的合一中經歷基督的生命。」〔註18〕在這個歷史的新階段當中，特殊性在一個合一的整體中是被認可的。潘尼卡認為這樣的認同是基於一種人類的宇宙性信心（human cosmic trust）。對他而言，宗教是「人類生命的一個向度」。基督徒是「外向性的」（outwardness），整體而言是向著他者與世界更加開放的。這可說是一種「基督徒性」（Christianness）〔註19〕基督徒性不顯現在激突的對立場域，例如東西方是不同的文化的傳統，所以不能比較，也不能溝通；相反地，基督徒性可以化為更深層的對話空間，這樣的對話使我們向著廣大的存在開顯自身，達到共融的和諧。

從宏觀角度來分析，按保羅・田立克（Paul Tillich）將宗教定義為終極的關懷，那麼每一個人無可避免地有他自己的宗教向度、宗教性。那麼，一種精神生命與基督徒的屬靈生命並不是毫無相近的地方。

人走向終極實存，可說是去蔽顯真，這是境界的開顯，境界狀態核心意義是一個工夫的操作，然而講工夫和講境界卻都是對準形上真理而為言說的，「誠者天之道誠之者人之道」（中庸）、「域中有四大，人居其一焉，人法地，地法天，天法道，道法自然」（老子）、這些是工夫操作與形上真理匯合的語言，另外，「天人合一」、「體用不二」、「能所一如」、「主客交融」，這是境界狀態與形上世界會遇的語言。中國人講修養就是建基在此。

換言之，以氣化或靈化自身修道角度來看，人入神聖境界，成為位格典範——神聖者、神人、聖人、真人，深切結合知與行部份，不再執著外表符號的形式來為學，而是內存而超越將道或神顯現在吾人自身，成為有靈妙明覺的深觀者，內在虛靈有如氣充斥般，成為真理顯現自身，是流動的生命現

〔註18〕 R. Panikkar, *"The Jordan, the Tiber, and the Ganges,"* p 99～107. These three periods can be compared to Panikkar's three forms of spirituality: iconolatry, personalism and advaita.

〔註19〕 R. Panikkar, *"The Jordan, the Tiber, and the Ganges,"* in The Myth of Christian Uniqueness: Toward a Pluralistic Theology of Religions, eds., John Hick & Paul F. Knitter（Maryknoll, N. Y.: Orbis, 1987）p95.

象中去觀照到生命本質者。神聖境界開顯代表此人道化或氣化自身，展現出無端崖的爲道本色。境界是一個主體的狀態，它包含了主體的心理狀態以及身體狀態，它包含了主體與社會與天地與宇宙的關係狀態，在一個既爲主體性又爲整體性的全面狀態中顯現著神聖境界的意涵。

二、對希克的反省

　　英國宗教哲學大師之一約翰・希克（John Hick, 1922～）於一九九九年出版了《第五向度》（The Fifth Dimension: An Exploration of the Spiritual Realm）一書，清楚指出靈性向度這個面向上乃是連繫終極實在，或是說與終極實在相類似且相和諧，它是人性的第五向度，能夠轉化人類存在脈絡，這樣眞實超越範疇，不同表述，並不能按照字面意義適用於終極之在其自身。那終極實在沒有可以掌握的形式，唯可以掌握的形式乃在於我們對它的認知。〔註 20〕

　　多元主義的發展在英國長老會神學家希克（John Hick）在 *The Myth of Christian Uniqueness: Toward a Pluralistic Theology of Religions*（1987）一書中，希克宣稱一個從排外論與包容論過渡到多元論的典範轉移（paradigm shift）〔註 21〕，他認爲這是神學上的哥白尼革命。哥白尼革命需要理解、詮釋與對

〔註 20〕見 John Hick 著，鄧元蔚譯，《第五向度──靈性世界的探索》，台北，商周，2001，頁 12～15。

〔註 21〕（1）排外主義（Exclusivism）或是「教會中心論 Ecclesiocentrism」：主張唯有那些聽見福音的傳講而且認信耶穌基督者，才能得救，教會之外沒有救恩。代表人物是巴特、林貝克（G. Lindbeck）等。（2）包容主義（Inclusivism）或「基督中心論 Christocentrism」。這個立場還可以再根據他們對對基督在救贖過程中所扮演的角色細分爲三種：（i）基督作爲「救恩的形式」。（ii）基督作爲「人類宗教性努力的目標」：這是尼特所謂的「建構性的基督中心論 constitutive Christocent rism」，代表人物是拉內（K. Rahner），因他視耶穌基督爲救贖的建構性原因（constitutive cause）。宗教被視爲福音的準備（praeparatio evangelica）。非基督徒可以透過「願洗 desire for baptism」加入無形的教會（invisible Church）。教會的地位因被視爲基督的延伸而保留在拉納的神學架構中。（iii）基督作爲充滿萬有而且透過不同宗教傳統領人到上帝面前的「眞理之靈 the spirit of the truth」工作的媒介。尼特稱這個立場爲「規範性的基督中心主義（normative Christocentrism）」，視基督爲上帝救贖的規範，但卻不能限制神在救恩歷史中的普世性工作。（3）多元主義（Pluralism）或「上帝中心論 theocentric -ism」：取消基督與基督教的優越性（superiority）的堅持，而朝向一個視世界各宗教爲同一神聖實體（the one Divine Reality）的不同呈顯（different manifestations），各宗教都是人類對同一實體的回應。這個立場的代表人物是希克（J. Hick）、尼特（P. Knitter）。因此，所有宗教都可以是通向救贖的合法途徑。基督教的啟示是眾多啟示中的一個，所有宗教分享了神的

話，對話是向著無限開展之真理開放，我們一直試圖排除時空差異、傳統文化的束縛等等外在偏見，因著對宇宙無限信心的可能，交流對話的基礎，使人存在向度對超越界無限開放，使差異性降低最小影響，更進一步進行眞切溝通。最後，自己向著他者開放，透過對話了解自己，深化世界觀，相互回應，使外在詮釋，與內在生命詮釋一致。〔註22〕

　　這啓迪我們若回到生命最根本的詮釋起點，就應回到生活體驗中重要角色身體去，因爲身體是文本的文本，脈絡中的脈絡，是人頂天立地面對存有時一個世界意識之間的根源迂迴。密契默觀就代表著對身體原初文本的脈絡，作爲與世界接軌的根本迂迴詮釋之起點。

三、對潘尼卡的反省（Raimon Panikkar 1918～）

　　潘尼卡主張一種「宇宙──神──人」（或說：天地人 cosmotheandric）式的信〔註23〕，而這信將經歷一種無形的和諧（invisible harmony）。〔註24〕潘尼卡〔註25〕認爲「宇宙──神──人」或者是「天──人」式的精神向度，是種天性傾向，也是人共有的本能，這種人天生宗教感使吾人能夠進入千百年來因著不同宗教傳統而隱晦不明的眞實的信。這樣的信唯在與其它傳統對

普世性救恩。希克的上帝中心後來發展爲「實體中心 reality- centric」，避免使用基督教的名詞；尼特後來擺脫希克的框架而發展出「救恩中心 soteriocentric」，主張上帝的國要臨到世上，特別是受壓迫的人民身上，強調以實際行動伸張正義。Cf. Gavin D'Costa, *Theology and Religious Pluralism* （New York: Basil Blackwell, 1986）; Merrigan, Terrence, "*Religious Knowledge in the Pluralist Theology of Religions,*" Theological Studies 58（1997）686～707; Race, Alan, *Christians and Religious Pluralism*: Patterns in the Christian Theology of Religions（London: SCM, 1983）; Paul F. Knitter, "*Roman Catholic Approaches to Other Religions: Developments and Tensions,*" International Bulletin of Missionary Research 8（1984）50～54.

〔註22〕方法上的改信使方法論上的多重教籍（Multiple-Belonging）成爲可能，所以潘尼卡宣稱，他是完全的天主教神父、完全的印度教徒、完全的佛教徒，又是完全的世俗思想家。

〔註23〕Cf. R. Panikkar, *The Cosmotheandric Experience : Emerging Religious Consciousness* （Maryknoll, N. Y.: Orbis, 1993）.

〔註24〕R. Panikkar, "The Invisible harmony: *A Universal Theory of Religion or a Cosmic Confidence in Reality?*," in Toward a Universal Theology of Religion, ed., Leonard Swidler（Maryknoll, N. Y.: Orbis, 1987）141.

〔註25〕多元神學家，如潘尼卡說到基督是三而一的三一神，非三非一；同時，說到眞理是沒有中心的，他不同於希克，他將唯一放在人身上，而希克乃是放在絕對奧祕上，所以他主張重建實在界的之超越性。

話與詮釋循環中才能經歷，更在其中，吾人經歷一種無形和諧。其中強化了人對生命奧祕之宗教意識經驗更完整的整合。〔註 26〕

　　像基督教和諧的象徵是三一上帝。父是子是神聖位格，人參與在其中；聖靈則是合一原理，在聖靈裡這位「無以名之的絕對者」和「已命名的位格」（the named persons）參與其中。實在（reality）是神而人的（theandric），每個存有都是基督的顯現（a Christophany），每個存有都是整體的固有內在部分。上帝在萬有中，萬有在上帝中。這無法以言語或觀念表達，只能在靈修深處中體驗。默觀是種靈修深層體驗，在默觀當中，道藉由多現性展現在不同面向中，而基督的奧祕也是以不同形式展現出來。〔註 27〕

　　默觀代表進入生命奧祕的經驗階段，也代表人向著對「宇宙──神──人」或者是「天──人」的信心，所以才進行交流對話。這樣的交流與對話代表我們必須對默觀有所新的理解與詮釋。在此之前，先介紹三種言談的詮釋與克服；語態學式的詮釋（morphological hermeneutics）、邊界性之言說（boundry discourse）、宗教式獨白（intrareligious soliloquy）

（一）語態學式的詮釋（morphological hermeneutics）

　　語態學式的詮釋若系統發展，將成爲我們所熟悉的所謂論點（argumentation），這種語態學式的詮必然是在某文化和歷史脈絡中的，根據被共同接受價值與準則進行。

（二）邊界性之言說（boundry discourse）

　　克服時空障礙所產生文本（text）與事件（event）的誤解，這開啓了會遇的視域，所以不同宗教傳統能相互回應，使文化理解成爲可能，這種對話是必須位置交換的（diatopical），吾人無法將自己觀點放置一旁，中立地觀察比較，吾人也常忽略了自己其實也是被改信（converted）至現在所處的傳統當中。這樣的改信常被吾人誤認爲是自身原有信仰和確信。〔註 28〕

〔註 26〕參閱 R.Panikkar, *The Trinity and the Religious Experience of Man: Icon-Person-Myste*ry, p42, 51～55.

〔註 27〕R. Panikkar, *"The Invisible Harmony: A Universal Theory or a Cosmic Confidence in Reality?"* in Toward a Universal Theology of Religion, ed. L. Swidler（Maryknoll : Orbis, 1987）p139.

〔註 28〕位置交換模式之宗教對話，這是潘尼卡主張允許一種方法論上的改信，要了解潘尼卡這種方法論上的改信，必須了解他對信與信仰的不同認知（faith, beliebs），信是人類存在的向度，是對超越界的無限開放性，它被具體呈現

（三）宗教式獨白（intrareligious soliloquy）

是種位置交換的詮釋在內心具體展開，這是將自己向他者開放，並透過此更深認識自己，這樣的宗教對話尋求所有宗教能相互回應的超越基礎，而非根植於社會或歷史的脈絡的基礎上。

潘尼卡主張宗教是不可通約的（incommensurable），唯有對話式的對話（dialogical dialogue），而非辯證式對話（dialectical dialogue），是人的對話（personto-*to*-person）而非教義式的對話（doctrine-*to*-doctrine）才是好的對話型態。

從潘尼卡的言說對話中，啟迪著我們必須回到人的存有，也就是海德格所言此有（Dasein）去看這種對話性對話的詮釋。從人的存有當中，體會在世存有與存在的關聯，而這命運的關鍵點乃在於默觀的超驗奧祕上。換言之，他是回到人（personhood）的起點去探討對話問題。

四、建立深刻對話

換言之在這裏，我試圖結合了潘尼卡與希克的不同點，而指涉出默觀的可能性，使人的存有與存在深切關聯。〔註 29〕換言之，這是人建構生命連結展現無限超越可能性時，默觀是一種生命交流對話的可能性，是向著所有生命根源開放，而是在此遮蔽而開顯的動態之流，體現生命對終極整體深入對話而呈現出來。這種對話式的對話，是人的對話，是人對有之深切形上呼喚。這種對話忘卻了概念、範疇、教義，叫人直指那生命之核心對話，屬於場有的對話，人在頂天立地之間，面對浩瀚的存有實在界的對話。

在這，希克（John Hick）在《第五向度——靈性領域的探索》〔註 30〕說到密契給予我們一場廣闊的對話天地。的確，所有的可知與不可知的曖昧處，都將在默觀對話中，共負一軛，無論是神或道的意味，都涉及了人類終極關懷；所有在此展開的對話，有顯有隱的張力，除非真理之源在密契那，否則這對話是無意義的。人接受真理之源在密契那，才能展開對話的機置。現今

在不同信仰中。所有信仰都具有功能性的相似性，即信的表達。信與信仰的混淆會造成宗教之普世使宗教變成某種美學或某種主觀事物。神學若混淆信與信仰，會造成改信時的暴力與壓迫，而非轉化、深化信仰。人類基本的追求絕對的表達，可以作為對話的基礎。

〔註29〕潘尼卡認為信是人共有的本性和面向，是對超越界無限開放，但信是唯一的，這唯一的信卻屬超驗，而他將唯一放在人身上，而希克放在絕對奧祕上。

〔註30〕此書，乃 2001 年由商周出版社出版，大陸學者王志成譯。

世代是多元、兼容並蓄的，在此時代精神底思維的基礎即是人對終極實體盼望，藉此來形成無形和諧的可能性，誠然如希克所言，人由恒河階段要進入後殖民對神學的挑戰。〔註31〕

　　潘尼卡主張三種靈修學，〔註32〕任一宗教都是人類生命的向度，必達致內在安息和諧，這內在是自動的、創發方式表現出來，是在共享交流當中和諧共處，這和諧共處代表一種信任，是一種為了塑造更好的實體的共同努力與掙扎。不管靈修或修道都指出一條道路，那就是注目在終極關懷實體上，這是聖靈的工作，也代表人類精神的向度。不管如何，實相是徹底自由開顯之整體，每一宗教開花結果，乃是人類對奧祕存有掌握的不同具體面向，在交流會遇中，奧祕是以不同形式展現出來，尤其在默觀中，精神嚮往指向終極實體，精神自由，這是說明聖靈是自由的，使存有之所以為存有的自由。而作為人的尊貴處，乃是以此場域參與這整體大化之流行而已。除此之外，什麼也不是。

　　這代表人靈命生活必考慮參與現實存在的處境，在生命實然存在中追尋獨特的價值，期盼在交流中，仍把握不同文化傳統的特殊性，而這特殊性在合一整體的存有感受中被認可，這認可是基於人對宇宙信心，是展現人類生

〔註31〕　潘尼卡在討論宗教史時，從基督教發展史，運用三條河象徵這三個階段：約旦河、提伯河、恒河階段。（1）約旦河時期（The Jordan）：猶太人的割禮已經被約旦河的洗禮取代，基督徒是一個「信」的人，以基督展開其宗教態度。（2）提伯河時期（The Tiber）：在此階段基督徒不僅僅意味著相信基督，認信基遯，也意味對基督徒社群的尼彥，這是所謂的教會或信仰。這時已演變為一個機構，一種宗教。他認為在自己宗教中可發現全部真理，最典型的象徵是傳教活動，基督教與其它宗教關係是單向的。（3）恒河階段（The Ganges）：這是後殖民時代對神學的挑戰，這時強調基督教僅是具體呈現人類最初的不同的傳統（incarnates the primordial traditions of humankind），對話不是傳教新方法，更是使雙向互動、彼此更豐富的過程，這可說是「基督徒性」（Christianness）。

〔註32〕　見 R.Panikkar,*The Trinity and the Religious Experience of Man: Icon-person-Mystery*（Maryknoll, N.Y. :Orbis,1973）一書。所謂位際主義（personalism）：潘尼卡認為「主」是在其它宗教以不同名字出現，他說：「無論基督顯現或隱匿，都是通往上帝的唯一的路」，「宇宙祭師職份的唯一的祭師，出色的主宰」，見 p51～55。而所謂的非二元對立（advaita,not-two），乃是說明基督奧祕在聖靈動工之下，藉之得以如同人種之多樣一般，以多樣性實現出來，他以音樂作宇宙次序與規律的類比：「音樂和諧不是因為同一性而是多樣性，它是『多』向『一』趨近卻又不會導致差異消失的律動，它不會變成單音的演奏，也不會變成一個更高的綜合體。如果沒有不同的聲音就不會所謂和諧的音樂。」此參 R.Panikkar, "The Invisible harmony: A Universal Theory of Religion or a Cosmic Confidence in Reality?"p145.

命的向度，得以共享交流，使生命更爲成全、完整，而非分裂。在此人與神會遇，呈現深切的信任，爲了創作更美好的生命實相而努力，一起共振那美妙的樂章。〔註33〕

總　結

　　如德日進在現代科學大幅度見解之下，所做對人自身與周圍世界產生深刻的奧祕感解釋。這彷彿又回到了原先人對宗教未知經驗的態度，最初原始是聖凡不分，然而人意識反省思考到聖凡是有區別的，直到現在聖被明確化，但也使得我們靈魂部份漸漸世俗化。世俗化的墮落感，迫使人有失根感受，神聖乃是吾人的居所，那眞理存在之屋，乃是人心嚮往所在，因此人終究得返回神聖居所，所謂宗教經驗的意義在於經驗事物之不同於凡俗，而爲我爲神聖，神聖爲某種不同於此事神聖物之內在意義而被覺知到，神聖是相對於凡俗的，它具有辯證性，而且神聖顯明乃是無限透過有限來彰顯，是人所能掌握的象徵符號來強說之，當我們應用象徵符號時，也是藉由形象思維來意想那看不見的世界，生活世界的形象符號，使我們推向那神聖居所，它是階梯，然階梯並不等於神聖居所，人是走向神聖，聖與凡對立拉距使人產生強迫性淨化，進而進入統合的獨一性。

　　對話是向著無限開展之眞理開放，在對默觀重新理解詮釋，建立對話的同時，嘗試穿越歷史與文化脈絡的障礙，直入信的確據———一種對宇宙性信心的肯定，如此才能形構出交流對話的基礎，先克服語態學式的詮釋，來進行時空差異之下的對話，形成初級對話會遇的交流視域，以生命與生命互遇進行分享他人立場，雖然有改信的風險存在，但吾人確信這樣的信是深化信仰，使人存在向度對超越界無限開放，使差異性降低最小影響，更進一步進行眞切溝通。最後進行宗教獨白，自己向著他者開放，透過對話了解自己，深化世界觀，相互回應，使外在詮釋，與內在生命詮釋一致。〔註34〕

〔註33〕R.Panikkar, *"The Invisible harmony: A Universal Theory of Religion or a Cosmic Confidence in Reality?,"* in Toward Universal Theology of Religion,ed.,Leonard Swidler（Maryknoll,N.Y.:Orbis,1987）141.
〔註34〕方法上的改信使方法論上的多重教籍（Multiple-Belonging） 成爲可能，所以潘尼卡宣稱，他是完全的天主教神父、完全的印度教徒、完全的佛教徒，又是完全的世俗思想家。

結　論

　　我是一位基督徒，我發現自己正在試圖在中國文化傳統中，克服時空的歷史差異，使內在自己文化傳統進入到西方文化傳統當中，當中的比較與對話，使我產生位置交換的危險性〔註1〕，也就是說，我可能會因此改變信仰，然而我仍然在努力追求，因為發問是我向存有之源找尋真實的相遇，在超驗的「默觀」層次，我欣喜的發現，一切和諧的源起，是一種內在深層對話，也是一種位格際性的對話，換言之，在此領域範圍內，我發現了一個祕密，也就是透過「默觀」來展開東西方靈修的對話。

第一節　各章整理

一、緒論

　　哲學曾是什麼？哲學現在是什麼？哲學將來是什麼？哲學面臨危機，隨著發展，哲學成了古老或是具有回憶性質的論題。哲學若要證明自身，則必須與存有脈動接軌，達到道與人遊，上帝與人合一的共融之境，使人向著視域融合之境邁進。在莊子看來，哲學體系不管怎樣嚴謹，一有體系即有體系相，一有體系相即是分割，一有分割即是對道之整全性之破壞：「道術為天下裂」，此代表人類心靈的分裂，也是一種離真理愈遠的墮落。

〔註1〕位置交換模式之宗教對話，這是潘尼卡主張允許一種方法論上的改信，要了解潘尼卡這種方法論上的改信，必須了解他對信與信仰的不同認知（faith,belieds），信是是人類存在的向度，是對超越界的無限開放性，它被具體呈現在不同信仰中。因為相信真理，所以不同位置的理解詮釋真理多元面向即成為可能，所以潘尼卡宣稱，他是完全的天主教神父、完全的印度教徒、完全的佛教徒，又是完全的世俗思想家。

海德格要人們走出無意義言談，努力去醒悟，去安排計劃，便是存在這樣的深意。

要活出生命意義，基要任務就是要自我立定找尋一個總體計畫或是總體生命藍圖，而按這個總體生命藍圖去安排自己的生命，同徹底實行自己調子，才能活出自我生命的意義。透過「默觀」可以穿透傳統、信仰、理性、情感、文化、時代差異，找到屬於自己總體的生命藍圖並且要內化爲自己堅固的世界觀、人生觀或人觀，如此才能影響生命的方向。

二、密契主義的體證

「默觀」是走向關懷終極關懷的路，要人直指那不可知、不可名的根源，比較、對話、與詮釋之後，說明人內在超越的精神向度——是關懷那終極的存有自有自身。而這存有自身展現或不展現，都不礙於有位格覺醒的人與之相遇。所以我們認爲「密契」著重密相契合意義，也指向非一般認知的神祕智慧，當然更向我們開顯自身，不管基督教的密契或道家的密契，都揭示了一條指向道或上帝的明路，這明路源自於潘尼卡所說對宇宙信心的發出〔註 2〕，也是本論文爲文目的，希望透過深層對話詮釋，來揭開神祕的面紗，以致於刳祕。讓存有自身開顯說話，消失在無言之中。

因此，首先將討論所謂「密契主義」的意義，包括從字源學角度的探討以及陳述其核心概念，同時介紹密契主義的各種分類——包括 W. T. Stace 的分類、R.C. Zahner 的分類、以及關永中先生的分類。之後分別介紹中國道教密契主義傳統以及西方基督教的密契知識傳統，緊接著筆者將就東西方歷史背景及文化傳統的差異，來對基督教密契主義與中國老莊密契主義做比較，並證明「默觀」可以作爲對話與融通的基礎。

三、「默觀」的第一次對話——「默觀」意義的跨文化理解

就西方而言，「默觀」是超越而內在可以獲得眞正對神體驗的知識，所以它是實踐出來的，也是深深在愛中融合爲一，成爲位格際性的徹底交流。在東方，並沒有專門研究「默觀」主題，但在此番二者對照比較之下，中國哲學，特別是莊子內蘊外顯哲學裏頭所談工夫修養「心齋」、「坐忘」、「朝徹」、「見獨」，確實是體證道在吾人自身眞正知識，透過實踐操作，使物我

〔註 2〕見第六章第三節所言潘尼卡宇宙信心。

一齊，天地大仁大愛融合爲一，這樣的道本身，也隱含著位格際性的交流，使人、物、自然、天地、神明在此相照爲一。可見對「默觀」探討是很重要的。

　　西方康德所稱哥白尼的革命已在哲學上開花結果，而神學上的哥白尼革命已然在現今世紀展開。這是個多元時代，傳統封閉典範必須被超越，對話交流成了現代互融的可能性，〔註3〕對話的確開啓了不同文化傳統的交流認知，在共享對話交流當中，仍有許多超概念、範疇，無法言喻的層面存在。換言之，不可以用「字面意義」（literally）去閱讀或對話，而應回到密契「默觀」去看。

　　密契的對話式的對話才能指出人神聖面向，進而開顯眞理，這是人對存有之源的深層回應，回應那從生命本源的形上呼喚。

　　「默觀」常是涉及「言有未待」之處，所有言語止息時，將是單純去看那無法言說的存有之處，我們可以看出無論是莊子或十字若望，其使用來描述個別境界的語詞，都是屬於「象徵」的文字，「象徵」常具有「歧義性」與「曖昧性」，在抽象與具體之間有著神奇的張力存在，這張力可以超越言詮的限制，並且向著超越的那個不可言說的道或神充斥。「默觀」中重要的是藉由「象徵」想像中介動態呈顯，由「默想」進入「默觀」中。

　　由此在存有者所體現的意義，表達「此在」不斷尋問探求，藉由追尋超越自我局限，超越理性經驗的設限，以充滿「想像力」象徵—趨使人們去敞顯眞，去「默觀」所呈現存有的自身，不只停留在表面的話語和形象上，而是在行動中投入並認識不同的生動變化的「道」本身，「默觀」體驗那「不斷超越一切生命的永恆生命」。

〔註3〕這是希克所言從排外論與包容論過渡到多元論的典範轉移（paradigm shift），這是神學上的哥白尼革命從基督中心轉向上帝中心過去的基督教獨一性，不再堅持基督教對其它宗教的「絕對性」（absoluteness）、「限定性」（definitiveness）、「判準性」（normativity）、「優越性」（superiority），而象徵這種典範轉移的是指越過神學的魯賓康河（Theological Rubicon），多元主義神學建構了三座橋幫助神學家過河：（1）歷史——文化橋（The Historical-Cultural Bridge）：認爲宗教與知識的歷史文化都有其相對性。（2）神學——神祕橋（The Theological-Mystical Bridge），就是奧祕（Mystery）。（3）道德——實踐橋（The Ethical-Practical Bridge），也就是正義，所以神學應關注受苦人民，宗教神學必須是「解放的」透過行動來提昇社會正義。見 J. Hick & Knitter（eds），*The Myth of Christian Uniqueness: The Myth of a Pluralistic Theology of Religions* ed. Gavin D'Costa（Mary knoll：Orbia, 1990）。

因此首先將釐清「默想」與「觀照」概念的意義與其內在關連性。針對「默想」與「默觀」之間重要的語詞「象徵」來進行連接與跳躍，之後分別描述莊子之「默觀」與十字若望之「默觀」各有何意義。吾人認為莊子哲學是「觀照」哲學，故將從他的生命歷程與社會背景，以及其內七篇中的相關概念——「瞻彼闋者」（〈人間世〉）、「用心若鏡」（〈應帝王〉）、「朝徹」（〈齊物論〉）、「見獨」（〈齊物論〉）、「以明」（〈齊物論〉）、「照之於天」（〈齊物論〉）——來建構其對「默觀」的意義；而對十字若望而言，「默觀」是神修者進入神修的最高目標，特別是在其《登上嘉爾默羅山》、《心靈之歌》、《愛情的烈燄》、《黑暗之夜》四本主要著作中，他提到了「默觀」的意義、特性與階段。簡述了兩者對「默觀」的意義之後，筆者將從兩者關懷重點之所在，並其象徵使用的習慣，以便能真正找到「跨文化」描述「默觀」的可能。

四、「默觀」的第二次對話——成為「默觀」神聖位格者及修養工夫探討

「默觀」意義探討猶如經如一場深層對話，這種對話是自我身心靈螺旋的攀升向上的契機，其意義乃在做一種內在之旅，。內在的默觀之旅可以讓你心理狀態更新，充滿能量，重新省視各個生命面向的無限可能性，而這樣的旅程，必須讓你的內在是閒暇的狀態，換句話說，不再將自我眼光投射在外在世俗的一切，而是內在達到釋放，「忘」的境界，這是虛靜自身以達致，也就是讓自己成為無自我位格的歷程，真正成為「默觀」神聖位格者的典範。

換句話說，身為人此在的存有者，也是默觀位格者，必須從外在紛擾中脫困而出，不斷關注內在靈命生命增長，以靈修或道修的方式，使自我心靈提昇，化除主體或位格障礙，以無礙的生命洪流，一一點化成為藝術美境。意境超絕是意象的昇華，它是主體心靈突破了意象的域限所再造的一個虛空、靈奇的審美境界。從意象走向意境，是從有限走向無限，從形而下走向形而上直觀的感悟。

在中國裏，「默觀」展現的形上學世界觀的命題證立，也在於工夫活動的境界證成，也就是在所有工夫活動達致的境界中，最後讓形上學世界觀呈現的視野，其中工夫最重要是靈性主體在實地操作所體驗到的「默觀」，就莊子生命來講，這不是就是「逍」「遙」遊而能視下嗎？就十字若望，這不就是經過黑夜之後，而登上迦達默羅山的全福神視嗎？

　　「默觀者」通常是能知者，能知道些什麼，透過體證圓成其神祕境界，所以我們在這章要點便是探討「能知默觀者」其「位格」的面向，特別是圓融視境當中，主體位格際性的探討，不可否認的是，身為一個能靈修的人，所欲編織的理想藍圖即在其身證成形上世界觀命題。

　　西方按亞里斯多德的形質論，實體的個別性源自質料，而普遍性則源自構成本質形式。人的本質的定義是「理性動物」，因此理性是人位格尊嚴之所在。如馬利旦所言，一個獨立、自創立、自主的形上的中心，這是人最深神祕處，傳統士林哲學稱之為「位格」。莊子沒有講到位格，但卻講到「精神」，精神」一辭，同時凸顯人與道的靈智面，此寓意著人與道間之精神契合〔註4〕。

　　成為一個默觀神聖位格者，通常讓自己成為無自我的位格者，以利氣或聖靈的進入，讓自己成為位格際性真正交流，不管任一主體都無礙於與道、神、自然、物的交流與共融。因此此章首先針對「默觀神聖位格者」做探討，特別針對「位格」、「無自我位格」概念來串連釐清，以及東西方有關位格神與天地精神說法是否有相通處，希冀能由此說明位格際性交流可能性。緊接著，就十字若望「黑暗」與莊子「虛靜」的「默觀」無自我位格歷程詳細說明，最後達逍遙，愛火燃燒的內在心靈自由之旅。

五、「默觀」的第三次對話——結合的境界

　　神或道與人的「結合」，而這脫離不了人的存在的本真性以及人邁向真理的生命實踐歷程。「結合」其實隱含著人向著神聖，或者神化，或者說是氣化，以致於終極實有顯現在吾人自身自我對話，最後以沈默，去看待那一切大妙變化本身。

　　神或道與人之間「下灌」與「返本」的微妙溝通在十字若望來講是「神化」，在莊子來講是「氣化」，透過神化與氣化可以達到「達道為一」及「神婚」主客視域融合的結合之境，這種主客體視域融合，所傳達出來的那份「結合」，是化除一切差異，也不礙各物的顯現自性，更是人持而守之，聖化自身而後已的歷程，而這歷程是止息在那安然的一，呈現默觀那身體所體現的道存或神存境界，以致於在冥合當中，化除所待，成就那「是」的所以然，而

〔註4〕〈刻意〉篇謂「精神四達並流，無所不極，上際於天，下蟠於地」。言下之意是當人超脫物性、感性的羈絆，甚至越出了思辯推理的束縛，而發顯其純精神活動時，其潛能是無可限量的，他甚至可以上體天心

不知其「所以然」的生生不流，就在那瞬間，自我也超越對立及封界，在那一中，一即一切，一切是一。

當我們進行結合境界的探索時，我們的理解與詮釋進入深層的對話，所有對本體源頭的體認時，都發生在知識的認識進路上，當我們進行無自我位格時，神祕知識的意識轉化也正在進行，當步入這結合境界時，很難化分主客觀的知識分野，因為所有一切都呈現曖昧不明的混沌，又是本體又是知識的體認，在靈修與道化歷程中，不斷進行對話與交流，最後只剩詩意呈顯，那結合的告知我們那是美境，只能「默觀」這一切的發生。

「道」或神可以說是自行開顯的存有活動，人可以與道或神結合，參與道或神的存有的活動。這樣的本體論與宇宙論的緊密結合使得「存有者存有化」，向著存有之源彰顯，參與宇宙大化洪流終極狀態，使人生命個體在萬物中既「超越又內在」，最終生命個體得以獲致保全的存在向度與生命向度。而終能在生命與存在互為一體的基礎之上輻輳向「道通為一」、「同乎大順」以迄「寥天一」的終極境界，這終極圖象是為道者或靈修者所企求，心所止息處。

我們講到神化與道化，將人的存有提昇，以致於與絕對終極的一有著溝通交流的可能性，這溝通交流的可能性用拉內的話來說即是人是存有的奧祕之所，當空虛自己，成為有所容受，則道與神呈現去蔽顯真的狀態，無所執著順乎自然，合於天性，如此一來也能發揮此在存有者位格的適然性上，成就人之所為人的尊貴之處。

人面對存有，進入「默觀」密契裏，深深進入道與神顯示「在」的場域中，進入純粹「在」，此「在」對俗來講是「異在」，人總是在此時此刻中，置身於祂的「在之中」，人置身在此「異在」居所中，強化人對神聖來臨渴求，彷彿已然有家的感覺，如今只想回家，那開放著一個世界，一個通往神聖之境界的世界，這超越了哲學思辯的形象思維，以冥想的直觀，直接揭露出存有脈動。

六、東西方交流與對話再思考──以「默觀」為例

關於對話與詮釋的觀點，來說明兩者不論是神化或道化均從「默想」進入「默觀」當中，成為默觀神聖位格典範以登不可思議的神祕異在，均揭示人棄絕墮落，冀往神聖之境邁進，當然，不同語言文化型態，有不同的境界

的描述，不同象徵符號使用系統，然而若涉及最終那不可知道的境界，均是無言的詮釋，因此我們從人所能掌握的象徵符號知道隸屬於那特定文化系統的脈絡後，去除象徵符號牽連的根蒂，更重要的是回到知性形上學，以下學而上達的精神勉勵自我更上一層樓。

多元文化的時代，回到原點重新思考東西方的優點與缺點，可助於我們截長補短，助於整全人文精神發展。

無論如何中國哲學的特質是企圖表述中國人生哲學本位的問題意識的蘄向，是一個內蘊外顯的心性之學，基於此而表現出文字表述形式的特有風格，重直覺體悟、不重邏輯結構、不重客觀思辨。

莊子的「默觀」是表述中國哲學當中內蘊外顯的的哲學思維，他著重人有限無待的生命體悟，這「默觀」概念特有文字風格，正足以表現中國中重直覺體悟、不重邏輯、不重客觀的思辨的中國哲學特質。

回顧西方教會世俗化發展，導致教會權力與財政淪落，使得教會向上精神完整性就出現衝突與分裂，因此就出現了與教會結構無關的神祕色彩，而這些神祕色彩，或說是奧祕本身，可以在知與信問題，另啓一片窗，遺留廣大無限的思維空間，奧祕本意是閉上眼睛或嘴巴，乃是靈修者本身黑暗與靜默的經驗，如艾克哈說到「上帝看到我的眼睛就是我看他的眼睛；我的眼睛與上帝眼睛是相同的。」這代表靈修者與上帝內在會合，而非聖禮與崇拜的需要，也非理性與信仰分離或結合的觀念耗力琢磨。宗教所帶來的組織架構俗化的宗教是建構神學理論的問題解決性質所需，但對大多數信徒而言，信仰乃是生命之全面統合力量，這統合力量必須是主觀的，但又卻不是絕對主觀，他必須反省隱晦經驗，並賦予它詮釋新的轉化。

在西方來說，這是最大的矛盾與衝突，是介於知識論與形上學之間盲點。就知識層面而言，我們很難說盡「本體是什麼」，只能肯定存有是「實有是」，「實有是」具有實在性、存在性與肯定性。人參與存有脈動中，共同體驗在大化歷程中神或道的作為，並且將其說出，這是很重要部份，西方存在主義之後，高達美的「真理與方法」，梅露龐帝的知覺現象學，都設法重新回到對「存有的體驗」，以為這似乎可以解決這盲點，不過這樣的努力都不若過去傳統中國哲學所言修養境界那樣的天衣無縫。

在西方檢討經院之缺失時，其實暗含著由默想到默觀的明路，正如老子所言不由為學，而由為道來進入這樣的神祕體驗知識。讓我們回返西方所忽

略的身體場域，來進行一場「默觀」的詮釋、對話與交流，使我們不斷地在詮釋遊戲中，與另一個「他者」、你或說是神聖來交流。

人參與在這樣宇宙創化之流的道中，可參贊萬物的化物，與物同為一體，而同樣地，由神祕神學的進路，人在靈修歷程中聖靈充滿，徹底靈化自身，成為一個活的靈化歷程。

「默觀」啓示人不論在為道或靈修的場域上期許人們向著神聖，那終極價值根源前進，換言之，他們都規劃人類理想藍圖，向著道化或聖化的路徑而奔跑。這整體目標只是啓示或啓蒙而已，絕非是一個保證，因著人不同的面向展向，人會有著很大的差異性，譬如強調人的努力、強調恩寵的被動性等，總之，不能只是執著表面字義，而忽略了深層的對話的可能性。

這場由理解到詮釋，由詮釋到對話，試圖建構出整體生命實有場域的嚮往。「默觀」提醒了人存在意義，以及如何在關係世界中，貞定自身，找出終極存在的意義，所以它關乎知識、眞理、方法與實踐。當人參與這場對話創作遊戲當中，期盼人由此入階，因此對「默觀」的理解、詮釋、對話，乃在於重新建構出人對奧祕的眞理與方法的向度，用現今分科來看，這是哲學人類學功課。換言之，人藉「默觀」，得以走向那未知、未被定義完全的那種奧祕當中，跳入這場與存有者會遇交流的對話遊戲。這場對話的詮釋遊戲，從決意是否回答存有之召喚開始，進行對話，最後與他者重逢，臨現對存有者交流對話，最後「默觀」展現出與那神聖者結合神祕性交流，以致於位格與位格也能夠充斥這樣的交流本身，自足圓滿了起來。

對話是向著無限開展之眞理開放，在對「默觀」重新理解詮釋，建立對話的同時，嘗試穿越歷史與文化脈絡的障礙，直入信的確據──一種對宇宙性信心的肯定，如此才能形構出交流對話的基礎，先克服語態學式的詮釋，來進行時空差異之下的對話，形成初級對話會遇的交流視域，以生命與生命互遇進行分享他人立場，雖然有改信的風險存在，但吾人確信這樣的信是深化信仰，使人存在向度對超越界無限開放，使差異性降低最小影響，更進一步進行眞切溝通。最後進行宗教獨白，自己向著他者開放，透過對話了解自己，深化世界觀，相互回應，使外在詮釋，與內在生命詮釋一致。〔註5〕

───────────────

〔註 5〕方法上的改信使方法論上的多重教籍（Multiple-Belonging）成爲可能，所以潘尼卡宣稱，他是完全的天主教神父、完全的印度教徒、完全的佛教徒，又是完全的世俗思想家。

第二節　理想對話的再思

　　神或道絕不只是觀念意義上的，而是與言談這種活的在場經驗息息相通，只有在活的語言現象，不斷理解、詮釋、對話才能引相互歸屬的永恆回歸，引領那追眞理的人，這言談讓人看，即讓人從這語談所涉及本身來看，〔註6〕這說明本體存在與語言理解、解釋、詮釋、對話有關。

　　換言之，存在與詮釋有關，存在總意謂著一根本的發生、生成、開啟和「是」狀態，人通過技藝而引發出懸浮意義狀態的理解，而人最重要的技藝就是語言，所以語言的邏各斯，代表原發性收歛，引領人對存在領會。人面對會遇體會到活生生的存在在場狀態，體會 ousia 不斷在場，這種在場是種開啟，代表去蔽顯眞，呈現交流對話共融，展開顯現自身，並保持在那。〔註7〕

　　此種對存在的理解、對話與詮釋是一種本眞發生的狀態，這種狀態可以說是人眞實與存有脈動共舞的狀態，這是原發的，主客混然未分的「一」的密契狀態，它是透過道化或靈化修養所致，這種生命體驗可由默觀當中被理解、詮釋與對話著，這存有體驗無區別、無差等且自滿自足的，人立足於這樣的生命流逝，也包含著自身世界、週遭世界及共同世界意義詮釋，這樣的存在的理解詮釋主動呈動態、相互爲主體的關係樣貌，這種此在與存有脈動共舞不再是只有被活生生體驗，而是被觀看著，被開顯著，沒有被反思止住，沒有被普遍化及抽象化切割，指向一境域融合的境界深處，這樣關於存在本身終極意義的詮釋，藉由此在本身生存動態及蘊含的深意被釋放出來，當下呈顯。

　　能夠領會與存有脈動共舞的生命體驗意義，尤其將這意義表達、說明解釋出來是很重要的；面對存有終極意義的理解，然而這又是「言語不能到達的地方」，它內在的含義隱約是指有一個「意義」的源頭，是言語所不能企及的，在運用的語言並無法表述出最終眞實的意義。

　　特別是莊子所言：莊子在齊同物我、離形去知的修養過程裡，卻明顯是要去除掉運作語言的理智、意識，當然也就不會在人爲概念、抽象符號中糾

〔註6〕《存在與時間》(*Zein und Zeit*)，Neomarius，1949 年，32 頁。這是海德格理巴門尼德斯「思維與存在」是同一的命題的基本方式，這句話意謂：由邏各斯引導的直觀著的思想與存在是相互共屬的，邏各斯被明確說「將那在言談『這言談所涉及者』開顯出來」。

〔註7〕海德格，《形上學導論》(*Einfuehrung in die Metaphysik*)，Niemeyer，1987 年，頁 11。

纏。回到道化或氣化或神化的靈修歷程來看，不論東西方文化傳統上走向內在靈修超越路徑，是一條由默想到默觀的進路。默想是運用語言人爲概念符號運作資藉工具，工具不是最後入道的狀態，我們仍必須超越它，不論是西方的否定神學或者道家所言正言若反的言語脈絡，都試圖說明要企及道體或所謂眞實自然，是無法僅使用這約定俗成的概念符號，而必須加以轉化、變造，甚至是時時逆反、否定的。

　　當我們應用人爲約定象徵符號進入時，難免會扭曲、限制它，所以如果我們還希望能無所蒙蔽地進入宇宙的整體，那麼進入默觀吧！這就是卡西勒稱爲「原始語言」。這種語言本身必須重新詮釋、理解，進入對話之鑰。莊子說（齊物論）：最能體會宇宙整體面貌的古人，是根本「未始有物」（沒有「物」的概念）所以收起言語，虔誠而靜默地以一種不扭曲、不規範的方式，讓大自然只自然地活潑湧現。語言最終是呈現世界，默觀是一種身體語言，身體是先於概念、潛意識，非思層面的部分，身體與經驗的緊密關係，更接近人原初存在狀態，當人們重新回返最原初的體驗神或體驗道的經驗以致於把這原初經驗言說出來時，很難去嚴格去除任一路徑。

　　人在生命底蘊是可以溝通交談的，這交談不在言語認知的層次，而在於默觀裏。所以的「默」也就是不在思維層次去言談多少，相反地，是透過去看或者去聽，去體會發生了什麼？當人們與存有脈動接觸時，都是一種最原初的和諧，無區別不分的經驗，這種經驗指向一種混沌，無所謂主觀或客觀明顯差別，所以當我們針對生命去追問人最原初的經驗是什麼時？才能針對這種生命的感動與和諧去對人所建構出來的生命意義進行肯認。它必須內在超越的進路，它不是物化紛擾當中形構出的非人本質選擇。

　　人是精神性存有，人自然會對存有發問，海德格在「詮釋現象學方法」當中所強調的「本質追問法」〔註8〕，這代表一種對生命根源的深處的提問，透過此有對存有問題提問，著重在終極歸趨的問題上，針對這問題，發出「形上詢問」（Metaphysical Question），以此爲起點，進而對此發問主體——人存在結構分析，以徹底解決存有的問題，進而開顯存有的意義，這樣就建構出形上學人類學，而這也就是海德格所稱「基礎存有學」的工作。

〔註 8〕海德格認爲其師胡塞爾（Edmund Husserl, 1859～1938）在現象學裡所強調的「本質直觀法」，只是靜態的純自我思考，未能深入證明具發展性的能思（noesis），也因此轉而強調以「存有」與「我在」爲基礎的「本質追問法」，並建立了詮釋現象學。

　　生命的過程是有如存有的狀態必須去蔽顯眞，成爲眞實存有狀態，這就好比莊子所言是成爲眞人，眞人就是實際體道中人，眞正參與道的創化奧祕，而十字若望所言神祕階梯，也突顯人與神會晤的神聖合一的婚姻。這些都在召喚人們回到存有本眞，最純綷的生命呈現，這樣所成全的生命才是眞正有意義的生命，不是物化，隨物遷移，也不是浮晃於存有遺忘裏，只是在表象思維摸索，如沈清松教授所言：「由於存有的被遺忘，就把存有當是現成之物的「理念」（ideas），一切變化中之存有者皆順此一理念典範，如此便走上表象思維之路」〔註9〕

　　我們必須擺脫表象思維，努入進入言而無言的默觀，正如林中路所揭示的寓意一樣，所有對道或者神的體悟，是奧祕的，人的本性能力是無法理解的，只有藉著人超性存在體驗，才能達到更深刻結合，能與之對話、溝通及作更內在的結合，以達到更深刻的交流與共融，而這種超感覺的超性存有體驗，乃是人終極關懷所在，它與人的生命息息相關。所以所有密契家都不約而同講到回歸無言存有，去觀最原初的經驗發生，那兒是道或上帝自我展現活動源生之所。

　　且讓我們再回顧奧祕（mystery）所代表的意義，奧祕代表契入共融於絕對境界。它代表冥合（Union），在此能知與所知泯除隔閡，已然不分主觀客觀，內與外，其中的媒介（象徵、符號）完全消除了。自我直觀，可以覺察到存有本身，甚至是其根源，而展現出對立統一，它代表人走向神聖，最後呈現神聖化身，在默觀中，人與神聖之間直接溝通、對話、交流，已不再藉由人爲意義符號說明了，意義自然呈現揭露，自我言說，讓人透過身體靈修歷程讓詮釋者與被詮釋者共同參與運作這大化存有之工，相互涉入在位格關係際性，人神合一的圓融之境，只有這樣，才能根本化解主客體間或讀者文本間或時空間相對立的格局，存有開顯的自由自在境界，才能進入原發理解、詮釋與對話中。

　　然而人類的認識能力終究是有限的，生命對我們而言永遠是個待解的奧祕。所以我們必須跨躍理性困境障礙，努力潛遊在無何有之鄉，設法在不同傳統中找出匯同處，默觀就是這匯同處所在，它是建立所有溝通交流的理解之鑰。且讓人們將存有體驗以默觀詮釋對話展現出來，讓我們用天然的原始語言技藝，充滿藝術美感，近乎「詩」的可能性，托帶出人與世界相互交融的意境中。

〔註 9〕見《現代哲學論衡》，台北：黎明文化事業，1985，頁 245。

第三節　問題延伸與討論

一、「默觀」與語言詮釋

　　「默觀」破除「可道」、「可名」〔註10〕《老子‧一章》的進入，因爲理性知識本身，雖有嚴謹方法推論、歸納、演繹、分析，然而由此建立思想系統、知識體系，卻與實存生命價值決裂。爲何決裂呢？因爲實存內在道境絕對是理性超越。

　　如老子所言：

　　　　爲學日益，爲道日損，損之又損以致於無爲。（《老子‧四十八章》）

　　如莊子在〈大宗師〉所言：

　　　　墮肢體，黜聰明，離形去知，同於大通，此謂坐忘。

　　「默觀」與語言詮釋似乎在此必須再度澄清，簡言之，「默觀」是「不經印象觀念文字符號以爲媒介。……中間更無印象觀念之滯留。亦不經文字符號與思想理由爲間隔；亦即超越於……抽象普通之規矩法儀、大故、小故，與一切言說之外者」。〔註11〕

　　換言之，「默觀」不羈絆於外在意印象觀念，或者功名利祿自我設限，才能去除有待的生命型態，進入無爲而無不爲的的活水源頭來，持守工夫之深，必須真積力久則入，不再藉以語言、圖像、推想來進入生命真實本質，而是達至妙有真空，真正忘我的境界，以致於聖感的虛空呈現，達至幻妙無窮的境界，是聖亦是俗都是泯除無形了，身心也在兩行當中，切換自如了。

　　事實上，我們可能在莊子「道通爲一」的場域裡，發現了思惟與語言作爲道的一種意義模式，除了必須不斷回應主體性的要求之外，所有客觀世界的型態變化或其結構性之造作也都無法自外於道的開顯與敞露。

〔註10〕「觀照」絕對不是藉由意義上去解讀的，因爲它涉及了知的層面，當追求意義明確化，在老莊一書中實爲不可能。因爲意義的使用──就「言」而言，言有其限制及相對性如：「彼出於是，是亦因彼」〈齊物論〉、「夫唯非吹也，言者有言，其所言者特未定也。果有言邪？」〈齊物論〉，就言的目的在莊子時，名家墨家之皆以詭辯以炫其智，無一不是求言的繁華，然而所言者，非任真宰，乃有機心之言以任一己偏見。誠如勞思光先生所言：「此謂一言論重在其意義，即言之所指，即『所言』。有無意義，乃決定一言論是否成爲一言論。如離開『意義』，則文字僅爲一串符號，議論亦僅爲一串聲音。」（見於其所著《中國哲學史‧第四章》）

〔註11〕唐君毅先生並且認定莊子此種修守工夫在知識論角度而言，乃「吾人之心暫停對外在事物之感應，亦暫不求對外物之知識，而回頭反省」的一種靜心入定修持法。

由此，吾人之思維與語言自是道，自是「道之爲一」所多方展示的殊樣表現。

如莊子所言：

> 天地一指也，萬物一馬也。可乎可，不可乎不可。道行之而成，物
> 謂之而然。惡乎然，然於然，惡乎不然，不然於不然。物固有所然，
> 物固有所可。無物不然，無物不可。（《莊子·齊物論》）

在此，莊子分明是通過語言思維的後設向度，將所有經由對象思考所形構的「物」或「論」放入具普遍意義的道的脈絡中。然與不然，可與不可，乃轉爲全然內存的自由所體現的「意義」（meaning）意義者，任何存在之在己者，亦是任何在己者之存在，此「己」此「在」，皆是吾人經驗所歷歷在目在身亦在心的眞實與現實。

任何存在之在己者，也是任何在己者之存在，「此在」不斷尋問探求，去蔽顯眞，呈現存有的自身，亦即「存有生命」眞實顯露，透過不斷的眞實行動，一種投入具體情境的此身體欲力，不只停留在表面的話語和形象上，而是在行動中投入並認識不同的生命語彙和形象，最終言語止息，「默觀」體驗那「不斷超越一切生命的永恆生命」是道，是神，是悟的終極關懷處。

「默觀」，必須藉由「語言詮釋」來進行，所以必須先釐清兩者的意義，並說明詮釋的限度與問題避免混淆「默觀」並沒有存在於無根無形或無狀似乎屬於中空狀態的形式或是語言，而任何語言創作出來的圖象式思考仍舊歸屬於語言符號系統──「默想」。默觀是一切言語道斷，消解所有的語言符號系統，換句話是，進入寂靜虛無的「默觀」中。

但問題是如何由「默想」進入「默觀」。換言之，「默想」如何被消解所有語言詮釋符號系統，以致於呈現生命整體的眞實面貌──進入「默觀」，爲道者如何能夠在眞正痕跡，能夠眞正脫離所有象徵系統？如何能夠避免與制制既有語言對話？爲者必須在言語詮釋中了解存有存有化必須是對應於既有框架而展開的對話。更進一步應該思考的是：「想像力」慾力創作的內發動力如何像是動力之河，能夠驅動身體語言，如何能夠與既存的語言系統框架產生對話距離而不爲之所控。

就西方哲學傳統而言一向是是論述神學，論述神學又分爲肯定神學與否定神學。肯定神學把一切美善存在皆歸於天主，而否定神學則否定我們所設想有關天主的表象，它們表達了「天主不是什麼」遠超過「天主是什麼」。

　　而「默觀」神祕經驗在性質上超越了表象與論述，表現了言語道斷，不可言詮。換言之，神祕經驗並不排斥表象，但在心靈投注在神的智慧，會覺得祂是超過表象與語言。

　　埃瓦格里烏斯‧彭迪古（Evagrius Ponticus 346～399）說：

> 當你祈禱時，不要在你心中塑造神的任何形象，也不要讓你的心被
> 任何形式的印象所塑造。〔註12〕

　　託名戴奧尼修斯《論聖名》（*On the Divine Name*）中說到所有人以理性語言對神的描述是不完全的，這是以否定神學形式為出發點。他指出當人越朝向神，將發現己所能言說的有限；神是「超出肯定與否定……祂不受任何限制，超出所有侷限；祂也超出一定否定之上。」〔註13〕普通理智限度內知識對神來講是無用的，但從神而來的知識卻因人的有限理解，以人對這些「默觀」知識是黑暗無光浩瀚。所以人得放下對神所知一切。丟掉一切感知、理解到的東西，丟掉可知覺、可理解存在物與非存在物；丟掉你的理解力；然後盡一切力量向上努力爭取與那超出一切存在和知識的上帝合而為一。〔註14〕

　　於是「默觀」這個屬於「身體的語言」便是介於世界與意識之間的根本迂迴，也是詮釋的起點。

二、「默觀」：方法、工具抑或境界？

　　無論如何，剛開始為學是無庸置疑，為學意謂著透過文字形象或圖示痕跡為資藉工具，藉此資藉可達到真理的情狀，但最終此痕跡仍必須丟棄，不能以有為法來修持無為的境界，這是方法上的考量，方法可能可以到達境界，但不意謂執著方法就一定到達境界，但最終此痕跡仍必須丟棄，不能以有為法來修持無為的境界，這是方法上的考量，方法可能可以到達境界，但不意謂執著方法就一定到達境界。

　　「密契默觀」是奧祕的方法學，它超越一切表象，因而達至一種「靜默」（Hesychia），經歷黑暗，最後與上帝「共融」，這個方法學所導致境界是超越言語向度，而指向那不可知的物自身──或者說是神或道或存有自身。返真至存有本源，使萬事萬物得以如實展現，充滿創造自由性，生命奧祕即在此，

〔註12〕Evagrius Ponticus, *On Prayer*, p.67.引自 Karen Armstrong, *A history of God*,（London:Mandarin,1993）, p.255.
〔註13〕Pseudo-Dinoysius,*Mystical Theology.*C5,1045B.
〔註14〕Pseudo-Dinoysius,*Mystical Theology.*C1:1,1000A.

任何言詮都不妨礙於道或神或生命整體的交流詮釋，氣韻生動顯示無限可能性，是亦不是，不是亦是，都對！

　　若從基督信仰的立場，基本上認爲「空無」、「無」並非只是修煉而來的工夫，空無既是靜觀的境界，也是靜觀的方法，唯獨空無才能產生靜觀之「愛的知識」；靜觀的被動與無區分特性，更襯托出空無的能力來自上主。身體並非只是對立下精神工具而已，不是眞理爲開顯自身而透過它來利用的工具而已，身體所體現的就是沈默的內在對話境界。

　　所有靈修學都有「溢出」與「回歸」面向，從「溢出」的路向上言，一切靈修學，一切修行步驟，甚至靈修人的存有本身，都淵源自絕對本體，以至人學道的心得都以絕對道體爲最後依歸。反之，從「回歸」的路向上言，人可從文字語言的學理上著手修習，逐步達至領悟，再繼續修持，而最後達成與道冥合。從「回歸」路向上反省，我們可以有如下的心得：固然，若要達致見道，人總不能純粹靠文字語言上的思辯之知來達成。但人可以藉普通思辯之知中的文字，誦讀等步驟作爲踏腳石，以達致「正見」、「正思維」、「正行」。

　　如此一來，人在開始修道時至少須積蓄一些有關「天道」「與神冥合」的概念與學理，以及理解一些有關修道的指南、方法論〔註 15〕。誠然，爲初學道的人而言，我們總須依靠文字語言上的傳授來開始進修，以順利進入情況。可是文字的誦讀、概念式的思維、思辯性推理等作法早晚要被揚棄如此一來，爲學爲道路徑也不再有爭辯。

　　西方過去透過對身體理性的分析，缺乏深入理解詮釋，使得想像表達成了技術，更使的存在成了技術的奴隸；道與言、眞理與方法產生分裂分離，文字的理解成了斷簡殘篇，如今我們認爲可以回到「默觀」，重建人原始的結合，知覺即現象，現象即知覺在人存有場域中視域融合，成爲逃離分裂的反省解釋。身體並非只是對立下精神工具而已，不是眞理爲開顯自身而透過它來利用的工具而已，身體所體現的就是沈默的內在對話境界。憑藉人的「方法性否定」難以達到彼岸的救贖，「方法性的否定」只是一個無窮變化的「中介」，任何的一種「中介」的出現，都同時意味著成爲下一個「否定」的對象。

〔註15〕懂得如何修持入定，此即佛家所言：「資糧位」也，「資」即積蓄；「糧」即精神食糧——修身學理，西方中古神祕學家如十字若望（John of the Cross）等也指出初學者須借助語言、圖像、推理默想等事理作階梯，以達致更高的心靈提昇，雖然我們早晚須丟棄這階梯。

　　道家哲學一直存在著對於工具理性批判的傳統，主要在於它認爲巧智的行爲只會徒亂人心；而工具理性之濫用，終將自絕於道的支持之外，後者更會導致人的存在本身的惡化。莊子在〈天地〉篇中，透過園圃老人之口指出：

> 有機械者必有機事，有機事者必有機心。機心存於胸中則純白不備。
>
> 純白不備則神生不定。神生不定者，道之所不載也。

　　莊子批判工具理性所侵染之藝術與技藝，更甚而遠之，提出道超越技的說法。如「進技於道」。一如〈養生主〉篇所述，庖丁解牛所達到的藝術化境，「手之所觸，肩之所倚，足之所履，膝之所踦，砉然嚮然，奏刀騞然，莫不中音，合於桑林之舞，乃中經首之會」。

　　可見，「默觀」不只是技藝而已，卻要能藉著技術，彰顯道趣。一旦「默觀境界」完成，便須藉著解構的運作，加以超越。所以莊子說：「荃者所以在魚，得魚而忘荃。蹄者所以在兔，得兔而忘蹄。言者所以在意，得意而忘言」。同樣「默觀」旨在具體顯示遊於道的意境，一旦凝思顯意，創作完成，便可隨說隨掃，予以解構。可見莊子不持「默觀」是工具論（instrumentalism）的說法，而只是顯示解構「默觀」之旨，是在得意忘言，隨說隨掃。

　　這點就如同海德格在《論存有問題》一文中使用的 Sein 符號，藉之，存有雖然難以表詮，但總得設法予以述說；然已說者便已不相稱於存有，因而必須予以塗抹，免得落入形跡。爲此，當戴希達（J. Derrida）在評述及此之時，便指出，在此塗抹之下，既可以解讀又塗抹了一個超越的能指的臨在（la presence d'un signifiant transcendental）；如此海德格與戴希達運用了同時既是可讀又是晦澀，既是臨在又是自毀，既是書寫又是刪除的張力的表述，本文的「默觀」亦復如此，故可開顯出存有。

　　此說明了爲道必透過爲學階段，爲學只是手段，這是爲了達到道的境界，不得已才用的，手段不等於目的地，最後，手段必須拋棄。也忠告學道者，心態要有所調整，不能執於方式，否則不能拋棄爲道的阻礙，甚至最後，最初爲道的心也必須被拋棄，因爲道本身本來就不具備任何目的性。

　　就語言詮釋層面來看由此看來，莊子確實在一定程度上反一般語言邏輯，因爲語言是由我所發出，講到「無己」觀念時，意謂著否定由己所發的語言物論，而回歸到「道通爲一」的廣義語言詮釋上。莊子是透過道的語言向度（即後設的語言向度）試圖理解道的超越向度所可能啓示於人生與人間的玄深之義。

為學為道不用爭辯則是無庸置疑，這意謂透過文字、符號痕跡可達到真理的情狀，但文字痕跡仍必須丟棄，不能以有為法來修持無為的境界，修持工夫日深，境界廣濶，有如旭日東升的太陽，在黎明之前是一片黑暗，這不就是十字若望所講的黑夜嗎？

三、默觀與主體、自我、主體際性

就西方哲學而言，「自我」是知識與主動的來源，一切關係的交集點。一般來說，「自我」（ego 或 self）代表個人對自己的一切觀念。從聖奧古斯丁到笛卡兒的「我思故我在」可說是西方思想的根源。自我意識（self-consciousness）是知識的基本條件。從此看來「無我」正和西方哲學相反。

張春申神父提出同樣的問題：

> 有與無相對，有是最為尋常的經驗，因此對我說來，有表達信仰非
> 常自然。〔註16〕

也就是說在基督徒神學中，「無」和「無我」的位置是不確定的。基督信仰用存有的角度思考用西方一直以來的模式，因此過去「無我」與「自我」是對立的觀點。

按景耀山神父的看法：

> 基督教的人文主義肯定上帝的地位，也肯定人的地位，人的實在性
> 和我們的基本信仰是息息相連的……泛佛無我論者則認為唯一的現
> 實投射出無數的幻念，無數的迷夢，而這些幻念與迷夢並不是任何
> 主體的幻念與迷夢。〔註17〕

儘管如此，西方有部分思想認為，「自我」基本上與一個更大的整體密不可分，並認為自我是屬於「大我」的一部分，不論我們是如何定義這樣的「大我」〔註18〕。

有些人為了避免疑慮，便用了「自體」來取代〔註19〕，因為就他們的觀

〔註16〕《神學論集，第九八期》，1993 冬，頁 595。
〔註17〕《神學論集，第十五期》，1973 春，頁 123。
〔註18〕 Jacques Mariain，《西洋道德哲學》，明文出版社，台北，中民八十一年，頁 249。
〔註19〕 從現象學的觀點來看，毋寧說「自體」指出先於概念、潛意識、非思層面
　　　　（l'impensée）的生活體驗。這代表著身體與現實接觸的層面，接近的原初存
　　　　在狀態。從現象學的觀點來看，毋寧說「自體」指出先於概念、潛意識、非
　　　　思層面（l'impensée）的生活體驗。這代表著身體與現實接觸的層面，接近的
　　　　原初存在狀態。

點而言，使用「自我」概念，恐會陷入知識論上「主體」或者「客體」對立的局面。

　　尼采認爲「主體」是一種概念上的「虛構」，藉著對這個稱謂的信仰，我們形成了實體、現實、眞理等概念，硬生生將世界的複雜多元現象化爲統一和一致。〔註20〕換言之，尼采認爲「主體」是一個虛構的，他並不認爲「主體」這個概念足以充當人類經驗的根基，也不認爲基於「主體」所進行的經驗詮釋、現實建構或哲學眞理論述，能夠具有合法性，頂多，它只能算是附加物（addition）。〔註21〕

　　「主體」不能簡化爲「意識」，「主體」的虛構概念容易陷入意識的哲學認識之路，然就「默觀」來看，他是要我們回復到比主體或者意識更原初的狀態，這種原初的基本脈絡就是不可知的混沌（chaos）〔註22〕。

　　換言之，「從事於道」的爲道者或靈修者，特殊的言詮把握方式不能是某主體的語言，而必須是「主體際性交流」之後所呈現的廣義的語言。

　　靈性者必須是「主體際性的交流」，站在反回原有樣貌方式呈現上帝與我聖神相通的絕妙處，誠如聖奧古斯丁（St. Augustinus）在《懺悔錄・九章》說到他與母親蒙妮卡（Monica）在家中靠近花園窗邊談話，霎那間經歷到靈魂昇天，超越，直抵靈魂深處，在心靈完全集中時碰觸到神智慧，並說到：

> 我們說，假使任何人的血肉之軀的喧囂沉靜下來，假使大地，海洋，空氣的形象也靜寂，假使諸天也沉寂，假使靈魂對自身也沉靜，並藉不思考自己而超越自己，假使所有語言、一切符號，一切無之物皆靜寂，……在它們的沉寂中，唯有它向我們說話。〔註23〕

　　哈伯瑪斯發現 遺忘以久的人類的自我意識爲文藝復興運動所尋回，並在「宗教改革、啓蒙運動和法國大革命三個關鍵的歷史事件之後，促成了主體

〔註20〕 F. Nietzsche, *The Will to Power*, Walter Kaufmann and R.J. Hollingdale trans., New York: Vintage Books, 1967,§485, p.268.

〔註21〕 F. Nietzsche, *The Will to Power*, Walter Kaufmann and R.J. Hollingdale trans., New York: Vintage Books, 1967,§485,, §635, p.339.

〔註22〕 關於尼采的 "chaos" 概念，可參考 Jean Granier, "Nietzsche's Conception of Chaos", in David B. Allison ed., *The New Nietzsche: Contemporary Styles of Interpretation.*, New York: Dell, 1977, pp. 135～41.

〔註23〕 St. Augustine ,Confessions,translated by R.S.Pine-Coffin,（London :Penguin Classics, 1961），p.200 ～201.聖奧古斯丁指出，在超越了身體、大地、海洋、魂、夢境……種種表象後，在心靈完全集中的瞬間，他們碰觸到神的智慧，祂是超越一切表象和語言。而密契經驗在「返回語言」之後，不排斥語言表達。

性原則在哲學上的更新」（J. Habermas, 1987: 17）。如此哲學由對外在的詰問轉爲對自我意識的反省，更進一步反躬沈思到交往對話，從天上轉到人間關懷，到現代哲學主體性課題之定位爲「從『主體性』向『互爲主體性』的轉向」（張再林，1997：14），這種「互爲主體性」的轉向體現了哲學從近代（modernity）的主體中心的一元理性到當代的交往對話的多元理性的過渡，回顧主體性的問題乃是對傳統主體形而上學的主體性先驗預設提出質疑。

在道通爲一，見道或者見獨，所展現「在此然與不然，可與不可」，乃轉爲全然內存的自由所體現的「意義」（meaning），莊子在此處以「心」字來寓意理智在普通經驗中的一般思辯性理解，意謂著如果想達到見道，則須首先靜止此種普通的心誠運作程序。人也只有在靜止了理智心的普通思慮運作方式後，始能讓更高的智的直覺抬頭，藉此達致明心見性。

道之多重意義並不必然因爲所謂「歧義」（Ambiguity）而產生道自身的自身矛盾，語言的反覆消解，是要人專注回返之路已隱然於「玄之又玄」的「默觀」與超越的主體實踐之中，而不是要人執著眞理痕跡的符號中。這樣的回返之路是經由心齋的「而聽之以氣」來執行：即用「氣」來領會。〔註 24〕進入詩意或存有呈顯的返眞狀態，它是主體際性，不斷創造對話，自由開展無限可能性，廣義的語言學溝通對話可能性於是就此展開，一個詩意的或返眞的生命就與道或神有了融通的可能性，默觀代表言語止息，表象與論述不再發揮作用，所以在聖經福音也有使用弔詭性語言來表達語言難以傳達這原初存有體驗如：

誰獲得自己的性命，必要喪失性命；誰爲我的緣故，喪失了自己的性命，必要獲得性命。（《瑪十 39》）

以存有者身體非思與前概念的生活體驗，當作世界與意識的中介，這個根本迂迴體驗，在屬於身體語言的「默觀」中去看這一切發生。當我們回到自身獨特的語言與形式，深體身體內的藍圖，與自身所屬重重鑲嵌的脈絡對話，打破並消解表面形貌，以便不斷深入體會，才能超越言語限制，進入無何有之鄉的妙境。

這樣的詩意及返眞的狀態並不妨礙奧祕的可能性與心靈自由性，就好比說到海德格的"Ab-grund"離本、無住、離開根據。這說明心應不執於有界、

〔註24〕成疏：「氣無情慮，虛柔任物，故去彼知覺，取此虛柔，遣之又遣，漸階玄妙也乎。」

表象界，使人心靈自由自在解脫。也就是人的言說、形象等不足以成為自由開悟的基礎。人必須由「默想」真理痕跡進入「默觀」真理本身。由此來看基督信仰神祕主義傳統也有心靈自由及奧祕的可能性。〔註25〕亦與莊子「心齋」、無己的概念有異曲同工之妙。

「默觀」歷程中，在「以明」、「兩行」所豁顯的互為主體性的思維之中，「唯有在道作為「大一」的前提下，道的形上向度乃能順當地展開來，而於此一歷程之中，吾人之語言思維方有通而為一，共存相容的可能性與實踐性。

是道作為「存在之根柢」之意義所不斷彰顯的知常之道，語言的消解及趨進往返，在主體的語言詮釋，進行道的知、體、行當中，道的存有不斷被彰顯，被彰顯同時，也有可能真理痕跡被誤被認為是真理，所以到最後不論是老子或者是莊子或者是十字若望都必須指出「默觀」的重要性。在語言的詮釋進行彼此互動的意義往復與回歸，不斷消解及趨進直指精神向度，語言已不再是重點，而是一種真理痕跡，透過真理痕跡如何進行默觀以致於道是內在而超越的體驗，則是生命存有的關懷中樞，所以能向存在之終極作具主體性以至於超越主體性的呼應，其原其理皆不外乎此。

故在十字若望也常用隱喻或象徵語言詮釋方式進行，以類比那塊不知之雲的體悟，是存有者生命與存有本身混沌原初狀態的描繪，語言無論是肯定方式或否定方式都在於必須反覆揭露於被隱藏的創化性生命貌。換句話說由主觀構照的意識認識之路必須止息及超越，表象與論述已成為無用之身，更弔詭語言會出現，在主體合一的前題下，主體際性的交流默默進行，這是終極存有與我神聖結合相通，這時所有符號，所有的形象喧嘩都止息靜寂，只有道在默默流動中，這即所謂「明心見性」，亦即「朝徹」、「見獨」，即靈臺心的虛靈明覺。

四、知與行？知與信？

中國有知與行的探討，西方有知與信的探討，不論知與行或知與信，我們都希望達到二者合一，二者合一在莊子就是讓道在吾人身上而活，讓神在吾人身上而活。所以二者強調「默觀」體驗的身體論。

換言之，回到自身獨特的語言與形式，深體身體內的藍圖，與不同體驗鑲嵌的脈絡對話，消解建構，以便不斷創造；藉由於弔詭性語言打破脈絡性思維習慣，達到真理本身。

〔註25〕見《聖經・致斐理伯書》115～7。

　　人的存在結構是由境域感、理解、表詮所構成，其要旨是在時間中逐次開放，顯現存有。語言是存有的居所，最純粹語言爲詩，用詩來表達存有的冥思，存有與思原始共現光明，乃最原始的語言，也是存有的顯現，是原始的詩。我們要返回形上學根源存有眞理，走出存有表象思維，返回存有的光明中。

　　莊子以爲知落實於行的生活修爲，而經由默識體證，使言詮超乎表象的主體自由。如此可使吾人向上，反求諸己，終作主宰，有主亦有感，由思維而入不思維始知道的眞知；這是道家有眞人而後有眞知的無知之知的極致展現。所以當然他也是不斷超性的正如向著道；就如同《大學》裏所揭示的說法一致：使人明明德，進而親民，進而止於至善。〔註26〕。

　　如此看來，修身是本，修身，就莊子而言，是修德，而修德即是修道，所以修道爲道是進入莊子核心問題。吾人也可以如此說，這是生命即存在，俗世即現世，轉心成境，其修養工夫論即在於生命實現論，亦就是道德化的歷程。苟能超越現俗紛擾爭端，則導向正面能量，凝聚創發根源，開闢新視域〔註27〕。

　　就西方靈修學上的論述，其靈修經驗的敘述：「在我看來，人最值得向往的境界就是：關閉感官對外的種種接觸，逃離肉身和這個世界，重返他自己之內，除非絕對必要，中止與任何人類的接觸，只與天主交談。生活在一切具體可見的事物之外，常在內心戴著神聖的肖像，常常清純，總不被世上迅速流逝的各種染物觸及；成了眞正的、日益加深的了無塵埃的明鏡，照耀神聖者和神聖的事物，並在自己的光內接受兩者的光，以自己微弱的螢光，贏取它們無限璀璨的光芒；在希望中收集已有的，未來的生活的果實。生活在與天使的交往中，雖然仍羈留在世上，然而遨遊於世外，讓聖神帶入更高遠的境界。」〔註28〕

　　因此西方「默觀」必化破形軀的束縛，以達形上的「眞我」，「觀照」不執著於「有」，而以「不有」方式創造眞實存有，如此一來，身體的參與到最

〔註26〕「古之欲明明德於天下者，先治其國；欲治其國者，先齊其家；欲齊其家者，先修其身，欲修其身者，先正其心；欲正其心者，先誠其意；欲誠其意者，先致其知。致知在格物。物格而知致，知至而後意誠，意誠而後心正。心正而後身修，身修而家齊，家齊而後國治，國治而後天下平。自天子以至於庶民，壹是皆以修身爲本。」

〔註27〕「大」意謂著超越對待，以致於無爲無待，那麼，其功若乘雲氣般，可「視下」也，此是指開創新視域，不再局限於井底蛙所見之物。

〔註28〕《希臘教父著作集》，第2卷，第325頁。

終進入道德完全的不朽的超越〔註29〕，人即無生亦無死，不受生死之執，其最終表現是悠遊於天地之間。〔註30〕

如此也是靈性的（無形無象，但卻充滿了它的所在）；更是被動的，是無為，也是無區分，在那無分生死、時空；也是普遍的，不再執著分別具體的對象，所以他的對象絕對是以道為主體，但最後已然分不清彼我了。由「觀照」實踐，亦就是吾心的虛靜，無自我位格所呈現空無狀態，能容納生命大器，以迄生命終極之實現，這是生命與存在的共同體，一即一切，一切即一，在天人不相勝，天人合其德的共同體，自可展現生命最真實的自由逍遙，而物亦可齊一全然呈露。這是大人聖哲生命，一切存在涵養在無限心，由無限心創無限生命，呈現理情相融的道德價值歷程。

知與行或知與信常在有無辯證中，看出端倪，如在「有」當中能夠觀見實現的痕跡與界限，在「無」當中體會可能奧妙。二者玄迴辨證，才能夠不斷地從現存的有與界限中超越。「道」作為存在之根本狀態，其超絕性乃逐步被轉為內存於天地萬物的遍在性，此即由「道通為一」、「神人合一」開展為形上學、宇宙論、知識論、修養論、境界論的輻軸點，如老子所使用「正言若反」或者「反者道之動」探索與超越，乃吾人對存在之終極所作的終極性的努力。對老子而言，這是出生入死之道，也是深根固柢之道。要人去除主體語言使用的邏輯習慣，由體道著手呈現「從事於道者同於道」或者聖經所言「道成肉身」的真實意涵。

而通過道在「有」、「無」之間的無窮的辯證，道或神之多重意義並不必然因此衍生邏輯學意義的所謂「歧義」（Ambiguity）。道或神在人身與道在人世的回返之路已隱然於「玄之又玄」的「默觀」與超越的主體實踐之中。在此同時，而他對「無」的体認也同時有了豐富的「超越」（transcedental）意義。

默觀中可以不斷向「非我」或「超我」開放的真實的思考與踐履，「反」代表老子所言虛靜、觀復、歸根、復命，這樣的歷程說知道、體道、行道的乃在於在如此知道體道合於道的活動之中，以無為而自然方式讓主體自由，返於性命之初，終極存有之初，以一樸素的存有者默觀於生命的實相，讓存

〔註29〕 陸達誠師發表於《中國人的生死觀》學術研討會中一文〈唐君毅的死亡哲學〉，民國八十三年五月，台灣，台北。

〔註30〕 所謂「遊」即不囿於身之，内亦不囿於身之外，不囿於時間、也亦囿於空間，遊的起點是人心可達形上超越本身。如此一來，始「獨與天地精神往來而不傲倪於萬物」〈天下篇〉，達到真正內外解脫，大自在逍遙也。

有的生命說話，不再使生命執著於眞理的痕跡當中，不是透過爲學方式，或是其它有形象的痕跡所限制（默想或言詮方式），而是進入虛靜無爲的心境中，無有亦有執去進行「默觀」那做爲玄之又玄的道，以回復原有道化生命的洪流。

　　「默觀」展現生命實相氣度，乃是由無爲而無不爲，此即由自由而創造，由生命創造之根源至於一切可能之創造，乃以吾人「爲道」「靈修」創造之活動，進一步建構其兼具生命個體性與心靈主體性的存在，並由此總攝人與他人，人與萬物及人與其自身。

　　虛己所展露的主體際性交流與共融在自由創造中鋪陳開來，當人們關懷存在之終極作爲主體性以至於超越主體性的呼應，不斷在道中或聖靈中消解及趨進往返，不管是「默想」或「默觀」，抑或是「爲學」或「爲道」都指出我們必須虛無自我以達到主體自由釋放，

　　靈修如同呼吸，越入境界所能感受的就越是被動，到最後完全爲上主所虜獲，沈浸在上主的聖愛之中，靈魂自己幾乎是空無的空無，不可言說又不可知，所存的只是一口氣、一聲歎息。

　　是知也，亦是行也，是行也亦是知也，是信也，亦是知也，是知也亦是信也，端賴你進門來體驗。

五、是你？是我？亦或是他

　　所謂他者，包含自然、他人與超越界〔註31〕。德希德晚年也發揮「他者」概念，此「他者」不同於「它者」，「他者」具有生命內在動力根源，馬丁布伯講的是我與你的關係，而他認爲「我他」關係是計算、思維，也是主客關係，它成了相對於我的客體，是因爲利益與需求才產生關係。事實上，我認爲「我與你的關係」類似於「我與他的關係」，然而卻不同於「我與它」的關係。「我與它」的關係，嚴格說起來，較是計算，分立主客觀的認識。

　　「默觀」是體現存在活動意義的實踐，在實踐中，根源於存有而產生差異的動力，差異本身與現前之雖對立，但因不落言詮，所以在「默觀」體現中，是種不在場的「他者之域」，但卻勉強以在場方式實際展現自身，而我們設法在差異中，焠取眞實存有在他者之域永不止息臨現與續存。

〔註31〕他者概念在 E.Levinas 所著 *Totalité et Infini* 一書中最獲得發揮，其中認爲神是絕對他者。

　　「他者之域」意謂著「化外之域」，代表著神祕，不被主體言說表盡或知悉，也就是說具有「不透明性」，「他者」在默觀的領域是不可獲缺的，通常「他者」是被觀看、被定義、書寫、符號化的。在異文化中，「他者之域」的再現猶如鏡像與觀看關係，有如莊子所言。

　　而馬丁布伯所言的「你」，你就是世界，就是生命，就是神明，換言之，當存有以「你」面貌向我顯現時，這存有不再是時空中的客體，你就是世界，是絕對存有，沒有其它存在，你我相遇瞬間，都是可洞見大寫的你（You），用馬基爾的話來看便是「存在的存有化」，所謂「存有化」即是精神向上提昇或實現，所謂「存有化的功能即是互為主體」，存有化使存在超越內在，而使「能知默觀者」達到視域融合之域，這是一種高峰經驗，也是「存在即同在」的顯現，所以每個你都是永恆的你的洞見，上帝或道在關係中彰顯自己，[註32] 人做為「典型神聖位格者」也向著存有真理本身開放。

　　人向著他者之域，乃在於參贊建構互動，人有智之動力，以致於在參贊中，不斷動態呈現體驗狀態，這是一種雙迴回，既向外又向內，既超越又內在，人與「他者」之域當然有差異，也有所斷裂，也有相通，亦有連續，然藉著人精神向著虛無度化，發揮無窮智之動力，以直觀智慧去看不斷變化的一切。默想中藉由不在對象轉為心象臨在，如銜接抽象與具體，成為在與不在的中介，透過此方式，展開無限可能性，而藉由接受具象之詮釋，而呈現無窮創造力。

　　「能知默觀者」在理智認知上，產生智的動力，智的動力藉由想像指向無窮，意向無窮體現在有窮，體現乃是取得身體具體物質性，人必須透過有限實現去體察無窮之意向，不斷在體現中重新解讀，在有限體現中去體會無窮之意向與存在的可能性，並在其中進行詮釋。

　　你或我或他的關係存有論表明一切存在者皆在動態變遷關係中肯認彼此關係，形構出重要意義，「自我宛若他者」、「自我宛若你」，亦即肯定他者、你、我，以及「關係者」共同存在處境，所以無論他人、自然或神明都彼此牽繫，所謂「關係者」非實體、也非事件，而是由變動中朝向意義的關係網所界定，關係有常，也有無常，常是變化所依者，由此有所自由創造，常與無常的關係形成生生不息既自由又彼此互動牽繫的關係網絡。所以「能知默觀者」達到位格際性的交流共融時，任何主體，無論你或我或他彼此是互動

又彼此相繫，在無言詩的存有中靜靜展露自身，只要去聽，回返此，即能知此奧祕！在此。

總　結

　　至今的我，彷彿不斷理解詮釋，且在詮釋的循環尋找出口，盼望能夠撥雲見日，使眞理顯明，然眞理好像仍在前進動態呈現中，並不能被我完全掌握，眞理眞是狡猾，但其實狡猾的可能是我，別操之過急吧！希冀後學者，也能與我一起理解、詮釋與對話交流吧！

參考書目

一、中文書目

（一）原典

聖十字若望著，黃雪松譯
　　1980.2 再版，《心靈的黑夜》，臺中：光啓。

聖十字若望著，趙雅博譯
　　1991.8，《登上嘉默羅山》，台中：天主教耀漢小兄弟會。
　　1992.8，《心靈之歌》，台中：天主教耀漢小兄弟會。
　　1992.9，《愛情的烈燄》，台中：天主教耀漢小兄弟會。
　　1993.2，《金言、建言、書信、詩歌》，台中：天主教耀漢小兄弟會。
　　出版日期不詳，《黑暗之夜》，台中：天主教耀漢小兄弟會。

聖十字若望著，台灣加爾默羅隱修會譯，
　　2000.6 初版，《愛的活燄》，台北：上智。
　　2001.4 初版，《靈歌》，台北：上智。

吳光明
　　1988，《莊子》，台北：三民書局。

黃錦鋐
　　1977，《新譯莊子讀本》，台北：三民書局。

陳壽昌
　　1977，《南華眞經正義》，台北：新天地。

（二）神秘主義專著

大德蘭著

　　1975.8 初版，《七寶樓臺》，趙雅博譯，臺中：光啟。

　　1998.9 初版，《依依吾主前：大德蘭領聖後的體驗》，姜其蘭譯，台北：上智。

（三）莊子釋譯、注疏

王夫之

　　1995，《莊子通‧莊子解》，台北：里仁。

王先謙

　　1999，《莊子集解》，台北：三民書局。

王叔岷

　　1978，《莊學管闚》，台北：藝文印書館。

李勉

　　1990，《莊子總論及分篇評注》，台北：台灣商務。

吳怡

　　1982《逍遙的莊子》，台北：東大圖書公司。

林希逸

　　1971，《莊子口義》，台北：弘道文化。

林紓

　　1975，《莊子淺說》，台北：華正書局。

林銘堯

　　1968，《增註莊子因》，台北：廣文。

胡楚生

　　1992，《老莊研究》，台北：學生書局。

焦竑

　　1979，《莊子翼》，台北：廣文。

袁宙宗

　　1974，《莊子學說體系闡微》，台北：黎明文化事業公司。

高柏園

　　1992，《莊子內七篇思想研究》，台北：文津出版社。

黃釗主編

　　1991，《道家思想史綱》，南昌：湖南師範大學。

葉海煙
　　1990，《莊子的生命哲學》，台北：東大圖書公司。

陳品卿
　　1984，《莊學新探》，台北：文史哲出版社。

陳啓天
　　1978，《莊子淺說》，台北：臺灣中華書局。

陳耀森
　　1988，《莊子新窺》，台北：商務印書館。

張默生
　　1983，《莊子新釋》，台北：漢京。

崔大華著
　　1988，《莊子歧解》，河南：中州古籍出版社。
　　1992，《莊學研究》，北京：新華書店。

郭慶藩集釋、謝祥皓導讀
　　1991，《莊子集釋》，台北：貫雅文化。

福永光司，陳冠學譯
　　1985，《莊子》，台北：三民書局。

趙金章
　　1975，《莊學管窺》，台北：弘道文化事業公司。

鄭峰明
　　1984，《莊子思想及其藝術精神之研究》，台北：文史哲出版社，73 年 10 月。

劉光義
　　1986，《莊子蠡測》，台北：學生書局。

劉省齋
　　1991，《莊子廣解》，台北：大行出版社。

顏崑陽
　　1982，《莊子的寓言世界》，台北：尚友出版社。

釋德清
　　1956，《莊子內篇憨山註》，台北：建康書局。

錢穆
　　1985，《莊老纂箋》，台北：東大圖書公司。
　　1991，《莊老通辨》，台北：東大圖書公司。

（四）神秘主義相關書目

毛峰

　　1997.1 初版，《神秘詩學》，台北：揚智。

　　1998.11 月一版一刷，《神秘主義詩學》，北京：三聯書店。

王志成

　　1999.5，《宗教、解釋與和平——對約翰・希克多元論哲學的建設性研究》，
　　四川：人民出版社。

　　1996.12，《解釋與拯救——宗教多元哲學論》，上海：新華書店。

王志成、思竹

　　2000.5 初版，《神聖的渴望——一種宗教哲學》，江蘇：人民。

王亞平

　　2001.10，《基督教的神秘主義》，北京：東方出版社。

王曉朝

　　1998.4，《神秘與理性的交融——基督教神秘主義探源》，杭州：杭州大學
　　出版社。

　　2001.10（主編），《信仰與理性——古代基督教教父思想家評傳》，北京：
　　東方出版社。

甘易逢著，姜其蘭譯

　　1997.12 初版，《靜觀與默坐》第二卷，台北：光啟。

　　1999.4 初版，《靜觀與默坐》第三卷，台北：光啟。

卡西爾（Ernst Cassirer）著，羅興漢譯

　　1990，《符號、神話、文化》，台北：結構群。

卡斯塔尼達著，魯宓譯

　　1998.8 二刷，《力量的傳奇》，台北：方智。

　　1997.5 初版，《巫士的傳承》，台北：方智。

加爾默羅會編譯

　　1998.6 初版，《聖十字若望》，台北：上智。

安德魯・洛思著，孫毅、游冠輝譯

　　2001 一版一刷，《神學的靈泉——基督教神秘主義傳統的起源》，北京：中
　　國致公出版社。

作者佚名，鄭聖沖譯

　　1991.8 三版，《不知之雲》，台北：光啟。

柯拉柯夫斯基著，楊德友譯
　　1995，《宗教——如果沒有上帝……論上帝、魔鬼、原罪以及所謂宗教哲學的其它種種憂慮》，香港：牛津大學出版社。

李安德著，若水譯
　　2000.7 修訂三版，《超個人心理學——心理學的新典範》，台北：桂冠出版社。

李純娟、伴渡著
　　1989.5，《吉光片羽》，台北：光啓出版社。

李耀全
　　1998.12，《屬靈操練與生命關懷》，香港：更新資源有限公司。

沙特著，陳宣良等譯
　　2000.2，《存在與虛無》，台北：貓頭鷹出版社。

沈清松
　　1985，《現代哲學論衡》，台北：黎明文化事業

吳主光
　　1979.2 初版，《靈修生活》，香港：種籽出版社。

胡塞爾著
　　1988，《歐洲科學危機和超驗現象學》（張慶熊譯），上海：上海譯文。
　　2000.1，《邏輯研究第二卷（上）——現象學與認識論研究第一部分》（倪梁康譯），台北：時報出版社

徐可之
　　1996.5，《中華靈修未來》〈上〉，台北：光啓。

陳文裕
　　1991.12 三版，《天主教基本靈修學》，台北：光啓。

海德格著，王慶節等譯
　　1989.12，《存在與時間》台北：桂冠出版社。

帕利坦著，楊德友譯
　　1999.8，《歷代耶穌形象》，上海：三聯書店。

侯士庭著，趙鄭簡卿譯
　　1999.4 初版三刷，《靈修神學發展史》，台北：中福出版。

章雪富
　　2001.3，《基督教中的柏拉圖主義》，上海：人民出版社。

海倫・加德納著，江先春、沈弘譯
　　1988.9，《宗教與文學》，四川：人民出版社。

范明生
　　1993.7，《晚期希臘哲學和基督教神學——東西文化的匯合》，上海：人民
　　出版社。

馬里旦著，趙雅博譯
　　1975，《知識的等級》，台北：正中書局。

馬駿聲
　　1950.5 再版，《神修學》，澳門：慈幼印書館。

張志剛
　　1995.12，《走向神聖——現代宗教學的問題與方法》，北京：人民出版社。
　　1996.4 三刷，《貓頭鷹與上帝的對話：基督教哲學問題舉要》，北京：東方
　　出版社。

張啓中
　　1997.10，《宗教病理學》，台中：光鹽出版社。

梅洛龐蒂著，姜志輝譯
　　2001，《知覺現象學》（倫敦 1962 年版），北京：商務印書館。

歐文・辛格著，高光杰、楊久清譯
　　1997.3 二刷，《愛的本性（第一卷）——從柏拉圖到路德》，雲南：雲南人
　　民出版社。

歐邁安著
　　1991，《天主教靈修學史》（宋蘭友譯），香港：生命意義出版社。
　　1995.7 初版，《靈修神學》（蔡秉正譯），台北：光啓。

凱倫・阿姆斯壯著，蔡昌雄譯
　　1996.11，《神的歷史》，台北：立緒文化。

鮑斯特著，鄭德萍譯
　　，《靜觀祈禱》，台北：天主教教務協進會出版社。

Aumann, Jordan 著，香港公教真理學會譯
　　1991.7，《天主教靈修學史》，香港：香港公教真理學會。

Betttina Gray 等主編，薛絢譯
　　2000.5 初版二刷，《心靈的殿堂》，台北：立緒文化。

Dupré, Louis 著，傅佩榮譯

　　2000 二刷，《人的宗教向度》，台北：幼獅文化事業。

Forster, Richard J.著，周天和譯

　　1997.6，《屬靈操練禮讚——靈性增長之道》，香港：學生福音團契出版社。

Hick, John 著，王志成、思竹譯

　　2000.12，《第五維度——靈性領域的探索》，四川：人民出版社。

　　1998.9，《宗教之解釋——人類對超越者的回應》，四川：人民出版社。

　　2000.2 一版二刷，《信仰的彩虹——與宗教多元主義批評者的對話》，江蘇：人民出版社。

Ruiz, Frederico 著，台灣加默羅隱修會譯

　　2001.1 初版，《聖十字若望的生平與教導》，台北：上智。

Stance, W. T.著，楊儒賓譯

　　1998.6 臺初版，《冥契主義與哲學》，台北：正中書局。

（五）中國哲學相關書目

王邦雄

　　1994，《莊子道》，台北：漢藝色研文化。

王邦雄

　　1999，《生命的實理與心靈的虛用》，台北：立緒。

王世舜

　　1995，《老莊詞典》，山東：山東教育。

王德有

　　1998，《以道觀之——莊子哲學的視角》，北京：人民出版社。

王煜

　　1981，《老莊思想論集》，台北：聯經出版。

朱榮智

　　1998，《莊子的美學與文學》，台北市：明文書局。

牟宗三

　　1994，《才性與玄理》，台北：學生書局。

吳怡

　　1989，《中國哲學發展史》，台北：三民書局。

　　1991，《逍遙的莊子》，台北：東大圖書。

　　2001，《莊子內篇解義》，台北：三民書局。

吳康
　　1992,《老莊哲學》，台北：臺灣商務。

宋稚青
　　1973,《老莊思想與西方哲學》，台北：三民書局。

李日章
　　1990,《莊子逍遙境界的裡與外》，高雄：麗文文化。

金白鉉
　　1986,《莊子哲學中「天人之際」研究》，台北：文史哲出版社。

胡哲敷
　　1993,《老莊哲學》，台北：中華書局。

胡遠濬
　　1980,《莊子詮詁》，台北：臺灣商務。

高柏園
　　1992,《莊子內七篇思想研究》，台北：文津出版社。

陳鼓應
　　1989,《莊子今註今譯（上下）》，台北：台灣商務。
　　1992 修訂版,《老子今註今譯及評介》，台北：台灣商務。
　　1993,《老莊新論》，香港：中華書局。
　　1995（編）,《道家文化研究》，上海：上海古籍出版社。

陳德和
　　1993,《從老莊思想詮詁莊書外雜篇的生命哲學》，台北：文史哲出版社。

陳耀森
　　1988,《莊子新闚》，台北：臺灣商務。

黃錦鋐
　　2001,《新譯莊子讀本》，台北：三民書局。

福光永司，陳冠學譯
　　1992,《莊子》，台北：三民書局。

葉海煙
　　1990,《莊子的生命哲學》，台北：東大圖書。

趙衛民
　　1997,《莊子的道》，台北：文史哲出版社。

劉笑敢

    1988，《莊子哲學及其演變》，北京：中國社會科學出版社。

    1995，《兩種自由的追求：莊子與沙特》。台北：正中書局。

劉道中

    1987，《莊子新識論》，台中：台灣日報出版社。

顏崑陽

    1985，《莊子藝術精神析論》，台北：華正。

    1994，《人生是無題的寓言：莊子的寓言世界》，台北：躍昇文化。

顧俊

    1988，《莊子研究論集新編》，台北市：木鐸出版社。

鄭世根

    1993，《莊子氣化論》，台北：學生書局。

錢基博

    1967 台一版，《讀莊子天下篇疏證》，台北：台灣商務。

關鋒

    1961，《莊子內篇譯解和批判》，北京：中華書局。

二、英文書目

St. John of the Cross's Own Writings

    1943, The Complete Works of St. John of the Cros,. Translated by E.Allison Peers. London：Burns Oates.

    1979, The Collected Works of St. John of the Cross, Translated by Kieran Kavanaugh, O.C.D. and Otilio Rodriguez, O.C.D. with Introductions, by Kieran Kavanaugh, O.C.D. Washington, D.C.：ICS Publication.

Albert, Fr.

    1965（Fall），*The Reformers and St. John of the Cross,* iSpiritual Life 11, pp201～208.

Beaton, D.

    1980（Fall),Some Reflections on St. John of the Cross, Spiritual Life 26, pp133～136.

Bendick, J.

    1972（Winter）, God and the world in John of the Cross, Phlosophy Today 16, pp281～294.

Bonaventura
1960, *The Jounary of the Mind to God： in The Works of Bonaventura,* Trans. By Jos& eacute; de Vinck, printed in United States of America.

Brenan, G
1973, St. John of the Cross：his Life and Poetry. With a translation of his poetry by Lynda Nicholson. Cambridge：Cambridge University Press.

Brosnam, J.B.
1933（Jan.）, Mysticism of St. John of the Cross, in Homiletic & Pastoral Review 33, pp351～359.

Burno de Jésus Marie
1949, The Three Mystics. New York：Sheed & Ward.

Burrell, D.
1967(Dec.), *Understanding St. John of the Cross,* in Cross & Crown 19, pp399 ～414.

Burrows, Ruth
2000, Ascent to Love: The Spiritual Teaching of St. John of the Cross, USA: Dimension Books Inc.

Carlo Kwan（關永中）
1983, Knowledge of the Transcendent：A Comparison of St. John of the Cross and Carlos Castaneda，Katholieke Universiteit Leuven, Faculty of Theology.

Carmichael, M.
1932（Summer）, *About St. John of the Cross,* in Catholic World 135, pp660～ 668.

Clark, J.P.H.
1978（Oct.）, The Cloud of the Unknowing, Walter Hilton and St. John of the Cross：a Comparison, in Downside Review96, pp281～298.

Conlon, D.
1978（Spring）, *C.S. Lewis and St. John of the Cross,* in Contemplative Review 11, pp17～21.

Dodd, M.
1978（Winter）, Divinization in John of the Cross", in Spiritual Life 24, pp258 ～263.

Dupré, Louis
1981, The Deeper Life: An Introduction to Christian Mysticism, New York: The Crossroad Publisjing Company.

Edwards, D.

1982〔Jan.〕, Experience of God and Explicit Faith：a Comparison of John of the Cross and Karl Rahne, in Thomist 46:1, pp33～74.

Fischer, R.

1980（Spring）, Interpretation and Meaning of a Visionary Drawing by St. John of the Cross, in Studia Mystica 3:1, pp60～73.

Frost, B.

1940（Dec.）, *Holy Things to the Holy,* in Catholic World 152, pp345～346.

Garrigou-Lagrange, R.

1958, Christian Perfection and Contemplation according to St. Thomas and St. John of the Cross. Translated by M. Timothea Doyle.,St. Louis：B.Herder.

Gaudreau, M.M.

1976,Mysticism and Image in St. John of the Cross. Bern：Lang,.

Giallanza, J.

1978（Fall）, *Spiritual Direction According to St. John of the Cross*, in Contemplative Review 11, pp31～37.

Giblin, G.

1959（July）, *In a Dark Night,* in Mssngr. Sacred Heart 94, pp 34～35.

Goodier, A.

1929（July）, Self-Portrait of St. John of the Cross, in Month 154, pp1～9.

James, Willam

1929, *The Varieties of Religious Experience.* American: Longmans, Green and Company.

Johnston William

1989, *The Still Point: Reflections on Zen and Christian Mysticism*, USA: Fordham University Press, 5th.

Joseph a Spiritu Sancto

1931〔Oct.-Nov.〕, *Meditative Prayer and Mystical Contemplation According to St. John of the Cross*, in Homiletic & Pastoral Review 32, pp24～31, & 155～163.

Kavanaugh, Kieran

1999, *John of the Cross: Doctor of Light and Love,* Washington: The Crossroad Publishing Company.

Knowles M. D.

1966, *The Nature of Mysticism,* New York: Hawthron Books.

Lavelle, L.

1954, *St. John of the Cross and Contemplation,* in the Meaning of Holiness. London：n.p., pp 49～70.

Lucien-Marie de Saint-Joseph.

1951, *Teanscendance et immanence d'aprés saint Jean de la Croix,* in Études Carmélitaines, pp173～204.

Lucien-Marie de Saint-Joseph.

1960, *Expérience Mystique et expression symbolique chez saint Jean de la Croix,* in Études Carmélitaines, pp29～51.

Maritain, Jacques

1959, *The Drgrees of Knowledge：The Collected Works of Jacques Maritain,* Vol. 7 Trans. By G. B. Phelan, Indina: University of Norte Dame Press.

McGarty, B.

1979（Fall）, *Images from Nature in the Spiritual Canticle of St. John of the Cross,* in Spiritual Life 25, pp166～176.

McMahon, J.J.

1941, *The Divine Union in the Subida del Monte Carmelo and the Noche Oscura of Saint John of the Cross：an Analysis of Its Nature and Structure.* Washington：C.U.A.

Marasigan, V.

1976（Oct.）, *Dark Night of Christogenesis：St. John of the Cross and Teilhard de Chardin,* in The Teilhard Review（London）11, pp88～89.

Nieto, José C.

1997, *Religious Experience and Mysticism,* Maryland: University Presss of America,

Otto, Rudolph

1957, *Mysticism East and West: A Comparative Analysis of the Nature of Mysticism,* USA: Meridian Books.

Payne, Steven

1990, *John of the Cross and the Cognitive Value of Mysticism: An Analysis of Sanjuanist Teaching and its Philosophical Implications for Contemporary Discussions of Mystical Experience,* USA: Kluwer Academic Publishers.

Pseude-Dionysius

1987, *The Complete Works,* Trans. By C. Luibheid, New Jersey: Paulist Press.

Samuel, Brainard F.

2000, *Reality and Mysticism Expeerience,* Pennsylvania: Pennsylvania State University.

St. John of the Cross
　　1979, *The Collected Works of St. John of the Cross,* Trans. By Kieran
　　Kavanaugh, O. C. D. and Otilioo Rodriguez, O. C. D., 2nd paperback, ICS
　　Publication.

Tavard, George H.
　　1988, *Poetry and Contemplation in St. John of the Cross*, Ohio: Ohio
　　University　Press.

Underhill, Evelyn
　　1940, *Practice Mysticism: A Little for Normal People*, London: Morrison &
　　Gibb Ltd.
　　1967, *Musticism: A Study in the Nature and Development of Man's Spiritual
　　Consciousness*, London: Lowe & Brydone Ltd.
　　1975, *The Mystics of the Church,* Cambridge: Christian Classics.

Zaehner, R. C.
　　1978, *Mysticism: Sacred and Profane,* London: Oxford University Press.

三、期刊論文

（一）神秘主義相關期刊

Farreley, John
　　1992.12,〈論神秘主義的新思潮〉,《當代雜誌》, 80 期, 頁 124〜133。

Faesen, Rob
　　2000.5,〈何謂神秘體驗：歷史和解釋〉, 趙敦華編,《歐美哲學與宗教講演
　　錄》, 北京：北京大學出版社, 頁 126〜158。

Johnston, William 著, 李靜芝譯
　　1989.4,〈神秘主義與時推的不同面貌〉,《當代》, 36 期, 頁 49〜53。

工瑞鴻
　　1999.5,〈試探神秘主義的不衰之秘〉,《宗教》（北京：中國人民大學）, 2
　　期, 頁 16〜20。

石朝穎
　　1998.10,〈現代心理學與古典宗教意識的會通〉,《宗教哲學》季刊, 4：4。

李零秋
　　1997.4,〈中世紀神秘主義的難題與出路──兼論尼古拉・庫薩對神秘主義
　　的改造〉,《基督教文化評論》第六輯, 頁 101〜129。

沈清松
　　1997.3,〈表象、交談與身體──論密契經驗的幾個哲學問題〉,《哲學與文
　　化》274 期, 頁 262〜274。

高天恩

　　1989.4,〈追索西洋文明裡的神秘主義〉,《當代雜誌》,36 期, 頁 18～38。

高士傑

　　1980.10,〈基督徒靈修傳統中的默禱方法〉,《輔大神學論集》,44 期, 頁 217～236。

徐可之

　　1984.4,〈心理投射與信仰成熟〉,《輔大神學論集》,59 期, 頁 125～149。

張奉箴

　　1994.10,〈神秘經驗與天主教〉,《輔大神學論集》,93 期, 頁 429～456。

張春申

　　1991.10,〈隱修性的神秘與使徒性的神秘〉,《輔大神學論集》,89 期, 頁 349～357。

黃克鑣

　　1998.7,〈早期希臘教父神秘思想〉,《輔大神學論集》,116 期, 頁 271～287。

黃勇

　　1999.9,〈宗教多元論與宗教對話〉,《基督教文化評論》,第九輯, 頁 37～63。

劉秋固

　　1998.7,〈超個人心理學與宗教心理學對靈性問題研究〉,《宗教哲學》季刊, 4:3, 頁 173～188。

劉錦昌

　　1996.10,〈十字若望的靈修與「空無」觀〉,《神學與教會》,22:1。

關永中

　　1989.4,〈神秘主義及其四大型態〉,《當代雜誌》,36 期, 頁 39～48。

　　1994.1,〈神秘知識論及其三大型態〉,《臺大哲學論評》,17 期, 頁 31～55。

　　1998.6,〈當代士林哲學所提供的一套神秘經驗知識論——與馬雷夏懇談〉,《輔大哲學論集》,31 期, 頁 91～128。

鄔保祿

　　1991.10,〈聖十字若望對教會的貢獻〉,《輔大神學論集》,89 期, 頁 381～387。

嚴曼麗

　　1989.4,〈從神秘到愛——與英國倫敦大學宗教哲學教授冉天恩談神秘主義〉,《當代雜誌》,36 期, 頁 68～73。

談德義著，歐馨雲譯

　　1989.9，〈神秘性、神秘主義、神秘化〉，《當代雜誌》，41 期，頁 90～98。

鄔昆如

　　1998.4，〈宗教靈修的時空基礎〉，《宗教哲學》季刊，4：2，頁 1～8。

譚璧輝譯

　　1984.2，〈新時代中的神秘主義──訪問威廉・強斯頓神父〉，《輔大神學論集》，59 期，頁 135～148。

（二）莊子相關期刊

王季香

　　2001，〈「莊子」內七篇的人格類型觀研究〉，《文藻學報》，15 期，頁 21～42。

王邦雄

　　1982，〈莊子哲學的生命精神〉，《鵝湖》，7：7 期。

　　1991，〈莊子思想及其修養工夫〉，《鵝湖》，19：3。

朱懷江

　　1999，〈莊子「有無之情」論辨證〉，《新疆師範大學學報》（哲學社會科學版），20：1，頁 23～26。

吳輝

　　2001，〈論莊子「逍遙遊」的意義及境界〉，《景女學報》，卷 1，頁 41～51。

李明珠

　　1998，〈略論莊子的「無用之用」〉，《學術界》，4 期，頁 38～40。

尚永亮

　　2001，〈矛盾的莊子與莊子的悖論〉，《蘇州大學學報》（哲學社會科學版），1 期，頁 77～83。

沈清松

　　1987.6，〈莊子的人觀〉，《哲學與文化》，14：6。

胡家祥

　　1999，〈離形・去知・任志──解讀《莊子》一議〉，《撫州師專學報》，4 期，頁 38～40。

張利群

　　1994，〈莊子「物化」說西方現象學〉，《松江學刊》（社會科學版），4 期，頁 78～82。

張家焌

　　1990.2，〈莊子內篇新探〉（上），《哲學與文化》，17：2。

　　1990.3，〈莊子內篇新探〉（下），《哲學與文化》，17：3。

陳德和

　　2001，〈老莊的教育思想及其實踐〉，《鵝湖月刊》，27：2，頁 24～29。

曾瓊瑤

　　1999，〈莊子〈逍遙遊〉中的生命轉化觀〉，《中國文化月刊》，235 期，頁 60～88。

楊自平

　　1999，〈「莊子」「逍遙」概念義涵的探討〉，《哲學與文化》，26：9，頁 880 ～888。

葉海煙

　　1998，〈道家思想中的自由、超脫與解放——並論道家的情意教育觀〉，《通識教育》，5：1，頁 27～40。

　　2001，〈莊子齊物論與當代交談倫理〉，《哲學與文化》，28：1，頁 11～21。

趙沛霖

　　1996，〈試論莊子「無待」的神話學意義及其局限性〉，《南開學報》，2 期，頁 56～62。

蔣振華

　　1996，〈「莊子」寓言的悲劇意識及其情感歷程〉，《湖南教育學院學報》，14：4，頁 20～23。

謝仲明

　　1991，〈「無待」的美學地位〉，《東海哲學研究集刊》，卷 1，頁 165～176。

簡光明

　　1994，〈莊子思想源於田子方說辨析〉，《鵝湖》，19 卷 10 期，頁 28～31。

　　1995，〈莊子論「情」及其主張〉，《逢甲中文學報》，卷 3，頁 105～116。

林聰舜

　　1987.12，〈論莊子的「小大之辯」與「齊物」及其關係〉，《漢學研究》，5：2。

楊儒賓

　　〈昇天變形與不懼水火——論莊子思想中與原始宗教相關的三個主題〉，《漢學研究》，7：1。

　　〈卮言論：莊子如何使用語言表達思想〉，《漢學研究》，10：2。

嚴靈峰

　1982.12，〈莊子的認識論〉，《哲學論集》，14 期。

四、網路資料

　David J. Centner，〈聖十字若望與私人啟示〉，天主教《教友生活》週刊（網路版），2413 期，2001.7.1。網址：http://www.catholic.org.tw/cathlife/2002/2413/13.htm。